신화의 숲에서 리더의 길을 묻다

일러두기
이 도서는 2012년 성신여자대학교 교내 연구비(운정글로벌 프로젝트)의 지원을 받아 저술되었음.

신화의
숲에서
리더의
길을 묻다

김길웅
강혜선
김기영
김윤아
이영임

지음

21세기북스

신화를 통해 리더십을 읽다

신화神話는 수천 년을 내려오는 동안 인간의 지성이 농축된 인류문화의 보고이다. 신화는 단순히 허구적인 이야기가 아니라, 시공을 뛰어넘는 삶의 원형적 진실이 녹아 있고 보편성이 검증된 원천소재들이 기발한 상상력에 담겨 보존된 것이다. 최근 들어 문화 콘텐츠를 비롯한 다양한 영역에 신화가 활용되기 시작한 이유가 여기에 있다. 우리 저자들은 지난 몇 해 동안 신화를 리더십에 활용하려고 시도했고, 이를 위해 신화학자와 경영학자들이 주기적으로 만나 충분한 토론을 해왔다. 신화를 리더십 교육에 활용할 수 있는 근거들은 충분히 많다.

지난 세기에 지속적으로 분화하고 개별화해온 사고와 삶의 패턴은 21세기에 들어서면서 그 한계와 부정적 측면을 뚜렷이 드러내기 시작했고, 이제 잃어버린 균형을 되찾으려는 움직임이 각 분야에서 일고 있다. '융합'이나 '통섭', '소통'이 시대적 화두가 된 것도 그 일환이라 볼 수 있다. 엄청난 기술의 발달로 현대 사회에서 실현하지 못할 꿈은 없어 보인다. 하지만 역설적으로 개인이나 기업, 국가 모두 예측 불가능한 '복잡계' 속으로 빠져들어 '불안'이 일상화되었다. 오늘날의 이런 상황은 분화, 미시화, 개별화의 역사와 무관하지 않다. '불안'은 대상을 파악할 수 없을 때 일어나는 심리적 반응이다. 이러한 현상은 현대인이 심각한 정도로 삶의 목표와 방향감각을 잃었고, 또한 세분화·전문화된 지식의 사용에 능통하면서도 실제로는 생에 대한 거시적·통시적 시각을 상실했다는 것을 뜻한다. 그 대표적인 예로 세계경제를 위기에 몰아넣은 월스트리트 엘리트들의 눈먼 지능의 산물이자, '현대판 바벨탑'으로 불리는 뉴욕발 금융위기를 들 수 있다.

세계는 이제 다른 자질을 갖춘 인재를 원한다. 전체를 조망하는 통찰력으로 '지속 가능한 발전'의 모델을 창출하고 이끌어 갈 수 있는, 창의적이면서도 도덕적으로 건강한 리더가 필요한 것이다. 이러한 요구를 반영하듯 세계 유수의 비즈니스 스쿨이 앞다투어 철학·역사·문학 등의 인문학 과목을 접목한 '하이브리드 MBA'를 내놓고 있다. 플라톤의 대화록이 경영진의 상상력을 넓히고, 다윈의 진화론이 시장에서 살아남아야 하는 경영자에게 통찰력을 제공하리라고 보는 것이다. 이는 기존의 경영학으로는 현대 비즈니스의 흐름을 읽고 주도하는 데 한계가 있고, 이에 따라 보완이 절실하다는 사실을 보여준다.

길을 잃었을 때는 근원으로 돌아가야 한다. 신화를 리더십 교육에 접목하고자 하는 이유가 여기에 있다. 신화는 현대인의 치명적인 근시안을 무한대로 확장시켜 생의 가장 근원적인 물음, 즉 '인간은 도대체 삶에서 무엇을 구하고, 어떻게 해야 행복해지는가'를 되새겨보게 하는 명상의 장이기 때문이다. 그 속에는 인간의 원형적인 진실과 수천 년의 체험에서 얻은 지혜가 담겨 있다.

신화가 고대에는 종교·과학·사회·교육의 기능을 통합적으로 수행하던 지적 통섭의 장이요, 대표적인 '집단지성'의 산물이라는 점에 특히 주목한다. 전체를 보는 힘을 잃은 현대인의 사고패턴을 신화적 사고로 바꿀 수 있다고 보는 것이다. 지식은 물론이거니와 지식과 실천이 하나가 된 지성, 종교나 철학의 경계를 넘어 궁극의 목표를 제대로 알고 그것을 향해 최적의 방식으로 나아가는 지혜, 이 세 가지를 모두 갖춘 인간을 키워내는 것이 교육의 이상이라고 할 때, 우리는 그 길이 신화의 현대적 해석과 응용에 있다고 본다. 시대에 따라 삶의 틀은 변하지만 본질은 바뀌지 않기 때문이다. 그 본질을 오늘날의 틀에 맞추어서 보면 어떤 답이 나오는지 탐색해보고자 한다.

우리 필자들은 리더십 분야의 경영학을 전공하는 학자들의 도움을 받아 리더십과 관련된 열 가지 주제를 산출해냈다. 인간미, 소통, 신념과 의지, 비전 제시, 창의 혁신, 의사결정, 관리·통솔·정치, 위기관리, 진정성과 성찰, 아름다운 마무리가 바로 그것이다. 이 주제들은 현대 경영에 필요한 중요한 리더십의 덕목으로, 우리는 리더십과 관련된 이런 주제에 걸맞은 신화적 소재를 찾기 위해 고심했다. 단순하게 하나의 언어권에 국한하지 않고 다양한 지역의 신화, 예컨대 그리스 신화, 로마 신화, 게르만 신화, 중국과 일본의 신화 그리고 한국 신화에 이르기까지 광범위한 영역을 조사해 리더십의 주제에 어울리는 신화적 사례를 추출해 가공했다. 나아가 단순히 신화적 사례를 제시하는 데 그치지 않고, 리더십의 덕목에 어울리는 적합한 예를 실제 경영의 사례나 역사적 인물에서 찾아 서로 결합해보려고 노력했다.

이 책은 각 필자들의 전공과 연구 주제에 맞춰 공저로 집필되었다. 그리스 신화 부분은 주로 이영임 교수(순천향대학교)가 담당하여 디오니소스, 헤르메스, 헤라클레스, 프로메테우스, 헤파이스토스, 제우스, 아테나, 아폴론과 같은 신과 영웅의 이야기를 리더십의 주제와 관련해 재구성했다(1, 3, 5, 7, 9, 11, 13, 15, 18장). 로마 신화 부분은 김기영 박사(서울대학교)가 집필했다(6, 8, 10, 12, 16, 20장). 서양고전학을 전공한 덕분에 김 박사의 글은 원전에 충실한 내용 소개가 돋보이는데, 로마 신화에 관한 충분한 정보가 부족한 국내의 연구 현황에 비추어 볼 때 매우 큰 성과로 여길만하다. 김 박사는 아이네아스, 리쿠르고스, 오디세우스, 오이디푸스 등을 주로 집필했다. 중국 신화와 일본의 역사적 인물에 관한 글은 김윤아 박사(건국대학교)가 썼다(2, 4, 14장). 제준, 여와 예, 순임금, 칭기즈칸, 노부나가, 히데요시, 이에야스 등의 신화적 혹은 역사적 인물을 리더십의 요소와 관련해 재분석했다. 한국 신화는 강혜선 교수(성신여자대학교)가 담당했다(19장). 한국 고전문학을 전공한 강 교수는 바리데기를 소재로 어떻게 아름다운 마무리가 이루어지는지를 분석했다. 게르만 신화는 본인(김길웅 교수, 성신여자대학교)이 담당했다(17장). 게르만 신화에서 지혜를 얻기 위해 눈을 내준 오딘을 중심으로 신화에서 성찰이 어떻게 이루어지는지를 다루었다.

신화를 리더십의 주제와 접목하려는 취지에서 출발한 이 책은 경영학자들의 도움과 적극적인 참여가 없었다면 출판되지 못했을 것이다. 경영학과 마케팅을 전공한 심상민 교수(성신여자대학교)는 우리 연구 모임 출발 당시 현대 경영의 리더십에 필요한 열 가지 주제를 제안했다. 그리고 인사조직을 전공한 박노윤 교수(성신여자대학교)는 신화적 내용과 리더십, 혹은 기업 경영 사례가 서로 연결되는 지점에 많은 도움을 주었다. 인문학과 경영학이 결합하여 이 책이 나올 수 있었다.

마지막으로 우리가 신화를 리더십의 덕목과 결합하는 연구를 시도할 수 있었던 것은 성신여대의 전폭적인 연구지원(운정글로벌 프로젝트) 덕분임을 밝혀둔다. 그리고 우리의 연구 성과를 도서로 출판하기로 흔쾌히 수락해준 21세기 북스의 김영곤 사장님과 편집진께도 감사의 말씀을 드린다.

연구자를 대표하여

김길웅

Contents

1
PART

인간미,
진정성의 리더십

디오니소스의 도취와 열정으로
창의성을 발현하라

아버지의 허벅지에서 태어난 아들

디오니소스_{Dionysos}는 올림포스의 열두 신 중 유일하게 인간의 피가 흐르는 특별한 존재다. 제우스를 비롯해 그의 아내인 헤라, 그리고 그의 형제인 포세이돈과 하데스는 티탄 신족인 크로노스와 레아 사이에서 태어났다. 그리고 더 거슬러 올라가 올림포스 신들의 아버지인 크로노스가 제 아버지인 태초의 천신 우라노스의 남근을 잘라 바다에 던져버린 것에서 아프로디테가 태어났다. 아테나는 제우스가 임신한 여신 메티스를 삼켜서 태어났고, 아폴론과 아르테미스는 제우스와 요정 레토 사이의 자식이며, 헤르메스 또한 제우스와 요정 마이아 사이에서 난 자식이다. 헤파이스토스와 아레스는 제우스와 헤라 사이에서 난 자식들이라고도 하고, 헤라가 혼자 지어서 난 자식들이라고도 한다. 그런데 디오니소스는 제우스가 인간 여인을 사랑해 낳은 자식으로, 제힘으로 올림포스 신들의 반열에 올랐으니 대단한 위력을 지닌 존재임을 알 수 있다.

제우스가 테베의 왕 카드모스의 딸 세멜레를 사랑하여 잉태시키자 이를 질투한 제우스의 아내인 헤라는 세멜레를 부추긴다. 신으로서의 본 모습을 보여달라고 제우스를 조르게 한 것이다. 인간의 모습으로 세멜레를 찾곤 했던 제우스가 연인의 끈질긴 요구에 못 이겨 '광명'의 본 모습을 드러내자 세멜레는 그 빛을 견디지 못해 그 자리에서 타 죽고 만다. 제우스는 그녀의 태중에 있던 아기를 얼른 꺼내어 자신의 허벅지에 넣고 꿰매었고, 달을 채운 후 세상에 내놓았으니 이 아들이 바로 디오니소스다.

신화는 우리 존재와 삶의 언어로 표현하기 어려운, 불가해하고 신비로운 측면을 이야기할 때 상징이나 알레고리 등 대단히 교묘하고 복잡한 비유법을 동원한다. 그래서 전문지식이 없는 상태에서 신화를 접하면 허무맹랑한 허구로 읽히거나 해독할 수 없는 암호 체계로 보이기 십상이다. 사람들이 신화의 핵심으로 파고들지 못하고 밖에서 헤매는 요인이 바로 그것이다. 여인의 몸에 깃들었던 광명의 정기가 다시 광명의 허벅지로 들어가 달을 채우고 태어난 아들의 정체는 대체 무엇이란 말인가? 여기서 우리의 눈길을 끄는 코드는 바로 제우스의 '허벅지'다. '지혜'의 여신 아테나가 제우스의 '머리'에서 태어났던 것을 고려해보면, 제우스의 '허벅지'에서 태어난 아들은 훨씬 본능적인 생명의 에너지를 연상시키기 때문이다.

도취, 광기, 생명력의 신 디오니소스

실제로 디오니소스는 포도 재배와 술의 신이고 열정과 도취, 광기를 대변하는 신이다. 그는 하반신이 염소인 음탕한 사티로스와 술에 취해 미친 듯이 춤추는 신녀神女 마이나데스의 무리를 거느리고, 솔방울 달린 지팡이와 횃불을 흔들며 피리와 탬버린 소리 요란하게 그의 신성을 전파하고 다니는 모습으로 그려진다. 또는 그를 상징하는 동물인 표범 가죽을 두르거나 표범을 탄 모습으로 그려지기도 하는데, 가장 잘 알려진 이미지는 머리에 포도나 포도 잎을 두르고 손에 술잔을 든 모습이다.

로마 신화에서 바쿠스Bacchus라고 불리는 디오니소스는, 서양 정신사에서 명징한 정신과 이성의 힘을 대변하는 아폴론의 대척점에 선다. 아폴론이 빛과 의식의 영역에 서 있다면, 디오니소스는 휴식과 쾌락이 깃든 어둠과 무의식의 영역을 발판으로 한다. 니체는『비극의 탄생Geburt der Tragödie』에서 명징한 정신에 대항하는 감정, 격정, 충동의 힘을 나타내는 디오니소스적 요소를 '아폴론적인 것' 못지않게 중요한 인간의 근원적 속성이라고 선언했다. 또한 정신분석학자 프로이트Sigmund Freud는 인간이 자연스러운 본능의 충동과 욕구를 제대로 해소하지 못하고 계속 억누르면 '광기', 즉 노이로제에 걸리게 된다고 주장한다. 따라서 디오니소스가 그 파괴적인 야성의 힘을 몰고 정복하러 나섰다면, 이미 그곳은 무의식적으로 흐르는 생명의 원초적 에너지가 억눌리거나 고갈되어 위험한 지경에 이르렀다는 것을 의미한다. 디오니소스는 경계가 분명한 의식과 질서를 흩어놓기 때문에 사람들은 그가 몰고 오는 파괴와 혼란을 두려

✦ 티치아노 베첼리오, 〈디오니소스와 아리아드네〉

워하고 박해하는 경우가 많다. 하지만 자신의 신성을 존중하지 않는 사람들에게 이 신은 가혹하게 복수하고 확실하게 승리를 거둔다.

한 예로 트라키아의 왕 리쿠르고스는 자신의 왕국으로 들어오는 디오니소스 원정군을 막아낸 최초의 왕이었다. 그러자 디오니소스는 복수로 리쿠르고스를 미치게 했고, 왕은 정신착란을 일으켜 자기 어머니를 겁탈하려고 덤벼들었다. 잠시 제정신이 든 왕은 자기가 한 짓을 알고 디오니소스가 전한 포도주를 저주하지만, 돌아서면서 다시 착란에 빠져 옆에 있던 아들을 베어 죽인다. 그의 눈에는 아들이 포도나무로 보였던 것이다. 다시 제정신이 돌아온 리쿠르고스는 나라 전체가 기근에 시달리고 있음을 알게 된다. 신탁을 묻자 리쿠르고스가 죽어야만 디오니소스의 분노가 풀릴 것이라는 답이 나왔다. 백성은 왕의 몸을 네 마리 말에 묶어 사지를 찢어 죽인다.

이 이야기를 비유법을 통해 읽으면 독자들은 '불안'과 '강박'에 사로잡힌 사람들의 집단 히스테리 증세를 감지할 수 있다. 리쿠르고스와 그가 다스리던 트라키아는 필경 생명력을 위협받을 정도의 왜곡되고 경직된 이성의 그물에 갇혀 지내고 있었을 것이다. 디오니소스 때문에 생긴 광기와 정신착란이라고는 해도, 리쿠르고스의 미친 행동은 엄밀히 따지자면 그 자신의 존재와 삶에서 나온 필연적 결과였을 가능성이 크다. 그가 균형 잡힌 유연한 정신을 갖춘 조화로운 왕이었다면 디오니소스의 원정군을 무조건 싸움으로 막아낼 것이 아니라, 그에 합당한 대우를 하고 이 위험하지만 풍요로운 신이 대변하는 힘의 축복을 받아들였을 것이다. 디오니소스적인 것은 자기 나라에 절대 발붙일 수 없다는 태도 자체가 이미 이 왕이 얼마나 한쪽으로 기운 영혼의 소유자인지를 보여주고 있다. 그가 다스리던 트라키아가 이미 심각한 '기근'에 시달리고 있었다는 점이 그 사실을 뒷받침한다. 게다가 신탁은 리쿠르고스가 죽어야만 기근이 풀린다고 못을 박고 있는 것이다.

진정 기발한 상상력과 창의성, 영감은 경계가 분명한 의식의 세계보다는 모든 것이 뒤엉켜 흐르는 꿈과 무의식의 세계에서 더 큰 자양분을 얻을 것이라 쉽게 짐작할 수 있다. 포도로 대변되는 식물의 세계뿐만 아니라 동물의 다산을 관장하는 목축의 신 사티로스들을 수하로 거느린다는 점에서, 디오니소스는 자연의 순환하는 생명력을 관장하는 '풍요'의 신이기도 했다. 조셉 캠벨Joseph Cambell은 그의 저서 『천의 얼굴을 가진 영웅The Hero with a Thousand Faces』에서 디오니소스를 트라키아 인들의 '위대한 판'이라고 부르며 목축의 신 판Pan에 대해 다음과 같이 설명하고 있다.

인간이 판에 대해 갖는 감정은 '당황Panic', 공포, 그리고 엄청난 경악 같은 것이다. (…) 그러나 판은 자기를 섬기는 인간에게 자비를, 즉 자연의 건강법이란 은혜를 베풀기도 한다. 첫 소득을 바치는 농부, 목동, 어부에겐 풍요를, 자기의 성역에 제대로 접근한 인간에겐 불로장생의 은혜를 베풀기도 하는 것이다. 뿐만 아니라 옴팔로스Omphalos, 즉 세계의 배꼽에 대한 지혜를 내리기도 한다. 이 관문을 지나면 우주적 근원이라는 성역에 한 발을 들여놓게 되는 것이다. 아폴론이 델포이 신전에서 여자 예언자를 통해 신탁을 내렸듯이, 뤼카이온Lykaion에서는 판의 사주를 받은 요정 에라토가 신탁을 주재했다. 플루타르코스는 퀴벨레의 황홀경, 디오니소스의 바카스적 광란, 무사이(뮤즈)에 의한 시적인 광란, 아레스(Ares=Mars)의 전투적인 광란, 그리고 이성을 뒤집어엎고 파괴적, 창조적 비밀을 방출하는 신에 대한 '열광'의 실례 가운데서도 가장 격렬한 사랑의 광란을 열거하는데, 이 판 밀의密儀의 황홀경도 그중의 하나로 꼽고 있다.[1]

디오니소스는 자연의 원초적 생명력과 거기서 흘러나오는 에너지의 흐름, 즉 감정에 충실한 신이다. 그런 점에서 올림포스 신들 가운데 가장 '인간적'인 신이라고 부를 수도 있을 것이다. 춤추고 노래하며 풍요로운 수확을 신에게 감사하던 고대 디오니소스 축제에서 예술의 기원이 비롯되었다는 것은 시사하는 바가 크다. 정작 예술의 신은 아폴론이었음에도 불구하고, 사람들이 예술을 통해 그들의 희로애락을 공유하고 나누던 곳은 디오니소스라는 '열정'과 '도취'의 신, '술'의 신을 기리던 자리였으니 말이다.

디오니소스의 인간미

그리스 신화에는 디오니소스의 인간적인 면을 부각하는 일화가 하나 있다. 대장장이 신 헤파이스토스Hephaistus는 손재주가 뛰어나 못 만드는 것이 없을 정도로 뛰어난 기술을 가졌지만, 다리를 저는 절름발이였다. 헤파이스토스는 제우스와 헤라 사이에서 난 아들이라고도 하고 제우스가 혼자 아테나를 낳은 것에 자극을 받은 헤라가 혼자 지어서 낳은 아들이라고도 하는데, 여기서는 후자에 속하는 이야기다. 자식을 낳아놓고 보니 못생긴 데다가 절름발이여서 자존심이 상한 헤라는 어린 아들을 올림포스 꼭대기에서 던져버렸다. 바다 위로 떨어진 이 아기를 여신 테티스와 에우리노메가 구해 바닷속 동굴에서 9년 동안이나 길러주었다.

대장장이인 헤파이스토스는 자신을 버린 어머니에게 복수하기 위해 누가 보아도 탐낼 만한 아름다운 보물 옥좌를 만들어 헤라에게 선물로 보냈다. 헤라는 보석으로 치장된 옥좌가 마음에 들어 거기에 앉았다. 그러자 보이지 않는 사슬이 그녀의 온몸을 조여 꼼짝달싹할 수 없게 했다. 헤파이스토스 말고는 누구도 그 사슬을 풀 수 없었기에 신들은 그를 올림포스로 불러들일 수밖에 없었다.

분노에 찬 헤파이스토스에게로 가서 그를 올림포스로 데려오고 아픈 마음을 달래 헤라를 사슬에서 풀어주게 한 이는 누구였을까? 바로 디오니소스였다. 신화에서는 디오니소스가 헤파이스토스를 찾아가 그저 말 한마디로 포도주를 마시게 한 뒤 당나귀에 태워 올림포스로 데려왔다고 기술하고 있을 뿐이지만, 사람들의 입을 통해 수천 년을 전해 내려온 신화 이야기에 의미 없는 우연이란 없다. 감성에 호소하고 감정을 나누고, 진심으로 소통하며 굳게 닫힌 마음을 술로 풀어낸 뒤 고집불통의 헤파이스토스를 설득해 데려올 수 있는 신은 디오니소스밖에

✦ 고대 도기 그림. 〈헤파이스토스를 올림포스로 데려오는 디오니소스〉

없었던 것이다.

　디오니소스 자신도 헤라의 박해를 받아 미쳐서 떠돌며 소아시아를 거쳐 인도까지 다녀온 아픈 경험이 있었기에 헤파이스토스의 분노를 공감하며 달랠 수 있었을 것이다. 포도 재배법과 술 빚는 법을 전파함과 더불어 수많은 원정을 통해 총체적 자연과 무의식이 품은 혼돈, 풍요의 막강한 힘을 증명한 그는 인간의 피가 흐르는 신으로서 당당히 올림포스 신들의 반열에 올라 있었던 것이다.

디오니소스가 대변하는 열정과 도취의 에너지

　무엇이 인간적인가? 인간은 무엇을 원하는가? 인간적인 매력과 아름다움은 어떤 것인가? 경영과 리더십을 논하는 자리에서 이런 질문은 낯설게 들릴 수도 있다. 그러나 찬찬히 생각해보면, 어떤 분야에서든 이 물음을 외면하고서는 사람들을 이끌어 획기적이고 대단한 일을 이루기 어렵다는 점에 동의할 것이다.

　우리가 사는 세계는 이미 엄청난 변화의 소용돌이 속에 빠져들었다. 이성과 질서, 법칙을 신봉하며 수 세기 동안 지속적으로 분화하고 개별화해온 사고와 삶의 패턴은 이미 한계에 부딪혔다. 그리고 개개인의 일상에서뿐만 아니라 온갖 종류의 조직에서 '소통의 부재', '생기 부족',

'경직' 등의 부정적인 양상들이 분명하게 나타나고 있다. 새로운 방향을 모색하기 시작한 사람들은 이제 그들의 존재와 삶에서 잃어버린 '생명력'과 '총체성'을 회복하기 위해 정치·사회·경제·문화의 각 분야에서 '소통'·'융합'·'통섭'이라는 개념을 시대의 화두로 삼아 전면에 내세우고 있다. 그러나 이 일을 어떻게 이루어낼 것인가?

오늘날 사회 각 분야에서 창의성, 감성, 상상력, 응용력 같은 인문사회 기반의 정신적 능력들이 유독 강조되는 이유는 세계 경제체제가 지식기반경제에서 창조기반경제로 빠르게 이동하고 있기 때문이다. 초일류만이 살아남을 수 있는 무한경쟁의 산업현장에서, 기업들은 새로운 비즈니스 모델을 개척하고 새로운 이론과 패러다임을 제공할 수 있는 혁신적 리더, 문화와 과학기술 그리고 창의적 발상을 동시에 아우르는 멀티플레이어형 인재를 요구하고 있다. 경영 분야의 세계적 구루guru로 손꼽히는 톰 피터스Tom Peters는 2005년에 나온 그의 저서 『톰 피터스 에센셜: 리더십』에서 이 변화가 얼마나 급진적이고 '파괴적'인지를 다음과 같이 표현했다.

1. 모든 것이 뒤죽박죽이다. 공사를 막론하고 모든 기업과 학교를 재창조하는 일이 우리 세대의 가장 중요한 임무이자 책임이다. (…) 변화의 파도에 침몰하지 않으려면 조직운영의 모든 측면을 철저히 검토하고 뜯어고쳐야 한다.
2. 지금은 무법천지다. 비즈니스와 정치, 아니 사실상 인간 상호작용의 본질 자체가 뒤엉켰다. 이런 상황에서는 앞으로 나아가면서 대처하는 수밖에 없다. (…)
3. 점진주의는 가고 파괴가 온다. (…) 이제는 대박 아니면 쪽박이다. (…)

4. 정보기술은 모든 것을 변화시킨다. 모든 비즈니스 관행을 e비즈니스 관행으로 완전히 개조하는 것만큼 시급한 일은 없다. (…)

5. 우리가 아는 화이트칼라 업무의 90퍼센트가 15년 내에 사라질 것이다. (…) 마이크로프로세서와 물샐틈없는 웹, 개발도상국으로의 아웃소싱 사이에서 선진국의 화이트칼라들은 죽음을 맞이할 것이다. (…)

6. 승자(생존자)는 사실상 나 주식회사 Me. Inc.의 CEO가 될 것이다. (…) 기업이 주는 예전의 안정은 사라지고 있다. 결과: 직장 노예들이 해방된다! (…) 무서운 동시에 엄청 흥미진진한 자립의 새 시대가 우리 눈앞에서 탄생하고 있다. 만세!**2**

이 엄청난 파괴와 변화의 소용돌이 속에서 살아남으려고 기를 쓰는 개인들에게 톰 피터스가 "만세!"를 부르는 일은 일견 어이없어 보인다. 그러나 그것이 누군가에겐 바로 직장생활에서 오는 '타성'에서의 '해방'이고, 자신이 하는 일에 대한 진정한 '열정'과 '도취'를 찾고 즐기고 누릴 수 있는 '기회'라면 얘기는 전혀 달라진다.

이는 신화적으로 볼 때 디오니소스적 에너지의 발현이다. 속박의 틀과 제약에서 벗어나 영혼의 깊은 곳에서 울려나오는 내면의 소리에 취해 춤추는 생명의 풍요와 자유로움이야말로 디오니소스적 에너지의 진면목이기 때문이다. 자신이 하는 일을 좋아하고 긍지를 느끼며 시간 가는 줄 모르고 일에 푹 빠져서 지낼 수 있다면, 그것이야말로 행복이고 축복받은 삶이라 할 것이다. 하지만 그러한 몰입과 희열은 일 자체가 내면의 요구와 완전히 맞아떨어질 때, 즉 일에 '미쳐 있을 때' 일어나는 것이기에 톰 피터스는 "무서운 동시에 엄청 흥미진진한"이라는 표현을 쓴 것이다. '미쳐서' 일하는 사람들 틈에서 대충 일하고 살아남을 수 있을까? 피터스는 이 '미쳐서' 일하는 '괴짜'들이 미래를 끌고 갈 '인재'라고 확언한다. 다가오는 신경제 시대에는 모든 것이 믿을 수 없을 정도로 빠르게 진행되고 첨단화되므로 듣도 보도 못한 상상력과 창의력, 응용능력을 발휘하고 이를 실행시켜 상품으로 팔아야만 살아남을 수 있기 때문이다.

돌아보면 애플의 전설적인 CEO 스티브 잡스Steve Jobs가 바로 그런 괴짜 '인재'였다. 어린 시절 별로 행복하지 못했던 외톨이가 컴퓨터에 '미치더니' 스무 살 어린 나이에 애플Apple이라는 회사를 세우고 퍼스널컴퓨터(PC)를 만들어 막대한 부와 명예를 거머쥐었다. 하지만 오만하고 고집불통에 제멋대로인 그는 주위 사람들과 부딪치다가 자신이 세운 회사에서 쫓겨난다. 다시 새로운 회사를 세우고 픽사Pixar를 인수해 〈토이 스토리Toy story〉를 만들어 성공하더니, 다시 애플의 CEO로 돌아와 아이팟iPod, 아이튠즈iTunes, 아이폰iPhone, 아이패드iPad를 연달아 성공시키며 정보통신 시대의 확실한 '영웅'이 된다. 어릴 때부터 미치도록 좋아하는 컴퓨터에 매달렸고 컴퓨터로 세상을 바꿔보겠다는 확실하고도 구체적인 '꿈'을 꾸었던 그는, 그 꿈이 산업혁명 못지않은 새로운 혁명을 가져올 것이며 "우주에 영향을 미치는" 일이라고 굳게 믿었다. 그는 말한다.

가장 중요한 것은 당신의 심장과 직관이 이끄는 대로 살아갈 수 있는 용기를 가지는 것입니다. 이미 당신의 심장과 직관은 당신이 정말 원하는 것이 무엇인지를 알고 있습니다.

놀랍게도 이 시대의 '영웅'이 신화의 핵심을 꿰뚫는 말을 했다. 세계적인 신화학자 조셉 캠벨이 아주 어릴 때부터 신화 이야기에 '미쳐서' 전 세계 신화를 연구하는 데 평생을 바친 결론으로 현대인들에게 전한 메시지가 바로 이것이었으니 말이다. 스티브 잡스와 조셉 캠벨의 삶에서 인간적인 매력과 아름다움을 느끼느냐고? "그렇다." 그들은 자신에게 주어진 생명의 에너지를 아낌없이 불태워 내면의 부름에 따라 살며 필생의 꿈을 실현했다. 이는 마치 춤추고 피리 불고 탬버린을 두드리며 신명 나게 나아가는 행렬 맨 앞의 디오니소스처럼, 함께 일하는 주변 사람들을 춤추게 하고 환희를 맛보게 했으며 세상에 획기적인 기여를 했다.

그런데 이제 새로운 경제 시대가 우리에게 그들과 같아지라고 요구한다. 그들처럼 열정과 도취의 에너지로 깜짝 놀랄만한 것을 만들어 세상을 뒤흔들고, 헌신하여 사람들을 이롭게 하지 않고는 치열해진 세상에서 살아남지 못할 것이라고 경고하는 것이다.

미쳐야 성공하는 이 시대의 리더십

'감성 리더십emotional leadership', '진정성 리더십authentic leadership', '창발적 리더십emergent leadership'이 강조되는 오늘의 경영환경에서 디오니소스적 특성은 역사상 그 어느 때보다 유용한 요소를 많이 가진 것으로 보인다.

우선, 감성 리더십이 의미하는 바는 다음과 같다. 최고만 살아남는 경쟁 시대에서 리더는 '열정'을 가지고 자신이 하는 일을 사랑하고 몰입하는 인재를 찾아 개발해야 하고, 그런 인재를 놓치지 않으려면 그들과 인간적인 유대를 맺고 감성적으로 교류할 수 있어야 한다는 것이다. 참가자 전원이 하나가 되어 춤추고 노래 부르고 환호하며 행진하는 디오니소스 행렬보다 더 강한 집단감정을 느끼는 조직이 또 있을까? 일을 추진하는 조직에서 엑스터시 수준의 이런 집단감정을 어떻게 창출할지 알아내는 것이야말로 미래 경영의 중요한 과제가 될 것이다.

두 번째로, 리더와 조직의 소통이 제스처가 아니라 진정에서 우러나와야 하는데, 이것이 진정성 리더십이다. 이 점에서 디오니소스를 능가하는 존재를 찾기는 어려울 것이다. 디오니소스는 온갖 모순으로 가득한 혼돈과 무의식의 영역에 몸을 담고 있는 신성인데다, 그 스스로 고통받고 박해받은 신이다. 그래서 인간적인 비극과 아픔을 속속들이 알고 위로할 수 있는, 어찌 보면 가장 여성적인 요소를 많이 가진 신이다. 하버드 경영대학원의 스콧 스눅 교수는, 리더가 당장은 답답하더라도 궁극적으로 팀원들이 최상의 결과를 낼 수 있도록 상호 존중을 바탕으로 권한을 위임하는 데 주력해야 한다고 역설한다. 또한 리더가 자신의 약점, 나약함을 솔직하게 인정할 때 리더와 팀원 간에 밀접한 인간적 관계가 형성된다. 헤파이스토스를 달래서 올림포스로 데려온 디오니소스의 능력이 바로 그런 종류의 리더십이 아닐까 생각되는 대목이다.

세 번째로, 필요한 곳에 '혼돈'과 '파괴'를 몰고 오는 디오니소스적 특성이 '창발적 리더십'에서 요구하는 바와 일치한다는 점이다. '창발적 리더십'의 리더는 조직의 창의성과 진화를 유도하기 위해 일부러 '혼돈chaos'을 조성해서 흔들어 놓는다. 그리고는 새로운 아이디어가 스스로 길을 찾아가도록 '끌개atttractor'를 형성해 팀원들 간에 최소한의 가치를 공유하도록 한 다음, 새로운 네트워크와 소통을 통해 긍정적 교류가 일어나도록 통섭의 장을 마련해주는 것이다. 이는 무의식의 세계를 자유롭게 드나드는 디오니소스적 에너지의 창의성과 상상력이 마음껏 발휘되도록 돕는 열린 시스템의 구상이라고 볼 수 있다.

그리하여 오늘날 세계적으로 필요한 디오니소스의 혼을 담은 리더십은 아마 이런 것이리라. '최고의 인재를 찾아라. 마음껏 몰입하고 미칠 수 있는 환경을 만들어주어라. 아낌없이 지원하고, 공감하고, 위로해주어라. 온갖 모험을 장려하고 즐기게 하라. 그러한 헌신은 풍요라는 열매를 거두게 될 것이다.'

여와와 순임금,
진심은 감동을 부른다[3]

제준의 비정함과 여와의 자비심

요임금 시절, 새의 얼굴을 가진 동방의 천제 제준帝俊은 열 명의 태양 아들들이 있었다. 하루씩 번갈아 하늘에 올라가 세상을 밝게 비추던 태양들이 어느 날 무슨 마음을 먹었는지 한꺼번에 하늘에 올라가는 일이 벌어졌다. 아무도 말릴 겨를 없이 한 하늘에 열 개의 태양이 떴으니 세상은 아수라장이 되었다. 땅 위의 모든 것들이 메말라 황폐해지고 불타는 숲에서 온갖 맹수들이 뛰어나와 인간에게 막대한 피해를 입혔다. 이런 지옥 같은 상황에서 요임금은 천제에게 인간들의 고통을 없애달라고 매일 극진한 기도를 올렸다. 여축이라는 나랏무당에게 태양들을 진정시켜보라고 했지만, 그마저 타 죽고 말았다. 하늘에 태양이 한꺼번에 열 개나 뜨는 일은 단지 온 세상이 가물고 타들어 가는 고통일 뿐 아니라, 우주의 운행 원리인 시간의 교란을 의미하는 중차대

✦ 태양을 쏘아 떨어뜨리는 예

한 문제였기 때문에 무엇보다 천제의 결단이 필요했다. 요의 간절한 기도를 듣던 천제 제준은 고심 끝에 하늘의 최고 궁사인 천신 예羿를 불러 자신의 아들들을 혼내고 혼란에 빠진 인간 세계를 도와줄 것을 명령한다. 제준의 명을 받들어 지상으로 내려온 예는 아홉 개의 태양을 떨어뜨렸다. 백발백중의 활솜씨를 가진 예가 열 개 태양 모두를 떨어뜨리면 세상이 암흑천지로 변할 것이기에 이를 우려한 누군가가 화살 하나를 빼놓았다. 아홉 개의 태양이 떨어졌고 그 태양들이 떨어진 곳에는 아홉 마리의 거대한 황금빛 삼족오가 죽어 있었다. 하늘의 태양은 하나가 되었다.

천제 제준의 마음은 어떠했을까? 그는 고통에 빠진 인간 세상은 구했으나 예로 하여금 아들을 아홉이나 죽게 만들었던 것이다. 신화에는 물론 제준의 마음을 표현하는 대목은 없다. 그저 '예의 성공적 과업 완수를 좋아하지는 않았다' 정도로 표현되어 있을 뿐이다. 그는 아들들을 혼내주라고 했지 사실 죽이라고 하지는 않았던 것이다. 그래서인지 제준은 훌륭히 과업을 완수한 예에게 그리스 신화의 헤라클레스처럼 하늘을 떠나 인간 세계의 문제들을 해결하라는 쉽지 않은 임무를 부여한다.

여기에서 우리는 비정한 리더로서 제준의 면모를 엿볼 수 있다. 제준은 하늘의 운행 원리와 인간 세계의 구원을 위해 아들을 죽인 아버지로서의 고통을 감수했다. 그 모습에서 조직의 유지와 생존을 위해 뼈아픈 희생을 감수해야 하는 리더의 인간미를 떠올릴 수 있다. 때에 따라 비정함도 리더에게는 필요불가결의 덕목인 듯하다.

하지만 중국 신화에는 제준의 비정한 인간미와는 사뭇 다른 여신 여

✦ 여와의 인간 창조

와 女媧의 따뜻한 리더십도 존재한다. 신들에게서 인간미를 찾는다는 것이 어불성설이지만, 한편으로 신화라는 것이 인간 상상력의 산물이니 이상적인 신들의 모습은 사실 인간미의 절정일 수 있다.

위대한 원시대지모신 여와는 세상에 오로지 자신밖에 존재하지 않았다. 외롭고 적적했던 여와는 흙으로 인간을 빚기 시작했다. 남자도 만들고 여자도 만들어 세상을 조금씩 채워가면서 외로움은 줄어들었다. 그러나 세상을 다 채울 인간 창조는 쉽게 끝나지 않았고, 여와는 점점 지쳐갔다. 그래서 인간을 조금 수월하게 만들어볼 요량으로 기다란 줄을 구해온다. 여와가 그 줄을 진흙탕에 담갔다가 휘휘 돌려 흩뿌리자 하나하나의 흙방울이 모두 인간이 되었다. 그렇게 세상은 수많은 인간으로 채워졌다. 여기서 흥미로운 점은 여와의 인간 창조 신화에 인간 사회의 계급성이 드러나 있다는 사실이다. 처음에 손으로 정성껏 빚은 인간들은 지배계층이 되었고 나중에 만들어진 흙방울 인간은 서민이나 천민들이 되었다는 것이다. 워낙 땅이 넓고 인구가 많은 중국이라 그런 이야기가 만들어진 것일까? 신화는 신화의 방식으로 세상 만물의 이치를 설명하고 있다.

✦ 여와보천

그렇게 인간 세상이 만들어지고 모두 평화롭게 살던 중, 하늘이 뚫리고 땅이 갈라지는 변괴가 생겼다. 인간 세계는 불기둥이 솟고 물바다가 되어 많은 인간들이 고통을 받았다. 이를 보다 못한 여신 여와는 옥돌을 구해다가 불로 녹여 손수 뚫린 하늘을 메운다. 그리고 커다란 거북이의 네 발을 하늘을 받치는 기둥으로 삼았다. 이처럼 인간을 창조하고 그들을 끝까지 돌보려고 한 여신 여와의 헌신적 리더십은 아들을 죽여야 했던 제준의 비정한 리더십과는 대조적이다. 이런 여와의 자애로운 측은지심은 리더가 가져야 하는 또 다른 인간미의 중요한 덕목임이 틀림없다.

리더의 도덕적인 책임감과 솔선수범은 특히 한국적 리더의 특성에서 필요한 중요한 덕목이다. 2009년 한국형리더십연구회가 한국형 리더십에 필요한 여덟 가지 요소를 발표했다. '자기긍정, 성취열정, 솔선수범, 상향적응, 수평조화, 하향온정, 미래비전, 환경변화'가 바로 그것이다.

그 가운데 한국 기업의 하급자들이 가장 바라고 기대하는 리더의 행동은 솔선수범, 하향온정, 미래비전인 것으로 나타났다.

자신의 자식인 인간들을 환경적 재난에서 구하고 보호하기 위해 손수 하늘을 메운 여와의 행동은 자애로운 리더의 전형이다. 그리고 이러한 여와의 솔선수범과 하향온정의 리더십, 환경변화에 대응하는 미래비전적 리더십은 이상적인 한국적 리더십의 전형으로 보인다. 리더가 모든 문제를 다 해결할 수는 없겠지만 구성원들의 능력으로 해결되지 않는 문제라면, 유능하고 자애로운 리더의 위기관리 능력과 문제 해결 능력은 조직을 되살리는 근원이 될 수 있다. 그리고 그 능력의 아래에 흐르는 덕목은 무엇보다 인간미이다.

영웅 예의 실패한 리더십

아홉 개의 태양을 쏘아 떨어뜨린 영웅 예의 이야기로 되돌아 가보자. 예가 인간 세계에서 보낸 삶의 행적은 리더의 자기절제와 판단의 오류가 어떤 비극적 결말을 가져오는지에 관한 좋은 사례가 될 수 있다. 예는 태양들의 변괴를 틈타 인간 세계를 혼란에 빠뜨린 식인괴물 알영과 착치, 물과 불의 괴물인 구영, 바람의 괴물 대풍, 거대한 뱀 파사, 산돼지 봉희를 제압했다. 예는 인간 세상의 문젯거리들을 모두 일소함으로써 인간을 이롭게 하고 세상에 평화를 가져왔다. 예의 고난과 희생은 그의 인간애와 인간미를 짐작할 수 있게 한다. 하지만 자식을 아홉이나 잃은 천제에게 산돼지 봉희를 바쳤으나 천체는 기뻐하지 않았다. 이후

34

예의 이야기는 너무나도 인간적인 차원에서 전개된다. 신들의 세계에서 불을 훔쳐 인간에게 준 프로메테우스처럼, 예 또한 인간을 이롭게 했으나 신께는 말할 수 없는 불경을 저지른 대가를 받은 것일까? 예의 인생궤적이 그런 혐의를 확신하게 한다.

지상에서의 소명을 다한 예는 인간 세상을 이리저리 유랑하다가 낙수에 이르러 복비라는 절세의 여인을 만나 사랑에 빠진다. 복비는 강의 신 하백의 아내였으나 하백은 세상이 다 아는 바람둥이였다. 예 또한 함께 인간 세상으로 내려온 아내 항아와 사이가 좋지 않았다. 여신 항아는 남편을 따라 지상에 내려왔으나 과업완수를 위해 예가 하늘로 돌아가지 못하자 어쩔 수 없이 인간 세상에서 살아야 하는 신세가 되었기 때문이다. 하지만 예와 복비의 사랑은 그리 오래가지 못했다. 복비의 남편 하백이 훼방을 놓고 화가 나 홍수를 일으켰기 때문이다. 홍수로 수많은 인간이 물에 빠져 죽자 예는 용의 모습을 한 하백의 왼쪽 눈을 활로 쏘아버렸다. 애꾸눈이 된 하백은 천제에게 자신의 처지를 하소연하지만 오히려 심한 질책을 받는다. 그러나 예와 복비의 사랑은 그렇게 끝나고 만다. 자신들의 행동 때문에 백성을 곤경에 빠뜨리고 물의를 빚었기 때문이다.

많은 경우, 리더는 인간적 욕망을 인내해야 하는 자기절제가 필요하다. 리더의 욕정과 탐심은 잘못된 판단을 초래해 조직과 그 구성원을 위험에 빠뜨릴 가능성이 높기 때문이다. 예와 복비의 사랑의 결말은 리더의 자기절제에 대해 말하고 있다.

중국의 4대 기서 중 하나인『서유기』의 등장인물들 또한 자기절제에 대한 교훈을 준다. 저팔계의 탐욕, 손오공의 화, 사오정의 어리석음은 각각 탐貪, 진瞋, 치痴를 상징한다. 그들의 모험은 자신들의 탐욕스러움, 어리석음, 성냄을 버리고 지혜, 계율, 선정을 찾아가는 이야기다. 인간의 번뇌 망상과 고통의 근원이 탐욕, 성냄, 어리석음의 3독에서 비롯된다는 『서유기』의 불교적 세계관이 아니더라도, 리더는 이러한 3독을 더 잘 다스리고 조절하는 노력과 훈련이 필요하다.

특히 한국 사람들이 기대하는 리더의 솔선수범은 청렴과 자기희생을 바탕으로 한다. 청렴과 자기희생은 도덕적 리더십에 필요한 것이다. 리더에게 도덕적 모범은 서양의 리더들보다 동양의 리더들에게 훨씬 더 강조되는 덕목이다. 서양의 리더십은 상대적으로 업무의 능력이 중심이 되는 데 비해 동양의 리더십은 인간 중심적인 성향이 있다. 여기서 도출된 한국형 리더십의 결론은 리더가 업무뿐 아니라 삶의 모든 면에서 귀감이 되어야 한다는 동양적 윤리 의식이 반영된 것이다. 더불어 목적을 위해서는 수단과 방법을 가리지 않는 비윤리적인 지도자들의 모습과 그들의 부정부패, 비리를 일상적으로 접하는 한국인들의 기대 심리를 반영하는 것이기도 하다.

다시 예의 이야기로 돌아가보자. 결국 예는 집으로 돌아왔다. 하지만 복비와의 시끄러웠던 로맨스 탓에 항아의 반응이 따뜻할 리 없었다. 예는 항아의 부탁으로 우여곡절 끝에 곤륜산의 서왕모를 찾아가 불사약을 얻어온다. 날을 잡아 함께 불사약을 마시고 하늘로 돌아가려 했지만, 항아는 예가 집을 비운 사이 혼자서 약을 모두 마시고 월궁으로 날아가 버린다. 그러나 월궁에 도착한 그녀의 몸은 이내 흉악한 두꺼비의 모습으로 변하고 만다. 신화란 본래 오랜 세월에 걸쳐 만들어지고 중간에 이야기가 도태되기도 하고 새로 덧붙여지기도 하는 과정을 통해 형성된다. 이런 맥락에서 볼 때, 이 이야기는 아마 남편을 버리고 혼자서 불사약을 모두 마시고 월궁으로 가버린 항아를 후대의 사람들이 괘씸하게 여겨 덧붙인 이야기일 가능성이 높다. 남편만 믿고 내려온 인간 세계에서 사랑도 받지 못하고 고향으로 돌아갈 수도 없이 억울하게 평생을 산 여신 항아가 흉측한 두꺼비의 모습으로 외로이 달에서 살고 있다니, 어쩌면 예의 불행한 여생도 사필귀정이었는지 모르겠다.

아무튼, 영웅 예는 이제 아내까지 잃어버린 처량한 신세가 되었다. 이쯤 되면 예에게서 신의 면모를 찾기는 조금 어려워진다. 가정도 하나의 조직이라고 보면, 예는 가정경영에 실패함으로써 결코 좋은 리더가 되지 못한 셈이다. 아내의 욕망과 기대를 알지 못했고 그런 아내를 설득하지도 못했으며 부부 사이의 신의마저 저버렸으니 말이다. 감동경영은 현대 기업에만 적용되는 것이 아니다. 세상을 이루는 가장 작은 조직이라 할 수 있는 가정에서도 부모와 자식 간에, 부부간에도 감동경영은 필수적이다.

항아가 떠난 후, 예는 성격이 변하고 화가 늘었다. 천신으로서 예가 아무리 용맹스럽기 그지없고 너그러운 성품의 소유자였다지만, 그 충격을 감당하기는 어려웠다. 그래서 주변의 사람들이 하나 둘 그를 떠나고 하인들도 전처럼 주인을 따르지 않았다. 가신 중 봉몽만이 남아 예의 곁에서 사랑을 독차지하며 활 쏘는 법을 익혔다. 예는 봉몽에게 활쏘기를 가르치기 전에 눈을 깜빡이지 않는 법, 그리고 조그만 물체를 크게 보는 방법과 보이지 않는 것을 잘 보는 방법, 즉 '사물을 보는 두 가지 방법'을 습득하라고 요구했다. 다시 말하면 어떤 상황에서도 담대함과 관찰력을 잃지 않길 요구했던 것이다. 이러한 담대함과 세심한 관찰력은 훌륭한 궁사가 되는 데도 필수 요소지만, 카리스마 있고 사려 깊은 리더라면 꼭 갖추어야 할 덕목이다. 흔들림 없이 조직을 이끌어가려면 무엇보다 담대함이 필요하고, 조직 구성원들을 세심하게 살필 수 있는 눈이 있다면 조직의 미세한 변화를 감지해내어 더 깊은 배려와 이해심을 발휘하는 포용력 있는 리더가 될 것이기 때문이다.

깜박이지 않고도 사물을 잘 볼 수 있게 된 봉몽은 결국 예에게 활을 쏘는 모든 재주를 배워 스승과 함께 이름을 날리게 되었다. 하지만 봉몽은 자신이 아무리 노력해도 넘어설 수 없는 스승을 질투해 예를 죽이기로 작심한다. 봉몽은 어느 날 사냥을 마치고 집으로 돌아오는 예를 향해 활시위를 당긴다. 예는 봉몽의 화살을 피했으나 다시 하나의 화살이 더 날아왔다. 예는 자신의 목을 향해 날아오는 그 화살을 입으로 물어 막아낸다. 봉몽은 스승을 암살하는 일에 실패했다. 예는 머리를 조아려 백배사죄하는 봉몽에게 앞으로 더 열심히 연습하라는 충고와 함께 태연자약하게 그를 용서한다. 이는 리더로서 그리 좋은 결정이 아니었고 그 결과는 후에 비극적으로 전개된다.

예가 인간을 이롭게 하려고 하늘에서 내려온 영웅이라는 점을 상기하면, 봉몽의 만행을 용서한 것이 그리 놀라운 일은 아니다. 그런데 이 너그러운 리더에게 봉몽은 어떻게 행동했을까? 예는 이 일을 마음에 담지 않는 훌륭한 스승의 면모를 보인다. 그러나 예 앞에서는 공손한 척하던 봉몽은 여전히 다른 마음을 먹고 있었다. 예는 물론 의심하지 않았다. 얼마 후, 봉몽은 늘 들고 다니던 복숭아나무 몽둥이로 예의 뒷머리를 내리쳐 스승을 살해한다. 이렇게 예는 자신이 키운 제자에게 허무하게 맞아 죽고 만다. 제사를 지낼 때 복숭아를 올리지 않는 제례 풍습은 복숭아 몽둥이에 살해당한 예의 일화에서 비롯되었다고 한다.

예의 삶은 결과적으로 실패한 리더의 모습을 보여준다. 예는 정직하고 담대하고 너그러운 성품을 지녔지만 가장 아끼던 제자에게 배신과 함께 죽임을 당한다. 그의 타고난 재능은 제자의 시기와 질투를 불러일으켰을 것이고, 그런 제자의 삿된 마음을 알아차리거나 바로잡지 못한 어리석음과 소통의 부재는 비극적 죽음을 부른 것이다.

봉몽이 처음 시기심으로 예에게 화살을 날렸을 때 예는 아무 일 아니었다는 듯이 용서하고 만다. 리더로서 그는 그런 행동을 한 구성원에게 적절한 벌을 주어야 했는데, 그렇게 하지 않은 것이다. 적절한 제재를 하지 않은 우유부단한 리더의 행동은 치명적인 결과를 가져올 수도 있다. 예는 스스로 자신에게 닥칠 위기조차 관리하지 못한 것이다. 제준이 아들들을 비정하게 죽인 것과 예의 어리석음은 너무나 대조적이다. 제준의 명을 받아 태양을 떨어뜨린 예가 보기에는 제준의 비정함을 배워서는 안 된다고 느꼈을 법도 하다. 그러나 제준은 위기를 잘 극복하고 세상의 질서를 찾았지만, 예는 자신의 목숨조차 지키지 못한 결과를 낳았다. 심복에게 배신당한 리더의 실패담과 끝까지 아랫사람들은 엄하고 비정하게 통솔해 낸 리더의 성공담은 기업 경영의 일선에서 늘 벌어지는 인간관계의 문제가 아니고 무엇이겠는가.

능력은 출중했지만 비극적인 영웅 예의 이야기는 완벽하기만 할 것 같은 '영웅에게도 모자란 점이 있다'는 점에서 현대의 리더십에 시사점을 준다. 그의 리더십 스타일은 과업 중심적이긴 했지만 다른 사람들과 관계 맺음에서는 부족했다. 제준과의 관계에서는 윗사람의 마음을 헤아리지 못했고, 연인 복비와의 관계도 지속적으로 유지하지 못했다. 당연히 아내 항아에게는 신뢰를 잃었으며 가장으로서 무책임한 면을 보이기까지 한다. 제자 봉몽의 사악한 마음을 알아채지 못했고 잘못을 지적하고 교정하지도 못했다. 리더로서 매우 우유부단했고, 진심과 거짓을 구분하지 못하면서 무조건 신뢰하는 우를 범한 것이다. 호의와 신의를 구분하지 못한 어리석음 탓에 그는 결국 죽을 수밖에 없었다. 현명한 독자라면 예가 영웅의 면모는 갖추었으나 그 누구와의 관계 맺음에서도 성공하지 못한 부족한 리더였음을 알 것이다. 그러면 인간관계에서 승리해 추앙을 받는 리더로는 누가 있을까?

효심으로 세상을 사로잡은 순임금의 리더십

요순우탕이라는 중국 신화 속의 성군 가운데 한 사람이 순임금이다. 순임금의 덕망은 무엇보다 지극한 효심에 있다. 눈멀고 어리석은 고수의 아들로 태어난 순은 아버지와 계모의 학대 속에 어린 시절을 보냈다. 아버지 고수가 봉황이 쌀을 물어다 주는 태몽을 꾸고 낳은 아들이 순이었는데, 순은 눈동자가 둘인 기이한 아이였다. 계모와 생부, 이복동생 상象은 하루가 멀게 순을 때리고 학대했지만, 어질고 효심이 깊은 순은 반항하지 않고 모든 학대를 견뎠다. 그러던 어느 날, 순은 아버지의 매를 피해 도망을 쳤다. 맞기 싫어서라기보다 아버지의 매를 맞고 죽으면 큰 불효를 저지르는 것이고 그런 불효는 하면 안 되기 때문이었다고 신화는 전한다. 조금 우스꽝스럽고 과하다는 생각이 들긴 하지만, 부모를 배려하는 그의 마음이 충분히 짐작되는 대목이다. 그러한 효심에도 불구하고, 결국 순은 식구들의 등쌀에 못 이겨 집에서 쫓겨나 이곳저곳을 전전하며 살게 된다. 하지만 그의 어진 성품은 가는 곳마다 사람들을 감복시켜 주변의 덕망을 높이 샀다. 역산에서 농사를 지을 때는 농부들이 좋은 밭을 양보했고, 뇌택에서 고기를 잡을 때는 어부들이 앞다투어 고기가 잘 잡히는 어장을 내주었다. 그가 있는 곳에는 사람들이 모이고 마을을 만들었으며 도시를 이루어 살게 되었고, 그의 높은 신망과 덕은 온 나라에 퍼졌다.

다음 임금이 될 인물을 물색하던 요임금의 귀에 순의 이야기가 들어갔다. 요임금은 자신의 딸 아황과 여영 두 공주를 순에게 시집보내고 아홉 명의 아들을 함께 보내 순이 과연 임금의 자질을 가진 사람인가 지켜보도록 했다. 더불어 순에게 많은 재물도 내려주었다. 순은 임금의 사위가 되고 부자가 되었음에도 아버지와 계모를 정성스럽게 모시고 이복동생 상을 언제나처럼 자애롭게 대했다. 변함없는 순의 태도에도 그 부모와 형제는 여전히 순을 시기하고 질투하며 눈엣가시로 여겼다. 그래서 부모들은 그를 없애 재물을 빼앗고 상은 어여쁜 형수들을 자기 부인으로 삼고자 계략을 꾸미기에 이른다.

하루는 아버지 고수가 순을 불러 곡식 창고 지붕을 고치라 시켰다. 이를 이상히 여긴 순의 부인들은 그에게 새의 무늬가 있는 옷을 입혀 보냈다. 순이 지붕을 고치러 올라가자 아버지는 사다리를 치우고 집에 불을 질렀다. 하지만 순은 공주들이 준 옷 덕분에 새처럼 훨훨 날아 지붕을 내려온다. 다시 음모를 꾸민 고수와 계모, 상은 순에게 우물 바닥을 치우게 한다. 우물 속으로 순이 내려가자 그들은 순을 우물 속에 생매장한다. 그러나 순이 용무늬 옷을 입고 있었기 때문에 용으로 변해 다른 우물을 빠져나온다. 순이 죽은 줄 알고 기뻐하던 고수, 계모, 상은 실망했지만 또다시 그를 죽이려는 음모를 꾸민다. 이번에는 집에 불러 과하게 술을 먹였다. 하지만 이번에도 두 공주의 기지로 신비의 약을 먹은 순은 아무리 마셔도 취하지 않았다. 그들의 음모가 모두 실패로 돌아간 것이다. 이후에 순은 요임금의 시험에 모두 통과해 왕위를 선양받아 임금이 된다. 아버지 고수와 계모, 상도 그의 한결같은 효심과 덕성에 감복해 차츰 자신들의 악행을 뉘우치고 선한 사람들이 되었다고 한다.

영웅적 인간미는 있었으되 리더로서는 실패한 예와 비교해볼 때, 순임금의 리더십은 많은 점에서 다르다. 자신을 학대하는 부모 형제에 대한 한결같은 효심과 우애도 그러하지만 두 명의 아내를 거느리고 함께 곤경을 헤쳐나가는 모습은 그가 얼마나 훌륭한 리더적 자질을 지닌 인물이었는지 짐작하게 한다.

서양의 신화에 등장하는 영웅들에게도 그들을 도와주는 여인들이 있다. 이아손을 도운 메데이아와 테세우스를 미궁에서 나오게 해준 아리아드네 같은 공주들은 사랑을 믿지만 결국 영웅에게 버림받는다. 중국 신화의 경우는 다르다. 자신을 도와준 여성적 가치를 높이 사고 그녀들과 평화로운 관계를 유지한 순임금은 오히려 가정경영에도 나라경영에도 성공한 통합과 상생의 신적 존재이다. 그래서 '가화만사성家和萬事成'은 이러한 동양적 가치를 드러내는 말이다. 동양적 리더에게 가정의 평화는 그의 사람됨을 알 수 있는 척도로 작용하며, 변함없는 효심도 그런 기준의 하나이다. 훌륭한 조직의 리더에게 그의 인간적인 면모는 무엇보다 중요한 덕목으로 여겨졌으며, 그래서 많은 사람이 한국형 리더가 지녀야 할 덕목의 첫 번째, 두 번째 자질로 솔선수범과 하향온정을 꼽는다. 업무적 능력 못지않게 리더의 인간적 면모는 구성원들의 마음을 움직이는 한국적 기업 문화임을 마음속에 새겨야 할 것이고, 이러한 동양적 가치는 유구한 세월 속에서 형성되었음을 순의 일화를 통해 짐작할 수 있다.

순의 여러 제왕적 자질들을 오랜 기간 지켜본 요임금은 혈연관계도 아닌 순에게 왕위를 물려준다. 대를 이어 왕위를 물려주는 것이 아니라 어진 성품과 능력을 갖춘 인물에게 왕위를 물려주는 선양 방식은 중국 신화 시대의 왕위 계승 방식이었다. 피비린내 나는 암투와 정쟁을 통한 권력의 승계가 아니라 하늘의 뜻을 받들어 평화롭고 지혜롭게 왕위 계승이 이루어지는 것이다. 요임금에서 순임금으로의 선양은 순의 어진 심성과 능력, 요임금의 현명함이 하늘에 닿은 결과이며 순의 리더로서의 능력과 인간성을 온 천하가 인정한 결과였다. 『순자』에 적힌 요임금과 순임금의 대화를 보면 순임금이 어떻게 사람들의 마음을 사로잡고 감복시켰는지 알 수 있다.

요임금이 순에게 물었다.

"나는 온 천하를 따라오게 하고자 하는데, 어떻게 하면 되겠소?"

순이 대답했다.

"한결같은 마음을 지니고 실수가 없도록 하며, 미세한 일이라 하더라도 태만히 행하지 말며, 충성과 신의를 가지고 게을리 하는 일이 없다면, 천하는 스스로 따라올 것입니다. 한결같은 마음을 하늘이나 땅처럼 지니고, 미세한 일을 해와 달처럼 밝게 행하면, 충실함과 성의가 마음속에 가득해, 그것이 밖으로까지 퍼져 온 세상에 드러나게 될 것입니다. 천하란 것이 한 모퉁이에 있는 물건입니까? 어찌 억지로 그것을 따라오도록 할 수가 있겠습니까?"

한결같은 마음과 부지런함, 섬김의 자세, 충성과 신의 그리고 진심이 진정성을 얻고 천하에 넘쳐 순은 위대한 성군이자 태평성대를 만든 대표적인 제왕이 되었다. 자신을 적대시하는 가족을 변함없이 포용하고 용서하여 감복시킨 순의 행동은, 자신의 처지를 비관해 성내고 거칠게 행동했던 예와는 사뭇 다르다. 상대를 진심으로 대해야만 상대를 감복시킬 수 있으며, 진심으로 대하는 척한다면 상대의 마음에 진정 어린 존경과 감동을 불러일으킬 수는 없다. 이런 리더의 인간적인 진정성이 전체 조직을 어떤 모습으로 만들고 이끄는지 짐작하게 하는 감동경영이며 감성 리더십의 한 대목이다.

2
PART

소통,
포용의 리더십

헤르메스처럼 자유롭고
유연하게 소통하라

소통을 담당한 전령신 헤르메스

온갖 내용의 정보들이 전광석화처럼 빠르게 움직이며 끊임없이 새로운 것을 만들어내고 흐르는 21세기 정보통신 시대에 헤르메스Hermes만큼 이 시대의 특징을 잘 드러내는 신도 없을 것이다. 제우스의 전령으로서 헤르메스가 담당하는 최우선 임무가 바로 '소통'이고, 이 신성神性이 구체적으로 드러나는 요소들은 오늘날 경제·사회·정치·문화의 각 분야에서 필요한 '소통'의 다양한 측면을 반영하기 때문이다.

제우스의 뜻을 신속히 전하고 실행해야 하는 헤르메스에게는 날개 달린 모자와 샌들이 그의 스피드를 나타내는 신적 상징물이다. 전령으로서 늘 길 위에 있어야 하는 특성상, 모든 길에 훤한 헤르메스를 사람들은 여행자들의 수호신으로 각별히 모셨다. 고대 유적 중에는 길이 갈라지는 네거리의 돌무더기나 돌기둥 위에 헤르메스의 두상을 깎아 세운 헤르메이아hermeia라고 불리는 이정표가 여러 곳에 남아 있다. 길을 잘 아는 헤르메스가 여행자를 인도해 잘못된 길로 들어서지 않기를 바라는 마음과, 미지의 여행길에 닥칠지도 모르는 온갖 위험에 이 민첩하고 꾀 많고 능숙한 신의 도움을 받고자 하는 마음이 그런 식으로 표현되었다고 보아도 좋을 것이다. 헤르메스는 하늘과 땅, 바다 위의 길에만 익숙한 것이 아니었다. 이승과 저승을 마음대로 넘나들 수 있고, 심지어 잠자는 사람의 꿈속으로도 자유롭게 들어가 제우스의 뜻을 전할 수 있다. 신화를 배경으로 한 그림이나 부조에는 죽은 사람을 저승으로 안내하거나 누군가를 저승에서 이승으로 데리고 나오는 모습이 종종 표현돼 있는데, 길 안내자로 헤르메스가 그려진 것을 심심치 않게 볼 수 있다.

디지털 문명의 시대적 특성과 비교해볼 때, 가상현실과 판타지가 한 시대의 문화를 담아내는 중요한 그릇 역할을 하는 오늘날에 이승과 저승, 꿈과 현실을 자유롭게 오갈 수 있는 헤르메스적 능력은 시사하는 바가 크다. 상식적으로 불가능하다고 여기는 대립의 양극 사이를 기氣처럼 자유롭게 흐르며 창조적이고 기발한 제3의 영역을 만들어내기 때문이다. 그런 의미에서 보면 헤르메스의 신적 상징물에 어김없이 등장하는 '날개'는 '자유'와 소통의 '개방성'을 대변한다고도 볼 수 있다. 그리고 이러한 자유로움과 개방성은 곧 '상상력'과 '창의성', '융합'으로 이어진다. 헤르메스가 들고 다니는 전령신의 지팡이 카드케우스는 이 신의 그러한 특징을 단적으로 보여주는 표상이다. 지팡이 아래쪽은 뱀 두 마리가 대칭으로 감고 있고, 지팡이 위에는 한 쌍의 날개가 얹혀 있는 형상이다. 서양 신화에서 뱀과 독수리(여기에서는 날개로 표현됨)

는 원초적 본능의 생명력과 그러
한 원초적 힘으로부터 자유로워
지고자 하는 정신의 열망을 나타
내는 대립 이미지다. 따라서 카드
케우스는 수직으로는 뱀과 독수
리를 연결하여 두 세계의 소통을
나타내고, 수평으로는 대칭으로
감은 두 마리의 뱀을 통해 균형과
조화를 이루는 자연의 생명력을
나타낸다. 그럼으로써 헤르메스
가 모든 대립하는 것들 사이의 소

✦ 조반니 바티스타 티에폴로, 〈헤르메스〉

통과 연결, 그리고 그 힘들 사이의 균형과 조화를 이끌어내는 신임을
나타낸다.

한편 헤르메스는 눈치 빠르고 도둑질 잘하고 거짓말도 잘하며, 온갖
사술詐術에 능하다. 그런 능력으로 그는 이해관계가 얽힌 중재하기 어려
운 일을 거뜬하게 조정해내고, 신이나 인간의 온갖 복잡한 일에 약방
의 감초처럼 끼어들어 소통의 길을 열고 해결사 역할을 한다. 또한 상
충하는 이해관계를 균형 있게 조정하는 기막힌 솜씨 덕분에 그는 상인
들이 으뜸으로 섬기는 상업의 신이기도 했으니, 한마디로 오늘날 말하
는 네트워킹과 트레이드의 명수였다. 거래하지 못할 품목이 없고 중재
하지 못할 사안이 없었으니, 심지어는 도둑과 사기꾼들마저 이 신을 자
기들의 수호신으로 받들어 모셨다.

헤르메스적 에너지의 작동 방식

헤르메스는 제우스가 요정 마이아를 사랑해서 낳은 아들이다. 그리스 최고의 서사시인 호메로스는 「헤르메스에게 바치는 찬가」에서 이렇게 읊고 있다.

때가 되어 마이아가 아들을 낳으니, 영리하고 교활한 강도에
목동들과 꿈을 인도하는 자, 밤의 파수꾼이요 문가에 선 도둑이라.
그가 곧 신들 사이에서 놀라운 일들을 행하리라.

아르카디아 남쪽의 퀴레네 산 동굴에서 태어난 헤르메스는 신의 자식들이 늘 그렇듯 놀라운 조숙함을 보인다. 포대기에 싸여 있던 아기가 혼자 동굴을 빠져나와 멀리 테살리아까지 가서 그곳에 유배되어 목동 노릇을 하던 이복형 아폴론의 소들을 훔친 것이다. 이 도둑질을 감추려고 어린 헤르메스는 훔친 소 열두 마리의 발굽에 일일이 나무껍질로 신을 신기고, 꼬리에는 나뭇가지로 빗자루를 엮어 매달아 소들이 꼬리를 흔들며 걷는 동안 발자국이 자동으로 지워지게 했다. 그리고는 소들을 필로스로 데려가 두 마리를 잡더니 고기를 꼬치에 꿰어 구운 다음 똑같이 열두 몫으로 나누었다. 열한 몫을 올림포스 신들에게 골고루 제물로 바친 후 나머지 한 몫은 자신이 먹고, 다른 소들은 동굴에 숨겨두었다. 그리곤 얼른 다시 퀴레네로 돌아왔다. 퀴레네에 도착한 헤르메스는 자신이 태어난 동굴 앞에서 느리게 기어가는 거북이 한 마리를 발견했다. 그는 얼른 거북이를 잡아 속을 비우고 등껍질에다 소에

서 나온 내장을 현으로 늘여 매어 리라를 만들어서는 이리저리 퉁기며 놀았다.

한편 도둑맞은 소들을 찾아 필로스까지 온 아폴론은 어린아이 하나가 소떼를 몰고 가는 것을 보았다는 말을 듣고는 바로 점을 쳐서 도둑이 누구인지를 알아냈다. 불같이 화가 난 아폴론은 그 길로 마이아를 찾아가 사실을 따졌다. 그러자 마이아는 요람에 누워 있는 헤르메스를 보여주며 어떻게 갓난아기에게 그런 누명을 씌우느냐고 오히려 화를 냈다. 아폴론은 하는 수 없이 제우스를 불렀다. 헤르메스는 소를 훔치지 않았다고 우겼지만 정황을 파악한 제우스는 훔친 소들을 아폴론에게 돌려주라고 엄하게 명했다. 헤르메스는 필로스로 가서 소들을 돌려줄 작정이었다. 그런데 그 사이 헤르메스의 리라를 이리저리 유심히 살펴보던 아폴론이 그것을 탐내며 소들과 바꾸면 어떻겠냐고 제안했다. 이미 소 두 마리를 잡아 신들에게 바치고 자기도 먹어버린 터라 어떻게 해야 할지 고민이던 헤르메스는 기꺼이 동의했고, 그렇게 해서 리라는 아폴론의 것이 되었다.

그런데 그다음 이야기는 더 재미있다. 리라와 바꾸어 자기 것이 된 소들을 돌보던 헤르메스는 이번에는 목동들의 피리 쉬링스를 만들어 불었다. 그러자 아폴론이 그 쉬링스도 탐내며 소칠 때 쓰는 황금 지팡이와 바꾸지 않겠느냐고 제안했다. 헤르메스는 짐짓 퉁기며 황금 지팡이만으로는 안 되겠고, 아폴론이 자기에게 점치는 법을 가르쳐주면 바꾸겠다고 했다. 조건은 받아들여졌다. 그리하여 아폴론의 황금 지팡이는 헤르메스의 상징물인 카드케우스가 되었고, 헤르메스는 아폴론으로부터 작은 돌멩이로 점치는 법을 배웠다.

+ 야콥 반 캄펜, 〈아르고스와 헤르메스〉

탄생에 얽힌 이 이야기만으로도 독자들은 헤르메스가 단순한 도둑이 아니라 상대방의 관심과 이해관계를 정확히 재고 따져서 모두에게 이익이 되고 만족스러운 결과를 유도해내는 민첩성과 능란함을 갖추었음을 알 수 있다. 제우스는 머리 회전이 빠른 재간 덩어리 아들의 예사롭지 않은 면을 알아보았고, 그를 자신의 전령으로 삼아 곁에 두고 온갖 심부름을 시켰다.

그런데 눈여겨볼 점은 제우스가 밖에서 낳은 자식치고 헤라의 박해를 받지 않은 자가 없건만, 유독 헤르메스만은 헤라의 표적이 되지 않고 끝까지 좋은 관계를 유지했다는 사실이다. 그 까닭을 알 수 있는 유명한 일화가 있다.

제우스가 헤라 신전의 사제였던 이오를 몰래 사랑하다가 갑자기 헤라가 나타나는 바람에 얼른 이오를 암소로 변하게 했다. 그러나 이미 내막을 눈치 챈 헤라는 시치미를 떼는 제우스에게 그 예쁜 암소를 선물로 달라고 졸랐다. 입장이 난처해진 제우스가 하는 수 없이 암소로 변한 이오를 헤라에게 넘겼고, 질투심에 불타는 여신은 암소를 눈이 백 개나 달려 결코 모든 눈을 감고 잠들지 않는 거인 아르고스에게 밤낮으로 지키게 했다. 그러자 애인을 암팡진 아내 손에 넘기고 노심초사하던 제우스는 헤르메스를 불러 어떻게든 이오를 헤라의 손아귀에서 빼내 풀어주라고 지시했다.

헤르메스는 자신의 몸을 보이지 않게 하고는 소리 없이 아르고스에게 다가가 누구라도 잠이 쏟아질 만한 노곤한 곡조로 쉬링스를 불었다. 자장가에 취한 거인이 마침내 백 개의 눈을 모두 감고 잠들자 헤르메스는 그의 목을 베고 이오를 풀어주었다. 하지만 문제는 그다음이었다. 제우스의 명령은 완수했지만 곧 모든 사실이 밝혀질 텐데 자신에게 닥칠 헤라의 분노를 어떻게 감당하느냐 하는 점이었다.

곰곰이 생각한 끝에 헤르메스는 죽은 아르고스의 눈 백 개를 모두 떼어서 헤라의 신조神鳥인 공작새 꼬리에 붙여 눈부시도록 화려하게 장식했다. 공작새 꼬리에 드러나는 무늬는 이렇게 해서 생겨난 것이라고 한다. 헤라는 헤르메스가 자신의 심복 아르고스를 죽이고 이오를 도망치게 한 일은 정말 화가 치밀었지만, 한편으론 제가 저지른 죄를 보상하겠다고 이런 기특한 짓을 하는 헤르메스를 마냥 미워할 수만도 없었던 것이다.

대립을 넘어선 소통의 가치와 현대성

이런 재치와 실용적인 지성, 상반된 것을 연결해 새로운 것을 발명하는 재주, 자기 모습을 보이지 않게 만드는 능력, 대립하는 것들을 중재하는 힘 등은 헬레니즘 시대에 들어서면서 헤르메스 특유의 것으로 평가되는 그노시스gnosis적 지혜, 즉 탁월한 비의적 지식의 발전으로 연결된다. 그리하여 헤르메스는 고대 말기에서 중세로 이어지는 시기에 활발한 활동을 펼쳤던 연금술사들의 수호신이 되었다.

세계적 종교학자이며 신화학자인 미르치아 엘리아데_{Mircea Eliade}는, 어둠 속에서도 길을 잃지 않고 죽은 자를 인도하며 전광석화처럼 빠르게 움직이고 자기 모습을 자유자재로 감추기도 드러내게도 하는 헤르메스의 능력들이 결국 '정신'의 특성을 반영하는 것이라고 보았다.

헤르메스는 고대 종교의 위기 이후에도 그 힘을 잃지 않고 기독교가 승리를 거둔 후에도 소멸되지 않은 몇 안 되는 올림포스 신 중 하나이다. 이 신은 마법사, 연금술사들의 수호신이 되어 헤르메스 신앙의 중심을 이루며 17세기까지 살아남았다.

대립을 중재하는 헤르메스적 특성은 신화에서 남성과 여성을 뛰어넘은 제3의 성별, 즉 양성인兩性人의 출현을 불러온다. 그가 사랑과 미의 여신 아프로디테와의 사이에 난 자식 헤르마프로디테Hermaphrodite(헤르메스와 아프로디테를 합친 이름)는 남성과 여성의 성징을 모두 지니고 있는 양성인으로서 묘한 매력과 아름다움을 지닌 존재였다. 여성의 눈으로 보면 거부할 수 없는 매력을 지닌 꽃미남이었고, 남성의 눈에는 어딘지 소년 같은 느낌이 살아 있는 독특한 아름다움을 지닌 여인이었던 것이다.

신화연구가 이윤기는 그의 책 『뮈토스』에서 신화에서 이름을 떨친 미소년들은 아마 헤르마프로디테 같은 종류의 아름다움을 지니고 있었을 것으로 추측한다. 제우스가 독수리로 변해서 납치한 뒤 올림포스에서 술 시중을 들게 하며 예뻐했던 가니메데스, 물에 비친 제 모습에 반해 물속으로 뛰어들어 죽은 후 수선화로 피어난 나르키소스, 아폴론의 지극한 사랑을 받다가 사고로 그가 던진 원반에 맞아 죽은 미소년 히아킨토스, 아프로디테의 사랑을 받다가 산돼지의 어금니에 받혀 죽은 아도니스 등이 그러했으리라는 것이다.

어째서 이런 종류의 아름다움이 거부할 수 없을 만큼 매혹적인지를 알기 위해서는 인간의 영혼에 깃든 원형적 심상으로서의 양극적 전일성兩極的 全一性에 대한 희구를 이해해야 한다. 쉽게 다른 예를 한번 들어보자. 전 세계적으로 그 아름다움이 절정에 이른 것으로 표현된 인물상을 자세히 살펴보라. 석굴암 본존불의 아름다움이 완전히 남성적이기만 한지를, 그리고 그 뒤에 아름답기로 이름난 십일면관음보살상이 과연 남성의 모습인가 아니면 여성의 모습인가를, 그리고 중세 그림과 조각에 나타나는 천사들의 모습이 남성인지 여성인지를 살펴보면 그 아름다움이 양성의 대립을 넘어선 제3의 영역에 속한다는 것을 알게 된다.

한류가 세계로 뻗어 가며 문화 콘텐츠의 부가가치를 입증하고 있는 오늘날 그 남녀 주역들을 자세히 살펴보면, 이러한 전일성을 띤 아름다움은 현재에도 여전히 막강한 힘을 발휘한다는 사실에 놀라지 않을 수 없다.

모든 대립하는 힘들 사이의 균형과 조화, 그 대립을 넘어선 지점에서 펼쳐지는 새로운 비전을 끊임없이 추구했던 연금술사들의 현실적이고 형이상학적인 꿈이 중재와 소통의 명수 헤르메스를 끌어다 그 중심에 세웠던 것은 결코 우연이 아니었음을 주목해야 한다. 삶과 죽음, 꿈과 현실, 남자와 여자, 자아와 세계, 너와 나 등의 대립은 결코 절대적인 것이 아니라 형언할 수 없는 하나를 위한 전제들이고, 그 대립들 사이의 아슬아슬한 줄타기가 삶의 신비이고 아름다움이다. 거기에는 도둑질도 사기도 거짓말도 거침없이 끼어들 수 있다는 것을 보여주는 이 민첩하고 유연하고 융통성 많은 신을, 그저 고대 정신의 유산으로만 볼 것이 아니라 여전히 작용하는 그 힘을 계속 연구하고 이해해야 할 것이다.

디지털 문명과 정보통신 기술이 인류 삶의 양식을 바꾸고 그로 인해 전 세계가 하나의 지구촌으로 묶이고 있지만 정치·경제·사회·문화 모든 면에서 조정하고 해결해야 할 대립과 갈등이 산재해 있다. 이와 같은 오늘날에 헤르메스적 힘을 어떻게 현대적으로 이해하고 응용해 쓸 것인가를 성찰하는 일은 큰 수확이 될 것이다. 한 치 앞을 내다보기 어렵고 어디로 가서 누구를 만나 무엇을 어떤 식으로 연결해야 문제가 바람직하게 풀릴지 가늠하기 어려운 글로벌 복잡계 속에서, 헤르메스는 현대인들에게 미지의 엄청난 가능성을 약속하는 막강한 힘이다. 디지털 기술의 발달 덕분에 상상이 눈앞에서 재현되는 오늘날 그리고 그러한 것이 고부가가치 문화상품이 되어 엄청난 수익을 내는 작금의 현실에서, 꿈과 상상의 세계를 자유로이 넘나드는 헤르메스는 그 자체로 이미 대단한 정신자원이요 문화자원이기 때문이다.

시간과 장소의 제약에서 자유롭고 모든 경계와 구분으로부터 자유로운 헤르메스적 에너지가 왜 현대 기업에 필수적인가를 우리는 '소통'의 힘을 강조하는 『혼 창 통』의 저자 이지훈의 다음 글에서 곧바로 읽어낸다.

현대 기업의 조직 관리는 왜 과거와 다르지 않으면 안 되는가? 그것은 21세기가 창의의 시대이기 때문이다. 지식경제가 고도화되면서 이제 95%의 지식은 일상재가 되고, 나머지 5%의 차별화되고 창의적인 아이디어로 경쟁하는 시대가 되었다. (…) 혼이 없는 직원이 빈껍데기 몸만으로 회사에 와서 상사가 시키는 일만 하고, 밤늦게까지 시간만 때우며 회사에 남아 있는 식이라면 오히려 회사의 도태를 앞당길 뿐이다.[4]

헤르메스적 네트워킹을 실현한 기업 리앤펑

헤르메스적 특징인 개방과 연결, 소통을 아예 사업의 기본구조로 삼은 홍콩의 리앤펑Lie&Fung이라는 회사는 그 독특한 비즈니스 모델로 주목을 받는다. 의류와 장난감, 액세서리 등 다양한 제품을 생산해 수출하는데 자체 공장도 없고 재봉사도 없는 희한한 회사이기 때문이다. 그런데 《비즈니스위크Business Week》는 이 회사를 2008년 '세계에서 가장 영향력 있는 회사 29개' 중 하나로 꼽았고, 《포브스Forbes》는 '아시아에서 가장 놀라운 50개 기업' 가운데 하나로 선정했다.

한 해 20억 벌 이상의 옷을 만들어 수출하고 코카콜라, 디즈니, 토이저러스Toys-R-Us, 막스앤스펜서Marks&Spencer 등 관리하는 브랜드만 900개가 넘는 기업에서 도대체 어떻게 생산과 판매를 한단 말인가? 그 방식을 예로 들어보겠다. 미국의 어느 의류회사가 여자 원피스 20만 벌을 주문했다면 지퍼는 일본에서, 단추는 중국에서, 실은 인도에서 주문한다. 재봉은 방글라데시의 공장에 맡기고, 빠른 배송을 위해 다섯 개 공장에서 나누어 작업한다. 이런 식으로 전 세계 40개 나라에 퍼져 있는 3만 개의 공장과 200만 명이 넘는 직원들이 움직인다. 하지만 이 회사가 직접 월급을 주는 사원은 전체의 1퍼센트도 안 된다. 한 마디로 네트워킹이 주된 업무이다. 경영계에서는 이런 방식의 경영을 '공급사슬관리Supply Chain Management', 줄여서 SCM 서비스라고 부르는데 이 회사는 디자인, 원자재 조달, 제조 관리, 운송, 통관 등 고객회사가 원하는 모든 일을 대행한다.

리앤펑의 회장인 빅터 펑Victor Fung은 이 시대의 개방과 연결의 중요성을 누구보다 잘 알고 있는 사람으로, 자기 회사의 일을 다음과 같이 오케스트라 지휘자에 비유한다.

오늘날 경쟁이란 기업 대 기업이 아니라 팀 대 팀, 즉 하나의 공급사슬과 다른 공급사슬 간의 경쟁을 의미합니다. 이때 중요한 것은 지휘자의 역할이지요. 오케스트라 지휘자가 재능 있는 음악가들을 이끌어 가듯, 공급업자들의 네트워크를 설계하고 이끌어가는 강한 키잡이가 필요한 겁니다.

빅터 펑의 회사 운영 방식은 협력업체와의 관계는 물론, 자기 회사 조직 안에서도 작은 사업 단위들을 만들어 각기 자율적으로 움직이게 한다. 각 개인이 개성과 창의력을 최대한 발휘하고 부서 간 이기주의를 극복해 효과적으로 협력하기 위해서다. 30~50명으로 구성된 300여 개의 사업 단위가 각기 자기 사업을 하듯 움직이는 것이다. 그 사업 단위의 리더들은 무엇을 얼마에 팔지, 이윤에서 얼마를 보너스로 가져갈지 모든 게 자유다.

칭기즈칸의 리더십은 하이브리드다

칭기즈칸의 노마드적 소통

강인한 영혼을 지닌 채 거친 숨을 내쉬며 바람의 속도로 험준한 산맥을 넘고 강을 건너는 유목민 전사의 무리, 육신의 고난을 일상으로 삼으며 유라시아 초원제국을 이루었던 그들. 오합지졸의 야만인들이었다는 누명에도 불구하고 드넓은 유라시아 대륙을 지배한 칭기즈칸 전사들의 뛰어난 '소통' 방식은 현대의 리더십 연구에서 자주 주목받는다.

원래 농경 정착 문명은 위아래가 확실한 상명하달의 권위적 명령체계를 갖는 관료적이고 수직적인 조직이었다. 그러나 유목 문명은 다르다. 유목민들은 삭막한 환경에서 살아남기 위해 정보를 공유하고 빠르게 변화하며 유연하게 사고하고 민첩하게 대응해야 한다. 이런 과정에서는 새로운 수평적 관계가 중요시되는데, 이것은 우리가 사는 이 시대의 리더십에도 매우 중요한 정보를 제공한다. 이제 '노마드 리더십'에서 배울 소통의 방식에 관해 살펴보자.

성을 쌓고 사는 자는 반드시 망할 것이며 끊임없이 이동하는 자만이 살아
남을 것이다.

이 의미심장한 문장은 돌궐의 명장 돈유쿠크의 비석에 새겨진 내용
이다. 정주 농경 문명에서 집단을 이루고 사는 사람들은 무슨 말도 안
되는 소리냐며 코웃음을 칠지 모르지만, 엄청난 가뭄과 맹렬한 추위
가 운명처럼 반복되는 유라시아 초원의 유목민들에게 '이동'이란 생존
의 방식이자 삶 그 자체다. 유목민 공동체는 더 좋은 목초지를 찾고 적
이나 자연재해의 위험에서 살아남기 위해서 정보를 공유하고 원활한
의사소통을 이루어 하나의 유기체처럼 빠르게 움직여야 한다. 그들의
공동체는 죽음의 공포와 삶의 고난을 강한 결속으로 함께 극복해야 했
다. 그래서 유목민 공동체의 리더에게 '소통'의 능력은 공동체 생존에
무엇보다 중요했다. 물자의 소통, 정보의 소통, 감정의 소통, 심지어 동
물들과의 소통마저 생존과 직결되는 문제였기 때문이다. 흐름이 원활
하지 않아 통하지 못하는 것, 멈춰서 정체되고 막히고 고이는 것, 불통
과 적체 혹은 느림 등은 혹독한 초원의 삶을 불가능하게 하는 죽음을
의미했다.
　사막의 오아시스에서 이루어지는 물자 교환 그리고 닥쳐오는 재앙
에 그대로 노출되어 숨을 곳 없는 초원에서 정보의 획득이란, 위험으
로부터 집단을 지키고 유지하는 데 필수 요소였을 것이다. 그래서 '태
어난 곳은 달라도 죽는 자리는 같다'는 유목민적 동지애는 함께 웃고

울고 고통을 나누는 감정의 교류에 기반을 둔다. 그리고 평생을 한 몸처럼 모든 것을 함께 하는 자기 말과의 교감 또한 유목민에게는 생명줄과 같았다.

엇비슷하게 생긴 수천 마리 양의 이름을 모두 기억해야 하는 곳, 사방을 살피기 위해 평균 4.0 이상의 시력을 가질 수밖에 없는 곳, 이방인을 배척해서는 세상 돌아가는 상황을 알 수 없는 곳, 권위적인 관료주의가 통하지 않는 곳, 철저하게 능력이 생존을 좌우하는 척박한 곳, 서로에 대한 굳은 믿음으로 공동체를 이루지 않으면 살아남을 수 없는 곳, 흐르지 않고 달리지 않으면 더 이상 살 수 없는 그 변화무쌍한 곳은 이제 다름 아닌 우리의 기업 환경이 되었다. 그래서 '노마드 리더십'은 소통을 통해 조직을 이끌어나가는 현대의 리더들에게 벤치마킹의 대상이다. 이동을 멈추거나 성을 쌓는다면 그들의 삶은 더 이상 그들의 것이 되지 못했다. 울혈이 생기고 핏줄이 막히면 남는 것은 죽음뿐이다. 그래서 '소통'만이 그들을 삶으로 이끄는 절박하고 필사적인 방법 그 자체라 해도 과언이 아니었다.

"내 자손들이 비단옷을 입고 벽돌집에 사는 날, 나의 제국은 망할 것이다"라는 칭기즈칸의 경고대로 유라시아 유목제국들이 정주 농경 사회에 물들어 그 자리에 멈춰 성을 쌓는 순간, 그 제국들은 하나같이 순식간에 흔적도 없이 사라져갔다. 그들에게 부드러운 음식과 안락한 잠자리는 무덤과 같은 것이었기 때문이다.

돈유쿠크의 말을 바꿔보자면, 소통하지 못하는 자는 반드시 망할 것이고 소통하는 자만이 살아남을 것이라는 뜻이다. 무릇 흐르는 물이 썩지 않고 구르는 돌에 이끼가 끼지 않는다고 했다. 이동을 멈추고

성을 쌓으면 안 되는 사람들, 즉 사막과 동토를 누비고 초원을 건너 로마를 무너뜨리고 유럽과 아시아를 소통하게 했던 가공할 속도주의자들이자 용맹스럽고 강인했던 유목 제국의 전사들, 스키타이, 흉노, 훈, 돌궐, 위구르, 선비, 유연, 오환, 몽골 부리야트나 칼미크, 오이라드들의 초원의 삶은 어떻게 흘렀으며 어떻게 소통했을까?

유목민들이 노래한 영웅서사시 「장가르」의 모델이었던 최고의 유목민 전사이자 지상 최대의 제국을 이루었던 칭기즈칸의 '소통'의 리더십을 살펴보자.

용사들과 함께 우는 유목민들의 영웅 장가르

혹독한 자연에 순응하며 살았던 몽골리안들의 신화는 대개 우주기원 신화, 별과 천체에 관한 신화, 식물이나 가축, 야수나 조류에 관한 신화들로 이루어져 있다. 하지만 몽골을 비롯한 유목민들의 이야기는 아무래도 그들의 영웅서사시에서 장쾌하고 멋지게 정점을 찍는다. 지상 최대의 유라시아 제국을 이루었던 중앙아시아와 몽골의 유목민들에게는 「게세르」, 「장가르」, 「마나스」라는 3대 구비 영웅서사시가 있다. 「게세르」 신화는 티베트, 몽골, 한반도 지역에, 「장가르」 신화는 칼미크-오이라드의 민중들에게, 「마나스」 신화는 알타이-키르기스 지역에 널리 퍼져 있다. 그 신화적 영웅들은 목숨을 함께 하는 부하들과 술에 취하기도 하고 적의 계략에 빠져 긴 세월 자신을 잊고 살기도 한다. 두려운 적을 만나면 눈물을 흘리기도 하고 종족의 생존을 위해 수시로 죽음의 문턱도 넘나들지만, 불굴의 정신과 끝없는 도전으로 결국에는 평화를 가져오는 인간적인 리더들이다. 이들은 무엇보다 수평적 마인드를 가졌다. 그들에게 동지와의 감정적 교류 그리고 인간에 대한 깊은 이해는 또 다른 소통의 리더십을 만들어냈다.

「장가르」 서사는 「게세르」, 「마나스」 서사와 더불어 걸출한 신화 속 영웅들의 모험담이다. 중국 신장의 오이라드 몽골 사람들과 러시아의 칼미크 사람들이 주로 불렀던 「장가르」 이야기는 수백 수천 줄에 이른다. 총 26마당 중 몇 마당을 전문 장가르치가 몸동작을 해가며 무반주로 혹은 현악기의 반주를 곁들여 암송 구연했는데, 이는 마치 우리의 「수궁가」, 「심청가」처럼 널리 퍼진 민중들의 연희 양식이어서 유목민들의 소박하고 진솔한 삶의 모습들을 엿볼 수 있다. 잠시 「장가르」 신화의 내용을 살펴보자.

장가르는 '아르 봄바'라는 나라의 타키 졸라(들말 숫구멍) 임금의 후예로, 탕삭 봄바(고귀한 봄바) 임금의 손자이며 위젱 알다르(영예로운 위젱) 임금의 아들로 태어난다. 장가르가 두 살이 되던 해에 적들에게 부모와 영지를 잃고 고아가 된다. 그에게 남은 것은 두습 망아지 아란잘 제르데(불타오르는 듯한 붉은 절따말) 뿐이다. 아란잘 제르데는 장가르와 말을 트는 사이로 그에게 충고도 하고 말다툼도 서슴지 않는다. 세 살부터 장가르는 인간이 아닌 초자연적인 존재인 망가스(괴수)의 임금들을 무찌르기 시작한다. 다섯 살에 뵈케 뭥겐 식셰르게(은 회초리 장사)에게 붙들려 포로가 되지만 그의 아들 올란 홍고르(붉은 홍고르)의 도움으로 살아나고 홍고르는 장가르의 평생 동지이자 충신이 된다. 여섯 살에 바인 쿵켄 알탄 체지(부자 천리안 황금 가슴)의 활을 맞고 죽게 되었으나 홍고르 어머니의 기도로 살아나고 알탄 체지를 수하에 거둔다. 장가르 휘하의 6,012명 용사들의 좌익은 올란 홍고르가, 우익은 알탄 체지가 맡는다. 장가르와 그의 용사들에게는 주인과 말다툼도 하는 지혜롭고 충성스러운 준마들이 있고, 그 말들은 49일 밤낮을 쉬지 않고 달릴 수 있다. 또 장가르와 그의 용사들은 둔갑술에 능하고 혼자서 수십만 명을 쳐부순 무용담을 자랑한다. 하지만 적들은 항상 더 강하다. 그래서 용사들은 분하면 눈물을 흘리고 운다. 장가르에게 출정 명령을 받으면 처량하게 울면서 반발하기도 한다. 장가르의 나라 아르봄바는 누구나 25세에서 나이가 멈추고 추운 겨울과 더운 여름이 없으며 비가 적당히 내리고 바람도 심하지 않은 아름다운 나라. 장가르는 아름다운 공주 샤브달(조화/우아)과 혼인해 500만 백성과 행복을 누린다.[5]

흥미로운 것은 「장가르」 서사의 형성 시기가 15세기에서 17세기경이어서, 연구자들은 이미 인류 역사상 가장 넓은 영토를 가졌던 12세기의 실존 인물 칭기즈칸의 삶이 민중들 사이에 널리 칭송되면서 「장가르」 서사 형성에 많은 영향으로 주었을 것으로 추정한다. 신화는 늘 변화하고 새로 만들어지는 집단의 꿈이다. 유목민 민중들이 원하던 리더의 모습은 칭기즈칸을 염두에 두고 그려진 장가르인 것이다.

「장가르」 서사는 조실부모한 영웅 장가르가 평생의 동지들을 만나 망가스라는 초자연적인 괴물들을 퇴치하는 지난한 여정을 보여준다. 장가르의 두 명장인 올란 홍고르와 알탄 체지는 모두 장가르의 적들이었지만, 장가르의 위대함을 알고 평생의 동지이자 충성스러운 부하가 된다. 마치 칭기즈칸에게 '4준마'와 '4맹견'이라 불렸던 평생의 동지들이 있

✤ 대단한 '붉은 홍고르'가 흉맹한 '노랑 망가스' 임금을 산 채로 붙들어 오는 장면

었던 것처럼, 이야기 속 장가르에게도 열두 명의 충성스러운 부하들이 있다. 칭기즈칸의 '4맹견' 중 한 사람으로 추앙받는 제베는 본래 칭기즈칸의 말을 쏘아 그를 말에서 떨어뜨린 적군의 명사수였다. 포로로 잡혀 온 제베는 이렇게 말한다.

"지금 저를 죽이시면 제 몸에서 흘러나오는 피는 한 움큼의 흙만을 적십니다. 저를 용사로 받아주소서! 그러면 제 몸에서 흘러나오는 피는 전 세계의 대지를 적실 것입니다."[6]

칭기즈칸은 그를 받아들이고 '화살촉'이라는 의미의 '제베'라는 새 이름을 주었다. 그는 서역 정벌의 중심축이 되어 강력한 이슬람 국가이던 철옹성 콰레즘을 사흘 만에 함락시키고 지배자 술탄 무하마드를 1만 킬로미터 가까이 추격해 전 유럽을 경악하게 했다. 그는 술탄의 목을 들고 귀환하던 중 죽었다고 전한다. 그는 칸에게 했던 자신의 맹세를 지켰다.

여기서 우리는 두 가지의 리더십을 생각해볼 수 있다. 하나는 권위적이지 않으면서도 변치 않는 동지 관계를 만들어내는 리더의 능력이고, 또 하나는 한때 적이었던 자라도 충성을 맹세하자 자신의 측근으로 기용하는 포용과 믿음의 리더십이다. 무엇보다 이러한 리더십은 리더와 구성원 간의 강한 신뢰를 바탕으로 원활하고 진심 어린 소통이 전제되는 관계에서만 가능하다. 정주 공동체 내의 학연, 지연, 혈연이 중시되는 풍토와는 사뭇 다른, 전적으로 능력 위주의 인재고용이다. 유목민들이 처한 척박하고 혹독한 환경에서 생존하기 위해서는 이와 같은 철저한 능력 위주의 인재고용은 필수적이었다. 빠르게 달리고 많은 정보를 수집하고 일사불란하게 움직이지 않으면 안 되는 노마드 정신은, 하

+ 적토마를 타고 달리는 유목민 용사들

루가 다르게 변화하고 다양하게 펼쳐지는 현대 기업환경에 대처하는 리더에게 많은 시사점을 준다.

신화 속 장가르와 그의 용사들에게는 사람 말을 할 줄 알고 주인에게 충고와 언쟁도 마다치 않는 준마들이 있었다. 그 말들은 49일 밤낮을 쉬지 않고 전력 질주할 수 있다. 가축들의 이동 경로를 따라 삶을 꾸려나가는 유목민들답게 용사들은 말들과 언쟁도 하지만 직언과 충언을 받아들이고 소통한다. 장가르의 12 용사 중 한 명인 우주의 미남 '밍얀'이 '알탄 투륵'의 훌륭한 말들을 빼앗으러 출정했으나 21일을 달려도 장가르 나라의 경계를 벗어나지 못하자 이래서야 언제 적에게 도달하겠느냐며 휴식을 취하며 한탄을 한다. 그의 준마 '알탄 샤르가'는 자신에게 빨리 올라타라 재촉하며 이렇게 말한다.[7]

"내 궁둥이에서 미끄러져 떨어지면 주인이라고 해도 돌아가 태우지 않겠다. 태워 가려고 할 때 확실하게 주인이 되어라!"

알탄 샤르가는 '생각보다 반 길 빠르고 바람보다 한 길 빠른' 전투의 발길에 숙달된 훌륭한 준마였다. 확실한 소통과 빠른 속도가 함께 한다면 두려울 것이 없다. 알탄 샤르가의 충고대로 밍얀은 바람의 속도로 49일을 내쳐 달린다. 49일은 그들에게 한 번에 달리는 질주 단위이며 죽음을 불사하는 한계속도를 의미한다. 말과의 소통은 바람보다 빠른 그런 속도를 가능케 한다. 이 또한 신뢰를 바탕으로 하는 소통의 결과다. 마음이 하나이면 거칠 것이 없기 때문이다. 하나의 조직에서 구성원들 간의 결속과 소통, 그리고 그에 기반을 둔 행동이 함께라면 조직은 살아 있는 유기체와 같다.

언제나 강한 적들을 맞아 싸우면서 장가르와 그의 용사들은 분하면 함께 눈물을 흘리고, 두려워도 함께 운다. 복수를 맹세할 때는 뺨에 상처를 내 흐르는 피를 눈물과 함께 흘렸다고 하니 그야말로 피눈물이다. 자신들의 감정에 솔직하고 서로를 이해하며 생사를 함께하는 결속된 집단은, 이익으로 맺어지고 권력으로 야합하는 집단과는 질적으로 다르다. 그들은 삶과 죽음을 넘나들며 모든 것을 나눈다.

투륵 임금의 불친 말들을 빼앗아오라는 장가르의 명령에 우주의 미남 밍얀이 왜 자신이 가야 하느냐며 장가르를 원망한다. 그가 한참 동안 울다가 출정을 결정하자 장가르는 이렇게 말한다.

"이승에서는 형제가 되자! 내세에는 좋은 곳에 함께 태어나자! 투륵 임금의 고장에다 네 뼈를 내가 버리지 않겠다!"

이에 밍얀이 화답한다.

"빛이 바래서 가는 것은 한 움큼의 내 뼈뿐! 쏟고 가는 것은 한 그릇의 내 피뿐! 나의 알탄 샤르가에 마구를 얹으시오!"

자신의 조직 구성원을 아끼고 마지막까지 신뢰를 저버리지 않겠다는 리더의 맹세는 구성원들의 사기를 진작시키고 힘을 실어주는 근원이 된다. 자신을 믿어주는 사람을 위해 목숨을 거는 것이다.

이 대목은 역사상 왜 유목민들이 권모술수와 계략에 속아 실패한 경우가 많았는지 짐작할 수 있게 한다. 혹독한 초원에서 표리부동한 행동으로는 살아남을 수 없었고, 그 때문에 진솔하고 직선적인 성격이 만들어질 수밖에 없었다. 곧고 직선적인 이러한 성격 탓에 유목민들은 권모술수에 쉽게 속아 넘어갔다. 그들은 자신의 사리사욕을 채우지 않았고 거짓말도 하지 않았으며, 남을 음해할 생각은 해보지도 못했다.

그래서 칭기즈칸은 정벌에 성공한 후, 전리품을 나눌 때 공평하게 분배했다. 개인적인 약탈을 엄격하게 금했고 전공戰功에 따라 차등을 두어 전리품을 배분했다. 또 앞에 나서 싸운 용사들뿐 아니라 후방에서 전투를 지원한 사람들에게도 공평하게 이익을 나누어 주었다. 일종의 스톡옵션을 줘서 생산력을 끌어올리는 방식이라고 할 수 있다. 기여한 만큼 대가가 반드시 돌아온다는 믿음은 그 무엇보다 집단의 결속력을 높이고 충성도를 강화했으리라는 것은 자명하다. 구성원들 모두에 대한 리더의 배려는 기업의 발전으로 이어지는 것이다.

「장가르」 서사를 살펴보면, 유목민들이 원하는 리더가 어떤 인물이고 리더십이 무엇인지 확연히 드러난다. 그들의 리더는 같은 목표를 가지고 비전을 제시하며 모든 것을 함께 나누면서 부하들을 설득하고 배려하는 '소통의 리더'이다. 부하들과 똑같이 입고 똑같이 먹으며 함께 추위와 배고픔을 참고 메마른 초원에서 잠을 자던 솔선수범의 리더가 장가르이자 칭기즈칸이었던 것이다. 그래서 그들은 영웅을 위해 목숨을 건다.

"등을 지고 있어도 서로 마주 보는 것처럼, 멀리 떨어져 있어도 가까운 데에 있는 것처럼 생각하면서 간다면, 하늘도 그대들에게 가호를 내릴 것이다."

칭기즈칸이 부하 수에베테이 장군에게 한 말이다.

그러나 칭기즈칸이 자기편이라고 무조건 감싼 것은 아니다. 어린 시절 테무친은 가족들 사이에 편 가르기를 일삼는 이복동생 벡테르를 살해한다. 어머니가 그를 무섭게 꾸짖자 다음과 같이 대답한다.

"나는 앞으로도 누구든 편을 가르는 자는 용서하지 않을 것이다. 그것은 어머니도 형제도 마찬가지다."

그리고 그의 원칙은 평생 일관성 있게 지켜진다. 리더의 일관성은 구성원들의 믿음을 형성하고 조직의 안정을 가져온다. 편을 가르지 않고 자기 사람 누구에게나 공평무사하게 대한 칭기즈칸이 구성원들의 마음을 얻고 충성스럽기 이를 데 없는 그들을 통해 원제국을 이룬 것은 결코 우연이 아니다. 오로지 칭기즈칸에 대한 믿음 하나로 눈보라를 헤치고 동토를 달렸으며 굶주림과 목마름에 시달리면서도 산맥을 넘고 강을 건너 유라시아 대륙을 종횡으로 누빈 용사들과 함께 대제국을 이룬 것이다. 그들은 함께 꿈을 이루었다. 장가르로 형상화된 칭기즈칸 신화에서 리더십이 어떻게 발휘되는지 구체적으로 살펴보자.

칭기즈칸의 개방적 리더십

칭기즈칸에 관한 여러 저작은 이구동성으로 그의 가장 중요한 성공 요인을 '속도전', '정보 인프라', '다인종 다민족의 하이브리드 사회', '기술자 우대' 등으로 요약한다.

첫째, '속도전'에 관해 생각해보자. 칭기즈칸뿐 아니라 모든 유목민에게 빠른 이동 속도는 사느냐 죽느냐를 결정하는 중차대한 문제였다. 그들이 사는 초원은 혹독하게 춥고 메마른 땅이기도 했지만 산이나 숲, 바위 등의 숨을 곳이 없는 끝없는 지평선이 펼쳐지는 곳이었다. 적의 공격을 피해 빠르게 도망가고 재빨리 공격하는 것, 즉 시간을 통제하는 것은 삶과 죽음을 가르는 절체절명의 지상과제였다. 그래서 수적으로는 열세지만 속도에서 우세한 그들이 구사한 주요 전술은 치고 빠지는 게릴라전이었다. 수많은 보병을 상대하는 적은 수의 기병들이 할 수 있는 효과적인 전술은 단연 게릴라전일 것이다.

오래전, 서쪽의 원조 유목전사 집단인 스키타이 정벌에 나선 다리우스 황제는 70만 대군을 끌고 흑해를 건너왔다. 다리우스가 건너온 흑해의 북서 연안은 하천과 소택지가 많아 해안만으로 진군하는 것이 불가능했다. 정찰이나 보급선 때문에 해안을 따라 나아가고자 한 다리우스의 생각이 빗나간 것이다. 페르시아 제국의 육상 진격부대는 자기도 모르게 오지로 들어가버렸다. 그때 스키타이 유목기마군이 바람처럼 출몰했다. 그들은 넓게 산개해 산중에서도 바람처럼 불시에 나타나고 페르시아군과 일정한 거리를 유지하면서 위협과 도발을 반복하며 그들을 유인했다. 페르시아군이 공격하려 하면 그들은 기마의 스피드를

＋ 칭기즈칸 초상화

이용해 바람처럼 사라졌다. 페르시아군에게 스키타이군은 신기루 같은 존재였다. 이런 상황이 반복되자 페르시아군은 점점 오지로 이끌려 들어가게 되었다. 스키타이는 고의로 퇴각을 거듭하면서 그때마다 일대의 모든 것을 불살랐다. 보급선이 끊긴 페르시아의 70만 대군은 굶주림과 공포에 시달리다 퇴각을 결정한다. 제대로 전투 한번 못해보고 다리우스는 8만의 장병을 잃는 대참패를 당하고 돌아간다.

헤로도토스는 『역사』에 다리우스의 탄식을 적었다.

"도시도 성채도 없이 어디를 가든 자기네 집을 갖고 다니는 적을 어떻게 공격하고 정복할 수 있단 말인가?"[8]

이후 다리우스는 두 번 다시 스키타이를 공격하지 않았다. 이러한 공격 패턴은 흉노, 돌궐, 몽골에도 공통적이다. 원조 유목민인 스키타이의 일사불란함은 유목적 전략의 공통점을 보여준다. 몸이 가벼워야 기동성이 뛰어나고 수십만의 대군을 수천의 기병으로도 이길 수 있기 때문이다. 현대 기업이 위기에 직면하면 가장 먼저 불필요한 인력을 감축하고 조직을 빠르게 재편한다. 이처럼 빠른 속도의 감량은 기업을 회생시키는 데 필수적인 요소다.

속도에 대한 유목민들의 열광은 장가르 이야기에도 두드러진다. 49일을 쉬지 않고 달리는 준마들과 적토마에 관한 이야기가 상당한 부분을 차지하고 있으며, 49일을 달려야 도달하는 곳을 두이레(14일)나 세이레(21일) 만에 달렸다는 표현들이 어렵지 않게 눈에 띈다. 이는 속도뿐 아니라 한편으로는 자신들의 영역이 얼마나 광활하게 펼쳐져 있는지를 과시하는 표현이라 여겨지기도 한다. 사람들은 이 유목전사들을 '속도 숭배주의자들'이라고 말한다.

그들은 강하고 빨라지기 위해선 불필요한 것은 소유하지 않아야 한다고 생각해 갑옷 속에 스프링을 집어넣어 가볍게 만들었다. 당시 유럽 기사단의 갑옷은 70킬로그램이었는데 비해 유목민 전사의 완전 군장은 7킬로그램에 불과했다고 한다. 10분의 1 무게이다. 또 소 한 마리분의 고기를 말린 육포 모르츠를 소 방광에 모두 넣어 가볍고 간편하게 운반했는데, 그것은 병사 한 명의 일 년 치 식량이었다. 대개 유목민 전사들은 제일 하급 군사가 말 두 마리를, 장군들은 많게는 말을 일곱 마리까지 보유하고 달렸다 하니 그야말로 말 달리는 속도로 유라시아 전 지역을 초토화하며 휩쓴 것이다.

둘째, 칭기즈칸의 '정보 인프라' 또한 속도의 문제와 직결된다. 정보의 빠른 소통을 나라의 시스템으로 만든 것이다. 원나라 때 완성되었다는 '역참제'는 정보 인프라인 동시에 물류 시스템이었고 군사고 속도로였다. 수도를 중심으로 각 지방으로 뻗어 나가는 주요 도로에 40~50킬로미터마다 역참(말 정거장)을 설치했고, 그 사이 5킬로미터마다 칸의 소식을 전하는 파발이 살았다. 파발들은 방울을 울리며 전속력으로 질주했다. 5킬로미터만 내달리면 만반의 채비를 갖추고 기다리는 다음 파발에게 서장을 건넨다. 각 주자는 5킬로미터만 전력으로 질주하면 된다. 이리하면 한 달 걸릴 지방 보고도 1주일이면 전달된다. 역참제는 인터넷의 정보전달 방식인 프로토콜 방식이며, 반중앙집중적 정보전달 체제였다. 이 릴레이 달리기 방식은 최종 전달자가 이동하더라도 어디든지 전달이 가능한 시스템이었고 가장 빠른 길을 찾아 전달 경로를 바꿀 수도 있었다. 21세기에 정보의 빠른 소통이 기업 경영의 필수라는 점에서 칭기즈칸이 실천한 역참제는 소통의 방식, 소통의 마인드가 얼마나 중요한지 재고해보게 한다.

셋째, 유목제국은 '다인종 다민족의 하이브리드 사회'였다. 이런 점에서 그들은 오늘날의 글로벌 시대에 앞서 열린 사회를 구축한 셈이다. 칭기즈칸과 그 손자 쿠빌라이 칸이 이루어낸 지상 최대의 원제국은 중원을 무력으로 찬탈해 짧은 기간 천하를 소유한 무지하고 원시적인 야만인이 세운 나라가 아니었다. 원제국은 네트워크로 잘 정비된 선진국이었다. 원나라는 유라시아 초원의 유목국가(군사력), 중화 경제권의 농경국가(재력), 무슬림의 상업권을 활용한 해양국가(해상무역)의 위상을 가진 복합제국이었다. 쿠빌라이의 원나라는 군사적으로나 경제적으로나 매우 선진적인 국가였다. 그 바탕에는 모든 인종과 민족을 동등하게 대하고 이방인을 편입시키면서 그들을 믿고 능력에 따라 자리를 내어준 유목민들 특유의 친화력이 자리 잡고 있다. 그 친화력은 다른 부족들과 연합하고 융화될 수 있는 '소통'의 능력에 기반을 둔다.

넷째, '기술자 우대' 정책은 칭기즈칸에게 유독 두드러지는 경영전략이었다. 그는 정복하는 곳마다 철저하게 적을 물리쳤지만 기술자만은 모두 살려서 한 곳에 집결시켜 살게 했다. 말하자면 실리콘 밸리 같은 기술자들의 공동체를 만들었던 것이다. 그곳에서 개발되는 새로운 기술은 제국의 내실을 다지는 데 활용되었다는 점은 말할 필요도 없다. 자신들이 잘 알지 못하는 전문 분야의 인재들을 믿고 존중하는 것 또한 소통의 또 다른 방식이다. 그들의 기술자 우대 정책은 자신들이 가진 것뿐 아니라 갖지 못한 것에 대한 존중이자 신뢰에 대한 열린 자세였다.

천 년 전, 정착해서 성을 쌓을 게 아니라 계속해서 이동해야 한다는 돈유쿠크와 칭기즈칸의 유훈은, 오늘날 빠르게 변화하고 다양하게 확장하는 세계에서 성공적으로 기업을 경영하고 새로운 환경에 적응해야 하는 리더가 마음에 새겨야 할 교훈인 듯하다. 성을 쌓는 것이 아니라 길을 닦아 네트워크를 만들고 정보를 공유하며 발 빠르게 앞으로 나아가는 리더는, 척박하지만 변화무쌍하고 도전적인 현대의 경영 현실과 환경에 꼭 필요하다. 흉노의 묵특, 훈족의 왕 아틸라, 위대한 칭기즈칸, 청태조 누르하치와 같은 유목제국 리더들의 신화적인 삶은, 폐쇄적이고 닫힌 성 안이 아니라 개방적이고 열린 드넓은 초원에서 어떤 방식으로 소통하고 어떻게 도전에 응하는가에 대한 노마드적 '소통' 리더십의 좋은 예를 제공한다.

3
PART

신념과 의지,
이타적 리더십

헤라클레스의 고난은
더 큰 도약을 위한 믿음이다

헤라클레스의 고난과 영광

아내 헤라가 있음에도 불구하고 제우스는 계속해서 바람을 피우고 여러 곳에서 자식을 얻는다. 이런 모습은 시민문화의 윤리의식에 젖은 현대인의 눈에 자못 거북하고 창피스럽다는 느낌을 준다. 그러나 신화 속에 숨겨진 진정한 메시지를 읽으려면 그 불편한 껍질의 이면을 들여다볼 수 있는 성찰의 시선이 필요하다. 신들은 이해를 돕기 위해 편의상 사람과 같은 모습을 하고 사람처럼 행동하는 것으로 묘사될 뿐, 사실상 우리네 삶에 매우 중요하고 막강한 영향을 미치고 있지만 그것을 구체적으로 인식하기 어려운 어떤 추상적인 힘들을 대변하고 있기 때문이다. 신화는 의인화된 비유, 즉 알레고리의 이야기다. 그러니 '광명'을 나타내는 제우스가 다른 여신이나 요정, 여인에게서 자식을 얻는 것은 광명의 힘이 다른 어떤 에너지와 만나 새로운 힘이 형성되는 것을 뜻한다.

헤라클레스_{Heracles}는 인간의 몸으로 태어나지만 결국 신이 되어 올림 포스에 오르는 유일한 영웅이다. 그래서 그가 인간 세상에서 겪는 온 갖 시련과 고난, 그 뒤에 따라오는 영광의 이야기는 그리스 신화에 등 장하는 수많은 영웅담 가운데서도 독보적인 위치를 차지한다. 불멸의 존재인 신과 필멸의 존재인 인간의 경계가 분명하고, 인간이 신의 세계 를 넘보는 일은 용서할 수 없는 '오만'으로 치부되어 무서운 벌을 받는 그리스 신화세계에서 인간이 신이 될 수 있음을 증명해 보이고 있기 때 문이다.

더욱 눈길을 끄는 것은 이 영웅신의 이름이다. 헤라클레스는 '헤라의 영광'이라는 뜻이다. 그를 죽음으로 내모는 온갖 시련을 내리는 이가 바로 헤라 여신인데, 이 박해 받는 의붓아들이 이룬 결과가 헤라의 영 광이라면, 고난과 영광은 동전의 양면처럼 하나란 말이 아닌가. 이처럼 이 영웅신의 이야기에는 인생의 신비로운 역설이 숨어 있다.

제우스는 영웅 중에서도 가장 훌륭한 영웅을 인간 세상에 내려 보내 려고 궁리하다가 아름다움과 덕성과 지혜를 고루 갖춘 여인 알크메네 의 몸을 빌리기로 작정했다. 그래서 결혼은 했지만 아직 첫날밤을 치르 지 않은 알크메네에게 방금 전쟁에서 돌아온 신랑 암피트리온의 모습 으로 나타나서 헤라클레스를 잉태시킨다. 그리고 달이 차서 아들이 태 어날 때가 되자 올림포스의 신들 앞에서 페르세우스의 후손으로 그날 정오에 태어날 자신의 아들이 훗날 아르고스를 지배하게 되리라고 선 언했다. 그러나 남편의 외도를 참고 보는 법이 없는 헤라는 간계를 써서 자기 휘하의 해산의 여신과 운명의 여신들을 보내 일단 헤라클레스가 태어나지 못하도록 막고, 제우스가 말한 바로 그 시각에 페르세우스의 또 다른 후손인 에우리스테우스가 태어나도록 했다. 그리하여 헤라클레스 대신 에우리스테우스가 아르고스의 왕이 되었다. 신들의 지배자인 제우스조차 스스로 맹세하며 선언한 것을 되돌릴 수는 없기 때문이었다. 화가 난 제우스는 헤라에게 한 가지 조건을 건다. 장차 헤라클레스가 신인神人으로서의 면모를 유감없이 입증해 보인다면 그를 올림포스로 끌

✛ 조슈아 레이놀즈, 〈헤라가 보낸 뱀을 죽이는 요람 속의 헤라클레스〉

어 올려 신으로 만드는 데 동의하라는 것이었다. 헤라 여신의 대답은 대충 이런 것이었다.

"그러지요. 하지만 그 아이를 우선 제게 맡기세요. 아무리 제우스 신의 아들이라도 그 값을 못할 때는 어쩔 수 없는 것 아니겠어요? 이제 그 아이를 아르고스의 지배자로 정해진 에우리스테우스의 시험에 걸어보겠습니다. 그 아이가 이 헤라와 에우리스테우스의 담금질을 견뎌낸다면 그때는 제우스의 아들이라는 이름값을 하는 것이요, 그 아이를 그 정도로 벼려낸 이 헤라에게 영광이 돌아올 것입니다. 그러나 견뎌내지 못한다면 그뿐이지요. 그러니 앞으로 그 아이 일에 간섭하지 마세요."

헤라클레스가 태어난 지 일 년쯤 된 어느 날 헤라가 그의 요람에 뱀 두 마리를 보냈다. 함께 뉘어져 있던 아기의 자지러지는 울음소리에 사

람들이 달려가 보니 어린 헤라클레스가 양손에 굵은 뱀을 한 마리씩 움켜쥐고 잔뜩 힘을 쓰고 있었고, 잠시 후 뱀들은 힘을 잃고 축 늘어졌다. 아기였지만 헤라클레스는 장차 자신에게 닥쳐올 시험들을 감당할 만한 힘이 있음을 증명하는 사건이었다.

힘이 장사인 청년 헤라클레스는 헤라가 주는 여러 시련을 이겨내고 자란다. 보는 사람의 속이 다 후련할 정도로 힘 있고 대담하고 인간미 넘치게(독자들은 신화가 인간의 머리와 가슴에서 나온 것이라는 사실을 상기하기 바란다) 해치우고는, 테베의 공주 메가라와 결혼해 아들 여덟을 낳고 꽤 오래 행복하게 살았다. 하지만 본격적인 시험이 닥쳐온다. 헤라는 '발광'을 뜻하는 요정 뤼사를 보내 헤라클레스를 미쳐 날뛰게 만들었다. 광기에 빠져 아내와 여덟 명의 자식 모두를 제 손으로 죽이고, 그 피 속에 사흘을 잠겨 있다 깨어난 헤라클레스는 자신이 저지른 짓에 넋을 잃고 몸부림친다. 그 참혹한 운명을 어찌 헤쳐가야 할지 신탁을 물으러 간 영웅에게 아폴론은 에우리스테우스를 찾아가라고 일러준다. 그의 신하가 되어 12년 동안 섬기며 그를 통해 헤라가 내리는 고난의 짐을 져 속죄하고 '헤라의 영광'으로 서라는 것이었다.

신화에서 헤라클레스는 몸과 마음에 신적인 잠재력이 흐르고 있지만 완벽함과는 거리가 있는 캐릭터로 묘사된다. 오히려 그렇기에 이 영웅이 사람의 마음을 끌어당기는 복합적인 매력을 지니는지도 모른다. 그가 저지른 죄는 의도한 바 없이 자신도 모르는 상태에서 일어난 일이고, 실은 이미 출생 때부터 딸려온 버거운 짐이건만 우직한 영웅은 그럼에도 불구하고 속죄를 하겠다고 꾸벅꾸벅 고난의 길을 감수하며 나아가고 있는 것이다.

✦ 고대 도기 그림. 〈히드라를 죽이는 헤라클레스〉

　에우리스테우스는 모든 면에서 헤라클레스와는 비교도 안 되는 인물이었지만, 교활하고 심술궂고 비열한 면에서는 그를 따를 자가 없었다. 죄를 씻겠다고 찾아간 영웅에게 그는 열두 가지 과제를 내었는데, 이는 보통의 인간은 감당할 수 없는 성질의 것이었다. 그 과제들은 극한의 도전과 싸움, 고통이 따를 뿐 아니라 다른 한편으론 비범한 통찰력과 지혜로움까지 필요한 것들이었다.

　예를 들어, 두 번째 과제는 레르네 샘에 사는 괴물 히드라를 죽이라는 것이었는데, 머리가 여섯 개(혹은 백 개라고도 한다) 달리고 치명적인 독을 뿜는 이 무서운 뱀은 머리 한 개를 자르면 바로 그 자리에서 두 개가 솟아 나와 도저히 처치 불가능한 괴물이었다. 헤라클레스는 히드라의 목을 벤 자리에서 각기 두 개씩 새 목이 자라나는 것을 보고는 조카 이올라오스를 불렀다. 횃불을 들고 옆에 서 있다가 그가 히드라의 목을 베면 바로 그 자리를 불로 지지게 해 새 목이 돋아나지 못하게 한 다음 처치해버린 것이다. 이 이야기는 헤라클레스가 육체적인 힘뿐만 아니라, 문제의 핵심이 무엇인지를 정확히 간파하고 최적의 방법을 동원하는 통찰력과 민첩성을 갖추었다는 사실을 보여준다.

에우리스테우스가 낸 여러 과제 중에 아우게이아스 왕의 축사를 청소하라는 것이 있었다. 태양신의 아들 아우게이아스는 엄청난 수의 가축을 기르고 있었는데, 몇십 년째 축사의 가축 배설물을 치우지 않아 주변의 피해가 이만저만이 아니었다. 문제는 그 많은 배설물을 하루 만에 치우라는 것이었다. 물론 그 누구도 해낼 수 없는 일이었다. 헤라클레스는 이 과제를 받자 아우게이아스 왕과 협상을 벌였다. 하루 안에 축사를 깨끗이 치워주면 왕이 가진 가축의 10분의 1을 주겠다는 약속을 받아낸 것이다. 그는 축사 옆으로 흐르던 알페이오스 강과 페네이오스 강이 축사 안으로 흘러가도록 물길을 터 산더미처럼 쌓인 오물이 강물에 쓸려나가게 했다. 이 영웅의 스케일을 잘 보여주는 일화라 할 수 있다.

신화에서 난제로 등장하는 문제들은 조금만 더 깊이 들여다보면 인간의 삶에서 비켜가기 어려운 원형적 문제들인 경우가 많다. 인생에서 피할 수 없는 삶의 복병들을 이겨내고 처치함으로써 영웅은 그러한 문제들을 극복할 수 있음을 증명해 보이고 삶에 새로운 비전을 제시하는 것이다. 헤라클레스가 자기보다 한참 못나고 비열한 에우리스테우스의 명령을 받으며 자신에게 지워진 '십자가'와도 같은 헤라의 시험들을 거부도 원망도 없이 묵묵히 치러내는 모습은 묘한 감동을 불러일으킨다. 그 짐을 끝까지 져낸 그의 영혼 밑바닥에는 무엇이 깔렸을까? 죽도록 힘들어도 그것이 해결할 가치가 있는 일이라는 믿음, 그리고 자신에게 그것을 해결할 능력이 있다는 자각 아니었을까? 자신의 내면에 흐르는 피가 궁극적으로 어디를 향하고 있는지 그가 본능적으로 알고 있었다고 생각하게 하는 대목이 여러 일화에서 드러나기 때문이다. 인간의 삶을 위협하는 괴물들을 처치하고, 간척지를 개간해 사람들로 하여

+ 헤라클레스의 영혼을 마차에 태우고 올림포스로 오르는 아테나

금 드넓은 땅에서 농사를 짓도록 하는가 하면, 삶과 죽음의 경계를 넘나들며 생에 대한 더 높고 큰 비전을 가지게 해주었던 이 영웅의 행적에는 문명 영웅의 면모가 두드러진다.

헤라클레스는 에우리스테우스가 부과하는 과제들을 모두 마친 후에도 지상에 남아 많은 어려운 일들을 겪고 해결하는 자신의 여정을 계속한다. 특히 올림포스 신들이 거인족 기간테스와의 전쟁을 10년 이상 끌며 힘들어하고 있을 때, 신들을 도와 그 전쟁을 승리로 이끈 장본인도 헤라클레스였다는 점은 시사하는 바가 크다. 그 일이 끝나자 제우스는 인간 여인의 몸을 빌려 낳은, 그래서 반은 인간인 이 자랑스러운 아들에게 큰 임무를 부여한다. 그 옛날 진흙으로 만든 인간들에게 신들의 불을 훔쳐 준 죄로 코카서스 산정에 매달아 독수리에게 간을 쪼아 먹히고 있는 프로메테우스를 풀어주도록 허락한 것이다. 제우스가 헤라클레스의 인간의 가치와 가능성을 인정했다는 표시라 보아도 좋을 상징적인 사건이다.

눈길을 끄는 점은 고난과 시련을 뒤로하며 앞으로 나아갈수록 헤라클레스의 존재와 태도에서 무거움과 비극성이 걷히며 차츰 어린아이와도 같은 천진함과 자유로움이 드러난다는 사실이다. 헤라클레스는 죽을 때 아버지 제우스의 제단에 마지막으로 예를 올린 후 자신이 직접 화장용 장작더미를 쌓고 그 위에 올라가 스스로 불을 붙여 인간으로서 받은 육체를 태워버린다. 불길이 하늘로 치솟자 올림포스에서 이를 지켜보고 있던 제우스가 벼락을 내려 아들을 끌어올렸다고도 하고, 아테나가 사두마차를 몰고 내려와 이 영웅신의 영혼을 거두어 올림포스로 데려갔다고도 한다. 인간으로서 모든 고난을 이겨내고 올림포스로 끌어올려져 신이 된 헤라클레스의 이야기에는 인간의 삶이 어떤 가치와 가능성을 지향하고 있는지에 대한 방향성을 볼 수도 있다.

위대한 일은 위대한 뜻에서 비롯된다

제대로 된, 훌륭하고 가치 있는 뜻을 세우는 일이 왜 중요할까? 그 이유는 뜻이 행동의 '뿌리' 역할을 하기 때문이다. 개인이든 조직이든 끊임없이 무언가를 향해 움직이게 되는데, 뜻은 우리가 어디로 왜 움직여야 하는지를 분명하게 알려주는 '나침반'이요 '등대'가 되기 때문이다. 뜻이 삶의 중심으로 확고해진 것을 우리는 '신념'이라 부른다.

시대는 바야흐로 어떤 변화가 닥칠지 예측하기 어려운 상시 위기의 상황으로 치닫고 있고, 개인이나 기업 모두 치열한 무한경쟁에 노출되어 있다. 이 급박하고 절실한 상황에서도 개인이나 기업이 자신의 존재

이유를 아는 일, 자신이 왜 그 일을 해야 하는지를 뚜렷이 의식하는 일은 그 무엇보다 중요하다. 뿌리 깊은 나무가 바람에 흔들리지 않듯, 품은 뜻이 깊고 크면 어떤 위기나 난관이라도 헤쳐나갈 수 있는 근원적인 힘을 얻기 때문이다. 영혼 깊은 곳에서 우러나오는 그 힘을 사람들은 '의지'라 한다.

예나 지금이나 훌륭한 리더는 값진 뜻을 세울 줄 알고, 그것을 자신이 속한 집단의 구성원들과 공유할 줄 아는 자다. 그리고 그가 세운 뜻이 얼마나 가치 있는 것인가는 결국 그 뜻한 바가 개인을 넘어서 얼마나 많은 사람을 얼마나 오랫동안 이롭게 하느냐에 달려 있다. 위대한 인물들이 품었던 높은 뜻의 성향을 들어보자면 구태여 멀리 갈 것도 없다. 우리가 하도 들어 평범해 보이기까지 하는, 널리 인간을 이롭게 한다는 '홍익인간弘益人間'의 이념이 그것이요, 자연의 이치를 존중하고 인간을 사랑한다는 '경천애인敬天愛人'의 뜻이 그것이요, 자신에게 피할 수 없이 주어진 것이라면 그 조건을 끝까지 끌어안고 사랑해 값진 것으로 만들고야 말겠다는 '운명애amor fati'가 바로 그것이기 때문이다.

신념 있는 사람의 행동에는 내면에서 우러나오는 자신감과 일관성이 있다. 이런 사람은 일을 진행할 때 민첩하고, 고정된 틀에 묶이지 않은 유연함과 창의성을 보인다. 하고자 하는 일의 가치를 알기 때문에 도중에 발생하는 부차적인 문제들은 자연스레 큰 맥락과 원칙 안에 독창적이고 유기적으로 배치된다.

기업이 직원들에게 스스로 조직에 대해 자부심을 느끼도록 하는 일이 중요한 이유가 바로 여기에 있다. 직원들이 자기가 하는 일의 가치를 진정으로 느끼는 순간, 모든 것은 마치 마법에라도 걸린 듯 저절로 움직이기 때문이다. 각자 무엇을 왜 해야 하는지 알고, 그것을 자신이 할 수 있는 최상의 방식으로 독창적으로 해낸다. 이런 사람들은 웬만한 어려움이나 위기가 닥쳐와도 절대 포기하지 않을 뿐 아니라, 놀라울 정도의 끈기와 용기를 보여준다. 단지 돈을 받기 위해서 일하는 게 아니라, 조직에서 그 일을 하는 것이 보람 있고 자랑스럽고 즐겁기 때문이다.

신념은 일하는 사람에게 열정과 추진력을 북돋우고 스스로 몰입하게 한다. 그렇게 만들어진 제품은 그것이 무엇이든 사용하는 사람을 감동시킨다. 모든 훌륭한 브랜드가 그렇게 해서 태어난다.

신념과 경영철학으로 완성된 리더십

한 기업인의 확고한 경영철학이 4대에 걸쳐 140여 년을 이어져 내려오며, 기업에 속한 직원은 물론 국가와 전 세계인의 존경을 받는 사례가 바로 인도의 글로벌 기업 타타TATA이다. "타타는 인도의 아이콘이다", "모든 사람이 좋아하는 인도의 상징"이라는 말이 자연스럽게 들릴 정도로 전 국민의 전폭적인 신뢰와 사랑을 받는 이 기업은 1868년 창립자 잠셋지 타타Jamsetji Tata에 의해 작은 무역회사로 시작했다. 하지만 현재는 자동차, 철강, 에너지, 화학, 통신, 서비스, 소재, 엔지니어링, 소비재 분야를 아우르며 100여 개의 계열회사를 거느린 세계 굴지의 글로벌 기업으로 성장했다. 오늘날 세계에서 가장 혁신적인 기업 13위, 가장 평판 좋은 기업 11위에 올라 있는 타타 그룹의 경영철학은 창립 초기부터 '신뢰'를 바탕으로 한 존경받는 회사를 만들어가는 것이었다. 이 같은 배경에는 타타 가문이 파시교도(8세기경 회교도의 박해를 피해 인도로 피신한 조로아스터교도의 후예)의 박애정신을 깊이 뿌리내린 신념으로 이어받고 있으며, 그에 따라 국민에 대한 책임감이 남다르다는 점이 바탕에 깔려 있다.

타타를 140년간 지속적으로 키워 초우량 장수기업으로 만든 성장 동력은 무엇보다 사람을 소중히 여기고 수익보다 기업의 가치관과 윤리의식, 책임감을 앞세운 경영철학에서 나왔다고 보는 의견이 지배적이다. 이를 뒷받침하는 자료로 사람들은 타타가 실행해온 세계 최고 수준의 사원복지제도를 꼽는다. 이 회사는 당시에는 누구도 생각지 못했던 1912년에 벌써 여덟 시간 근무제를 도입하는 동시에 연금과 퇴직금을 제공했고, 1915년에는 무료의료지원을 시작했으며, 1917년에는 직원 자녀를 위한 학교를 설립했고, 1920년에는 유급휴가를 실시했다. 이 모든 복지제도는 창립자 잠셋지의 아들인 2대 회장 도라브지 타타에 의해 실행에 옮겨졌다. 그러나 잠셋지가 아들 도라브지에게 쓴 1902년의 편지를 보면 공장 부지가 결정되기 5년 전에 이미 철강공장 직원의 거주단지에 관한 구상을 하고 있었음을 알 수 있다.

반드시 거리를 넓게 닦고, 그늘이 많이 지며 성장 속도가 빠른 종의 나무를 양쪽에 심어라. (…) 잔디와 정원으로 쓸 공간이 많아야 한다. 또 축구와 하키 경기장과 공원을 위해 넓은 부지를 남겨두어라. 힌두 사원, 이슬람 사원, 기독교 교회를 지을 부지를 배정해라.

이런 통찰력으로 태어난 도시가 오늘날 '잠셋지의 도시'라는 뜻을 지

닌 잠세드푸르다. 1880년부터 이미 중공업의 모태인 철강산업의 사업
화, 수력발전의 사업화, 과학교육을 위한 세계적인 교육기관 설립을 꿈
꾸고 구체적 계획을 세운 잠셋지의 지칠 줄 모르는 추진력은 다름 아닌
인도 산업 발전을 위한 그의 열정이었다. 이 모든 계획은 잠셋지의 사후
에 결실을 보았지만, 어쨌든 그의 꿈은 후계자들에 의해 차곡차곡 이루
어졌다. 1911년에는 인도과학원이 세워졌고, 1924년에는 인도의 고등
고시를 통과한 공무원 다섯 명 중 두 명이 타타 장학생이었다. 훗날 타
타 장학생 가운데 대통령까지 나왔으니 인도의 미래를 위해 인재교육
에 힘을 기울여야 한다는 그의 계획은 실현되었다고 보아야 할 것이다.

기업의 리더에게 확고한 경영철학과 신념이 있고, 그것을 직원들과
성공적으로 공유할 때 얼마나 혁신적이고 독창적인 구상과 전략들이
세워지고 이루어지는가를 후대 타타 그룹의 예에서 여실히 확인할 수
있다.

4대 회장인 라탄 타타 회장 재임 시절 세계 56위였던 타타 철강은
2007년 9월에 세계 9위의 영국 철강업체 코러스를 사들여 한국의 포
스코에 이어 세계 5위의 철강업체로 도약했다. 타타 자동차는 2008년
3월 재규어와 랜드로버를 인수하고 세계 자동차 시장에서 승용차 부
분 3위, SUV를 포함하면 2위, 트럭과 버스를 포함하면 1위로 부상했
다. 무엇보다 세계인의 이목을 집중시킨 일은 2008년 1월 '델리 오토 엑
스포'에서 200만 원대의 초저가 소형차 나노$_{Nano}$를 출시한 일이었다. 어
느 비 오는 날 오토바이 한 대에 한 가족 네 명이 부둥켜안고 타고 가다
가 미끄러지는 것을 보고 개발을 결심했다는 이 저가 자동차는 사실
수익보다 인도의 중산층 가정에 자동차를 보급하고 싶은 박애주의에

기반을 둔 것이었지만, 세계적인 불황이 계속되는 상황에서는 다양한 모델을 수출할 수 있는 전망 또한 밝다는 것이 업계의 진단이다.

라탄 타타 회장은 거기서 멈추지 않았다. 2009년 5월 그는 도시 하층민을 위한 저가 주택개발 프로그램으로 1,000만 원대 아파트를 선보였으며, 2011년 7월에는 77만 원짜리 조립식 주택을 내놓았고, 정수기가 없어 질병에 노출된 저소득 가정을 위한 2만 원대 정수기를 개발해 출시하는 등 계속해서 놀라운 행보를 이어갔다. 수익보다 사회적 헌신을 앞세우는 기업이 어떤 일을 할 수 있는지를 보여주며 세계인의 감탄을 자아내는 것이다.

아이네아스,
불굴의 의지로 사명을 완수하다

「아이네이스」에 드러난 영웅의 면모

역사를 살펴보면 부족사회에서 국가로 발전하는 시기에는 리더가 어떤 사람이고 어떤 리더십을 발휘하는지가 중요한 문제가 되곤 한다. 호메로스의 서사시, 소포클레스의 비극, 셰익스피어의 역사극 등 세계 고전 문학 속 주인공이 발휘하는 리더십은 도시 공동체나 국가의 운명에 결정적인 영향을 미쳤다.

세계문학에는 신념과 의지로 사명을 완수한 영웅들이 많다. 그 가운데 한 영웅이 서사시 「아이네이스」의 주인공 아이네아스다. 아이네아스는 조국 트로이가 멸망한 후 피난길에 올라 온갖 역경을 극복하고 이탈리아에 로마 건국의 주춧돌을 놓는 사명을 완수했기에 신념과 의지를 구현한 영웅으로 손색이 없다.

로마가 내전으로 혼란의 시기를 겪고 있을 때 시인 베르길리우스는 서사시 「아이네이스」를 쓰기 시작했다. 로마의 권력자 사이의 내전은 거의 삼대에 걸쳐서 진행되었기에 이탈리아는 물론 지중해를 둘러싼 국가들도 전쟁의 소용돌이에 빠져 황폐해졌다. 기원전 31년 악티움 해전에서 옥타비아누스는 안토니우스와 클레오파트라의 연합군을 물리침으로써 승리했고, '존엄한 자'란 뜻의 아우구스투스로 개명하고 로마 제정을 열었다. 아우구스투스는 오랜 내전으로 온통 상처뿐인 세계를 치유하고 재정비해야 한다고 생각했다. 로마에 평화를 정착시키기 위해서 애국주의를 내세우고, 로마의 미래에 대한 비전을 제시하기 위해서 로마의 영광스런 과거를 상기시켜야 했다. 이러한 시대적 요구에 부응하고자 베르길리우스는 로마 건국 신화의 토대가 된 서사시 「아이네이스」를 쓴 것이다.

「아이네이스」는 호메로스의 서사시 「일리아스」, 「오디세이아」를 모방한 작품이다. 베르길리우스는 호메로스의 서사시를 잘 아는 독자였고 호메로스의 작품에서 많은 주제와 형식을 비롯한 문학적 기법을 차용했다. 하지만 베르길리우스는 「아이네이스」를 써서 로마적 세계관을 부각시키려고 했고, 호메로스의 두 영웅 아킬레우스와 오디세우스와는 다른 로마적 가치관으로 무장한 아이네아스를 형상화했다.

「일리아스」의 아킬레우스는 용기와 결단력 있고 용맹스러우며 명예와 명성을 중시하고, 고귀하지만 성급하고 오만하며 자기 확신에 가득 차 있는 자기중심적인 영웅이다. 「일리아스」에서 영웅 아킬레우스는 전리품으로 얻은 미녀 브리세이스를 아가멤논 왕에게 빼앗기자 이에 분노해 전쟁에 더 이상 참여하지 않는다. 그 결과 그리스 원정군은 헥토르가 지휘하는 트로이 군에게 밀리면서 고전을 면치 못한다. 아가멤논

+ 로마 시인 베르길리우스

왕이 많은 선물과 함께 사절단을 보내서 아킬레우스의 분노를 달래려 하지만 아킬레우스는 여전히 분노를 멈추지 않고 아가멤논의 제안을 거절한다. 많은 원정군의 목숨이 희생되었지만 아랑곳하지 않은 것이다. 마침내 트로이 군대는 그리스 원정군의 선단까지 밀고 들어와 선단에 불을 지른다. 이러한 위기의 순간에도 아킬레우스는 전쟁에 복귀하지 않는다. 그 대신 그의 친구인 파트로클로스가 참전한다. 그러나 파트로클로스가 헥토르의 손에 죽임을 당하자, 그제야 아킬레우스는 헥토르에게 복수하기 위해 전쟁에 다시 나서고 헥토르를 죽인다. 이처럼 아킬레우스는 자신이 속한 공동체인 원정군의 안녕을 위해서가 아니라, 자신의 사적인 복수를 통해 명예를 회복하고 명성을 드높이기 위해서 행동하고 결단하는 영웅이다. 따라서 아킬레우스의 신념과 의지는 공동체의 맥락에서 벗어난 지극히 개인적인 신념과 의지의 발현이라 하겠다.

아킬레우스보다 복잡한 영웅이 바로 오디세우스인데, 그는 매우 다양한 역할을 맡는다. 라에르테스의 아들, 텔레마코스의 아버지, 페넬로페의 남편, 요정 칼립소의 애인, 이타카의 왕이자 원정군 지휘관, 개 아르고스의 주인, 정체를 숨긴 거지 등이 그것이다. 이렇게 복잡한 역할이 부각되는 이유는 오디세우스가 전쟁 후 일상으로 복귀하는 영웅의 전형이기 때문일 것이다. 오디세우스는 트로이를 정복한 후 포세이돈 신의 미움을 받아서 고향으로 돌아가지 못하고 10년 동안 떠돈다. 그 사이 그의 고향에서는 불의한 구혼자들이 아내 페넬로페를 위협해 구혼하며 그의 재산을 탕진한다. 10년 만에 홀로 고향에 돌아온 오디세우스는 지략을 사용해 구혼자 무리를 물리치고 가정을 구하고 도시의 질서를 회복하는 데 성공한다. 지략이 뛰어난 오디세우스는 물리적 폭력에 맞서고 엄청난 유혹을 극복함으로써 자기를 보존하고 가정을 구하고 도시의 정의를 회복한 영웅의 전형이다. 그렇지만 원정을 함께 떠났고 승리도 함께했던 전우들을 귀향길에서 모두 잃고 혼자서 고향에 돌아왔다는 점을 상기하면, 오디세우스의 리더십에는 분명한 한계가 드러난다.

신념과 의지의 화신 영웅 아이네아스

이제 본격적으로 영웅 아이네아스의 신념과 의지를 구체적으로 살펴보자. 그러면 아이네아스가 호메로스의 두 영웅 아킬레우스와 오디세우스와는 어떻게 다르고 어떤 리더십을 보여주는지 알 수 있다. 우선 「아이네이스」의 서시를 보면 영웅의 아이네아스의 존재에 대해 엿볼 수 있다.

무구들과 한 남자를 나는 노래하노라. 그는 운명에 의해/ 트로이의 해변에서 망명하여 최초로 이탈리아와 라비니움의/ 해안에 닿았으나, 육지에서도 바다에서도 하늘의 신들의 뜻에 따라/ 수없이 시달림을 당했으니 잔혹한 유노가 노여움을/ 풀지 않았던 것이다. 그는 전쟁에서도 많은 고통을 당했으나/ 마침내 도시를 세우고 라티움 땅으로 신들을 모셨으니,/ 그에게서 라티니 족과 알바의 선조들과/ 높다란 로마의 성벽들이 생겨났던 것이다.[9]

여기서 알 수 있듯이 아이네아스는 트로이가 멸망한 후 피난을 떠나 이탈리아에 도착해 도시를 세워 로마 건국의 초석을 닦은 영웅이다. 트로이에서 죽어 불멸의 명성을 얻은 아킬레우스나 귀향해서 가정을 위협한 구혼자들에게 복수한 오디세우스와 비교하면, 도시를 세우고 로마 건국의 기초를 마련한 아이네아스의 사명은 비교할 수 없을 정도로 크다. 아울러 아이네아스가 사명을 완수하는 과정에서 마주치는 여러 장애물을 극복하는 데에 아이네아스의 신념과 의지는 매우 중요한 역할을 한다.

아이네아스가 이탈리아에 가서 로마 건국의 기초를 세우는 일은 정해진 운명(라틴어로 화툼fatum)이고 이 운명의 실현을 돌보는 신성이 바로 신들의 아버지 유피테르(영어 발음으로 주피터이며, 그리스 신화의 제우스에 해당한다)이다. 유피테르 신조차도 정해진 운명을 거스를 수 없다. 또 아이네아스의 어머니 베누스(그리스 신화의 아프로디테) 여신은 트로이인들을 수호하고 아이네아스가 위험에 처하면 도와주는 신성이다. 하지만 아이네아스가 로마 건국의 기초를 세우는 사명을 방해하는 신성이 있는데, 그가 바로 유피테르의 아내이자 누이인 신들의 여왕 유노(그리스 신화의 헤라)이다. 유노는 아이네아스를 비롯한 트로이 백성을 미워한다. 트로이 왕자인 파리스가 가장 아름다운 여신을 선택할 때 자신을 선택하지 않고 베누스를 선택했기 때문이다. 또 카르타고를 수호하는 유노가 트로이 백성들에게 분노하는 것은 매우 당연하다. 아이네아스의 후손인 로마민족이 미래에 카르타고를 파괴하는 운명이 예정되어 있기 때문이다. 이처럼 운명은 미리 정해져 있고, 유피테르 신은 그 운명을 일관성 있게 실현하려고 노력한다. 하지만 이러

✦ 로렌츠 베르니니, 〈조국의 신들과 함께 아버지를 업고 아들을 데리고 떠나는 아이네아스〉, 로마 갤러리아 보르게세 소장

한 운명의 실현에 반대하는 유노는 아이네아스를 좌절시켜서 사명에 대한 신념을 잊게 하고 실현의지를 꺾으려 한다. 따라서 서사시 「아이네이스」는 유노 여신이 내리는 시련에도 불구하고 영웅 아이네아스가 로마 건국의 기초에 대한 신념을 잃지 않고 그것을 실현하려는 불굴의 의지를 보여주는 과정이라 하겠다.

카르타고에 도착한 아이네아스는 여왕 디도에게 트로이의 멸망을 회

상하며 이야기한다. 멸망하는 트로이에서 아이네아스는 처음에 자신의 사명을 알지도 못한 채 우왕좌왕하다가 조국의 멸망으로 광기와 분노에 사로잡혀 화염에 싸인 트로이로 달려가 싸우다가 죽기를 희망했다. 하지만 여러 환영의 지시와 신이 보낸 전조로 아이네아스는 새로운 도시를 세우기 위해 트로이를 떠나 망명길에 오르게 된 것이다.

망명길에 올라 항해하던 트로이의 백성들은 도중에 폭풍을 만난다. 유노 여신이 바람의 신을 불러서 폭풍을 일으킨 것이다. 폭풍에 휘말린 아이네아스는 절망하며 이렇게 말한다.

> 오오! 세 배나 네 배나 행복하도다. 아버지들의 면전에서/ 트로이의 높은 성벽 아래에서 죽을 운명을 타고났던 자들은!/ 오오! 다나이 족 가운데 가장 용감한 티데우스의 아들이여!/ 왜 나는 일리움의 들판에서 그대의 오른손에 나의 이 넋을 토하고/ 쓰러져 눕지 못했던가! 그곳에는 용맹스런 헥토르도 아이아쿠스의/ 손자도 누워 있으며, 남자들의 그토록 많은 방패와 투구와/ 용사들의 시신을 시모이스가 물살로 쓸어가지 않았던가![10]

이처럼 아이네아스는 자신의 사명을 제대로 인지하지 못하고 유노 여신의 방해로 신념의 실현이 좌절되는 듯이 보인다. 아이네아스는 저항하기 어려운 폭풍 앞에 절망한 것이다. 폭풍이 더욱더 거세지자 바다의 신 넵투누스(그리스 신화의 포세이돈)는 자신의 영역에 폭풍이 휘몰아치고 있음을 감지하고 바람들에게, 바람의 신이 자신의 영역을 침범했다고 말하며 바다를 잔잔하게 만든다. 아이네아스의 일곱 척의 배가 남고 트로이인들은 리비아의 해안가에 도달한다. 다행스럽게도 아이네아스는 유노 여신이 내린 시련을 극복한다.

하지만 유노 여신은 아이네아스가 이탈리아로 가는 것을 막으려고 카르타고의 여왕 디도로 하여금 아이네아스를 사랑하게 한다. 여왕 디도는 아이네아스를 비롯한 트로이인들을 맞아들이면서 첫눈에 아이네아스를 사랑하게 된다. 어느 날 디도는 아이네아스와 함께 사냥을 떠난다. 유노는 폭풍을 보내 디도와 아이네아스가 단둘이 동굴에서 몸을 피하게 했고 그들은 사랑을 나누고 연인이 된다. 이때 디도는 비록 결혼식을 올리지는 않았지만 결혼한 것이나 마찬가지라고 생각한다. 디도와 아이네아스는 오로지 사랑의 열정에 몸을 내맡기고 통치자의 책임을 망각한다. 이들의 사랑을 알게 된 천상의 신 유피테르는 메르쿠리우스(그리스 신화의 헤르메스)를 아이네아스에게 보내서, 그의 운명이 무엇인지 상기시킨다. 당장 카르타고를 떠나서 로마 건국의 사명을 완수하라는 것이다. 이러한 신의 명령에 아이네아스는 복종한다. 비록 디도를 사랑하지만 유피테르의 명령을 따르기로 한 것이다.

이 부분에서 아이네아스는 디도를 사랑하게 되면서 로마 건국의 기초라는 자신의 신념을 망각하고 만다. 그래서 자신의 참모습을 잃고 방황하는 모습을 보여주는 것이다. 하지만 유피테르의 명령을 듣자 자신의 사명을 다시 인식하고, 실현할 의지를 불태운다. 즉, 이 과정에서 아이네아스는 자신에게 주어진 사명이 무엇인지 다시 깨닫고 자신의 참모습을 되찾는 것이다.

그는 다시 이탈리아로 가려고 하지만 또다시 폭풍이 방해해 이탈리아로 항해하지 못하고 시칠리아의 에뤽스에 도착한다. 그곳에서는 아이네아스의 죽은 아버지인 안키세스를 기리기 위해 운동경기가 개최된

✦ 유노 여신

다. 여기에서도 유노의 분노가 계속된다. 트로이의 남자들이 운동 경기를 벌이고 있는 동안 유노는 트로이인들이 이곳에서 항해를 멈추게 하려고, 신들의 전령 이리스를 트로이 여인들에게 보내 소동을 일으키게 한다. 여인들은 앞으로의 항해를 두려워한 나머지 배들에 불을 지른다. 선단에서 연기가 치솟는 것을 본 사람들이 달려가서 화재를 진압하려고 하지만 실패한다. 아이네아스가 유피테르 신에게 선단을 구해주시든지 아니면 죽여 달라고 기도를 올린다. 그러자 폭풍이 와서 불을 끈다. 이 부분에서 아이네아스는 또다시 유노 여신의 방해로, 이탈리아로 가야겠다는 신념이 좌절되는 것을 경험한다. 아이네아스는 잔인한 유노 여신의 방해를 받아서 극도로 심리적인 고통을 겪는 것이다. 게다가 피곤한 여정을 끝내기 위해서라도 시칠리아에 정착해 자신에게 정해진 운명을 무시해버리고 싶은 생각도 한다. 그만큼 아이네아스는 피곤함과 무력감을 느낀 것이다. 하지만 결국 여행을 계속하기로 한다.

아이네아스는 지하세계에서 아버지 안키세스의 혼령으로부터 로마의 미래에 대한 비전을 보고 난 후 다시 부동의 신념을 가진다. 마침내 아이네아스는 이탈리아에 도착해서 로마 건국의 기초를 세우는 사명에 한 발짝 다가선다. 하지만 유노 여신은 트로이 백성들이 도시를 세우는 것을 막고, 그들에게 많은 고통을 가하려고 한다. 그래서 유노는 복수의 여신을 보내서 원주민들이 트로이인들에게 분노하게 만든다. 우선 복수의 여신은 라티누스 왕의 부인인 아마타를 감염시켜 아마타가 아이네아스와 라비니아의 결혼을 반대하게 한다. 다음으로 복수의 여신은 라비니아와 약혼했던 투르누스에게 가서, 아이네아스가 그의 약혼녀를 빼앗으려 한다는 생각을 불어넣어 투르누스를 분노하게 한다. 그래서 유노는 투르누스를 내세워 아이네아스가 라티누스 왕과 맺은 맹약을 깨게 해서 트로이인들과 라티니인들 사이에 전쟁이 벌어지게 한다.

마침내 투르누스가 아이네아스와 결투를 통해 전쟁을 끝내기로 결심한다. 하지만 유노는 투르누스가 아이네아스의 상대가 되지 못할 것 같아 걱정한다. 그래서 투르누스의 누이 유투르나를 움직여 두 영웅의 결투로 전쟁을 끝내는 맹약 자체를 방해하기에 이른다. 유투르나는 투르누스를 부추겨서 다시 트로이인들을 공격하게 한다. 더구나 아이네아스는 어디에선가 날아온 화살에 다치고 전쟁터에서 물러난다. 한편 투르누스는 많은 트로이인을 도살한다. 베누스 여신이 아이네아스의 상처를 치료해줘서 그는 다시 전투에 참여한다. 전쟁이 트로이인들의 우세로 기울어져 라티니인들이 더 이상 저항하지 못하자, 마침내 투르누스가 아이네아스와 결투하겠다고 나선다. 결국 유노는 아이네아스에 대한 분노를 거두고 운명에 굴복할 수밖에 없다. 아이네아스는 마침내 투르누스와 결투해 그를 죽이고 자신의 사명을 완수한다.

이렇게 아이네아스는 유노 여신의 분노로 여러 차례 신념을 잃기도 하고 절망하면서 방황하는 모습을 보여준다. 하지만 이러한 위기의 순간에도 아이네아스는 모든 것을 감내하고 견뎌내면서 신에 대한 복종과 경건함을 잃지 않으며, 결국 신념을 다시 회복해 불굴의 의지로 자신의 사명을 완수한다. 더욱이 아이네아스의 의지는 개인적인 차원에서 발휘되는 그런 의지라기보다는 운명을 받아들여 승화시킨 비개인적인 의지이다.

로마인의 덕 '피에타스'로 무장하다

아이네아스가 사명을 완수하는 신념과 의지의 밑바탕에는 로마인의 덕이 숨어 있다. 아이네아스는 '용맹'과 '공정함'과 '자비'와 같은 덕을 가진 영웅으로 형상화되었다. 그런데 아이네아스가 구현하는 로마인의 가장 중요한 덕이 바로 '피에타스$_{pietas}$'이다. 이러한 덕으로 무장했기에 아이네아스는 신념의 끈을 놓치지 않고 불굴의 의지로 사명을 완수할 수 있었다.

이 '피에타스'라는 개념은 폭넓은 개념이라서 쉽게 한 마디로 번역하기 어렵다. '피에타스'는 가족과 국가와 신들에 대한 의무를 수행하는 것으로, 공공선을 위한 이타적인 노력의 결정이다. 아이네아스는 가족에 대해 자신이 가지는 의무를 다한다. 트로이가 멸망할 때 아이네아스는 늙은 아버지를 등에 업고 한 손으로는 아들을 이끌고 또 다른 손으로는 페타네스 신들의 상을 들고 피난을 떠난다.[11] 지하세계에서 죽은 아버지의 혼령이 아들 아이네아스에게 로마의 미래에 대한 비전을 보여주면서 그의 사명이 무엇인지 일깨워주는 장면을 보면 로마인들이 효孝를 얼마나 강조하는지 잘 알 수 있다. 그리고 아이네아스가 사랑하는 디도를 떠나는 장면에서는 자신의 개인적인 욕망과 사사로운 행복을 희생하고 로마 건국의 사명을 완수하려고 한다는 점에서도 '피에타스'의 덕이 극적으로 드러난다. 또 피난을 떠나며 조국의 신들을 데려가고, 여러 위기의 순간에 신들이 보여준 전조에 유념하면서 신들의 명령에 복종하는 모습은 경건함을 잘 보여준다. 따라서 아이네아스가 구현하는 '피에타스'라는 덕은 충효와 종교적 경건함을 모두 포괄하는 것으로, 가족과 국가와 신들에 대해 우리가 가지는 의무를 다하는 태도이자 정신이다.

그런데 이러한 아이네아스의 '피에타스'가 「아이네이스」 전반에 걸쳐서 깊어지고 넓어진다는 점이 중요하다. 그의 가족과 동료 전사에 대한 의무감에서 출발한 '피에타스'는 트로이 백성 모두를 포괄하는 덕으로 확장한다. 이러한 점에서도 아이네아스는 그리스 영웅 아킬레우스와 오디세우스와는 확연히 다른 모습을 보여주기에 훨씬 더 성숙한 인간이라 하겠다. 그리고 아이네아스의 운명과 더불어 유피테르 신은 인류의 이익을 위해 원대한 목표를 실천하고 있다는 점에서, 의도가 분명하지 않고 사적인 의지를 보이기도 하는 호메로스의 신들과는 매우 다르다.

따라서 아이네아스는 이탈리아에 로마 건국의 기초를 세우는 과정에서 많은 시련을 겪으며 신념을 잃기도 하지만, '피에타스'의 덕으로 다시 신념을 되찾고 개인적인 욕망을 뒤로하며 신념을 공공의 의지로 승화시켜 사명을 완수하는 로마인의 정신을 구현한다.

애국심에 기반한 박태준의 신념의 리더십

아이네아스의 이야기에서 보았듯이 신념과 의지의 리더십은 목적 달성을 위해 가장 기본이 되는 정신적 태도라 하겠다. 다시 말해서 '신념과 의지'는 경영자가 리더로서 자신의 참모습을 찾으며 경영철학이나 이념을 점검하는 단계이며, 그 내용은 목표를 달성하기 위해서 경영자가 긍정적인 성과를 기대하는 신념과 의지로 무장해 용기를 잃지 않고 추진해나가는 것이다. 다시 말해서 긍정적 성과를 기대하는 신념과 그 것을 이루려는 불굴의 의지가 과제 달성의 필수적인 요소다. 이러한 신념과 의지를 구현한 인물을 우리 기업의 역사에서도 찾아볼 수 있다. 여러 인물 가운데, 철강공업을 육성해 조국의 근대화에 기여한 박태준을 꼽을 수 있다. 그가 구현한 신념과 의지라는 리더십이 없었다면 오늘날 포스코의 모습은 사뭇 달랐을 것이다.

박태준은 육사 생도 시절부터 자신의 인생을 조국에 바치겠다고 결심할 만큼 애국심이 남달랐다고 한다. 이러한 애국심이 신념과 의지의 리더십의 기반이 되었을 것이다. 아울러 그의 애국심은 개인적 욕망을 거부하고 조국을 위해 매진하게 했다는 점에서 로마의 영웅 아이네아스의 피에타스와도 닮았다.

1960년대 대한민국은 여전히 정치적으로 불안했고 경제적으로 너무나 가난했다. 이러한 상황에서 조국의 근대화는 지상 과제였고, 철강산업은 조국 근대화의 기반을 마련하기 위한 핵심 과제였다.

포항에 제철소를 건설하기 위해서는 여러 가지 난관들을 극복해야 했다. 박태준은 그곳에 터전을 둔 주민을 설득해 고향을 떠나게 해야 했다. 그리고 제철소 건설에 필요한 자금을 조달하기 위해 외국의 철강 기업을 찾아가 사정하기도 했다. 배신을 당하거나 거절당하는 수모를 수없이 견뎌야 했지만, 이러한 역경을 신념과 의지로 극복했던 것이다. 무엇보다도 그의 신념과 의지는 최고의 기준을 고집하고 부정한 방법을 거절하는 것이었다. 이는 다음의 일화에서 잘 나타난다.

현장을 시찰하던 박태준은 영일만 지하암반에 박힌 파일이 부실하게 공사된 것을 발견했다. 이미 80퍼센트의 기초공사가 이루어진 상태였다. 재시공하면 당연히 공사기간이 길어질 것이다. 하지만 박태준은 부실공사 부분을 가차 없이 폭파시켜 버리게 했다.

이러한 신념과 의지로 박태준은 철강산업의 불모지인 대한민국에 처음으로 1973년 일관 종합제철소를 완공했고, 1992년 경영일선에서 물러날 때까지 포스코를 연간 2,100만 톤의 생산능력을 갖춘 세계 3위의 철강사의 반열에 올려놓는 성과를 냈다. 이러한 성과는 국민소득 1만 달러 시대를 이룩하는 데 커다란 기여를 한 것이다. 이러한 성취를 보면 박태준이 엄청난 부를 쌓았다고 생각할 것이다. 하지만 박태준은 청렴한 삶을 살았다. 포스코에서 물러나면서 퇴직금도 받지 않았고 단한 주의 주식도 받지 않았다고 한다. 그리고 자신의 집을 14억 원에 팔아 처분하고 10억 원을 아름다운 재단에 기증했으며 전세살이를 하다가 가난하게 세상을 떠났다.

박태준은 자신의 개인적 욕망에 탐닉하지 않고 한결같은 애국심으로 철강산업을 번영하게 해 조국의 근대화를 달성하는 데 기여했다. 이러한 성취는 애국심에 바탕을 둔 신념과 의지의 리더십으로 가능했던 것이다.

4
PART

비전 제시,
통찰의 리더십

프로메테우스,
인간의 존재와 가능성을 비춰보다

인간을 향한 프로메테우스의 비전

성경에서는 하느님이 자신의 형상을 본떠 흙으로 빚어 인간을 만들었다고 하는데, 그리스 신화에서 인간을 만든 이는 티탄 신 중 하나인 프로메테우스Prometheus다. 티탄 신족은 올림포스 신족의 한 세대 전 신이고 제우스, 포세이돈, 하데스, 헤라 등은 티탄 신족의 우두머리인 크로노스와 레아 사이에서 난 자식들이니 프로메테우스는 이들에게 삼촌뻘 되는 신이다. 프로메테우스는 앞을 내다보는 예언력을 지닌 신이었다. 티탄 신족과 올림포스 신족 사이에 주도권을 두고 한바탕 전쟁이 벌어지자 앞을 내다보는 프로메테우스는 올림포스 신족의 편에 섰고, 덕분에 티탄 신들이 전쟁에 패해서 모두 지하에 갇힌 후에도 살아남았다. 이 '미리 아는 자'라는 뜻의 이름을 지닌 프로메테우스가 인간을 만들었다는 신화 이야기에는 고대 그리스 사람들의 '인간'에 대한

✦ 구스타프 모로, 〈프로메테우스〉

'비전'이 녹아 있다고 보아야 한다. 여기에는 또한 신과 인간 사이의 미묘하지만 분명한 관계 내지는 목표설정이 내포되어 있다. '미리 아는 자'가 무언가를 이미 알았기에 '인간'을 만들었고, 그로 인해 참혹하게 고통받았으나 결국 자신이 옳았다는 것을 증명한 꼴이 되었기 때문이다.

프로메테우스 하면 떠오르는 이미지는 우선 까마득한 코카서스 산정의 절벽에 쇠사슬로 묶여 매달린 채 독수리들에게 끊임없이 간을 뜯어 먹히는 참혹한 모습이다. 원래 간이란 상당 부분이 잘려나가도 계속 재생되는 특성이 있어서 독수리들은 새로 자라난 간을 계속 파먹을 수 있었으니, 생각만 해도 몸서리가 쳐지는 이 이미지는 그 처참함으로 단번에 사람들의 뇌리에 깊이 각인되고 만다. 도대체 무슨 죄를 지었기에 누구에게서 이런 벌을 받고 있다는 말인가? 그 이유는 인간을 너무나 사랑했기 때문이었다. 프로메테우스는 인간을 창조해놓고 진정 유용하고 소중한 선물을 주고 싶어서 온갖 궁리를 하다가 결국 올림포스 신들의 불을 훔쳐다 주었다. 그러자

✦ 피에로 디 코지모, 〈인간을 만드는 프로메테우스〉

분노한 제우스가 그를 절벽에 매달고 독수리를 보내 간을 파먹게 했다는 이 이야기에는 인간의 기원과 인류문명의 발단, 인간의 비전이 한데 어우러져 있다.

　프로메테우스가 인간을 창조하는 광경은 흥미롭게도 성경의 인간 창조 장면과 많이 닮았다. 그가 진흙으로 인간의 형상을 빚어 그늘에서 조심스레 잘 말리자 지혜의 여신 아테나가 그 인형의 콧속으로 나비를 한 마리 날아 들어가게 해 생명을 불어넣었다. 나비는 예로부터 여러 문화권에서 '영혼'의 비유로, '변용'의 상징으로 쓰였다. 그렇다면 코로 숨을 불어넣어 생명을 주는 것과 나비를 날려 들여보내는 것은 같은 맥락이라는 것을 이해할 수 있다. 계속 먹어대야 하는 징그러운 애벌레로 숱한 시간을 보내고, 갑갑한 고치 속에서 긴 시간을 거친 후 드디어 때가 되어 껍질을 벗고 가볍고 아름다운 모습으로 날아오르는 나비의 성장 과정을 고대인들은 인간의 영혼이 성장해 나아가는 과정과 비슷하다고 보았던 모양이다.

프로메테우스에게는 '뒤늦게 아는 자'라는 뜻의 에피메테우스라는 이름을 가진 동생이 있었다. 앞을 내다보는 예지력을 가진 자와 모든 일이 벌어지고 난 후에야 '뒤늦게 아는 자'가 형제로 나란히 인간 창조에 관여하고 있다는 점 또한 많은 것을 생각하게 하는 부분이다. 자신이 창조한 인간들에게 무한한 사랑을 느끼고 있던 프로메테우스는 동생에게 인간들을 위해서 어떤 능력을 주면 좋겠냐고 물었다. 에피메테우스는 당시 온갖 동물들에게 각기 살아갈 능력을 나누어주고 있었기 때문이다. 언제나 행동이 앞서고 별로 사려 깊지 못한 동생은 동물들에게 이미 이런저런 능력들을 모두 나누어 준 상태라 남은 것이 없다고 대답했다. 인간들에게 정말 요긴한 선물을 주고 싶었던 프로메테우스는 생각하고 또 생각한 끝에 결국 천상에 있는 신들의 불을 가져다주기로 한 것이다. 그리고는 아테나 여신의 마차를 얻어 타고 올림포스로 올라가 아폴론의 태양 마차에서 불씨를 훔쳐[12] 속이 빈 회향나무 대롱 속에 감추어 내려와 인간들에게 전해주었다.

신들의 불을 훔쳐다 준 프로메테우스의 이 대담한 행동에서 그가 인간에게 궁극적으로 어떤 '비전'을 품었는지 짐작할 수 있는가? 여기서 불을 물리적, 형이하학적인 차원을 넘어 추상적, 형이상학적인 에너지까지 포함시켜 생각하면 이야기는 실로 대단한 곳에 가 닿는다. 태양신 아폴론은 빛의 신이다. 그의 빛은 그 앞에서는 어떤 것도 어둠에 가려질 수 없는 '예지'요 '로고스'다. 그것을 가져다주었다는 것은 그 불을 받은 인간도 사용법을 제대로 알면 원래의 소유자인 신들처럼 될 수 있다는 이야기인 것이다.

　이 불 도둑 사건의 결과는 우리가 이미 알고 있는 바와 같다. 프로메테우스가 신들의 불을 훔쳐 인간들에게 주었다는 사실을 알게 된 제우스는 노발대발해서 그를 코카서스 산정 절벽에 매달고 자신의 신조神鳥인 독수리를 보내 매일 간을 파먹게 하는 고통을 주었던 것이다. 티탄 신족의 피가 흐르기에 죽을 수도 없는 프로메테우스의 이 끝없는 고통은 훗날까지 계속된다. '인간'으로 태어나지만 결국 '신'의 경지에 오르는 영웅신 헤라클레스가 올림포스 신들을 도와 기간테스들과의 버겁고 긴 전쟁을 승리로 이끈 후, 제우스의 허락을 받아 저 끔찍한 독수리들을 활로 쏘아 죽이고 절벽에서 풀어줄 때까지 말이다.

　여기서 우리가 주목할 점은 프로메테우스의 인간 창조와 불 도둑 사건에 지혜의 여신 아테나가 깊숙이 관여하고 있다는 사실이다. 그리스 신화에서 제우스와 프로메테우스 사이의 관계는 상당히 다층적이고 양가적이다. 제우스는 예견 능력이 있는 프로메테우스를 만만히 보지 못하는데, 이유는 그가 제우스의 왕좌를 뺏을 자식이 누구의 몸에서 태어날지를 알기 때문이었다. 제우스는 자기 아버지 크로노스를 거세해 몰아내고 지배권을 쥐었기 때문에 자신 또한 자식에게 자리를 빼앗길지도 모른다는 불안감을 늘 안고 있었다. 또 프로메테우스는 바로 그렇게 되리라고 예언한 적이 있었던 것이다. 재미있는 것은 결과적으로 제우스를 능가해 그 자리를 차지한 자식이 바로 제우스의 머리에서 태어난 여신 아테나라는 사실이다. 인류문화의 황금시대를 구가했던 아테네 시의 아크로폴리스에 우뚝 선 파르테논 신전을 보면서 사람들은 프로메테우스의 예언에 오늘도 고개를 끄덕인다고 한다. 최전성기 아테네 시의 상징과도 같은 이 신전은 제우스의 것이 아니라 바로 여신 아테나를 모시기 위한 것이기 때문이다. 아테나는 그 지혜의 힘으로 보이지 않는 것을 내다보는 눈 밝은 여신이다. 프로메테우스가 인간을 처음 만들어냈을 때 그 흙덩이에 영혼을 불어넣은 것도 아테나요, 불을 훔치러 올림포스로 올라갈 때 자기 마차를 빌려주고 불을 담아 올 도구로 속 빈 회향나무 대롱을 쓸 것을 귀띔해 준 것도 아테나였다. 이 지혜로운 여신은 '인간'이라는 길고 긴 프로젝트에서 일찌감치 '미리 아는 자' 프로메테우스의 공범이었다는 이야기다.

슬기로운 아테나가 아버지 제우스의 뜻을 거스르면서까지 프로메테우스를 도왔던 이유가 무엇일까? 또 프로메테우스는 일찌감치 무엇을 알고 있었기에 그 가혹한 형벌이 가해지리라는 것을 예견하면서도 인간들에게 불을 훔쳐다 주었을까? 훗날 헤라클레스가 자신을 풀어주리라는 것까지도 알고 있었던 것일까? 제우스는 왜 인간 헤라클레스가 막강한 신들조차 힘에 부쳤던 기간테스들과의 전쟁을 승리로 끝내자 바로 그 손으로 프로메테우스를 풀어주라는 명을 내렸던 것인가? 프로메테우스 이야기에는 이 모든 의문에 대한 답이 녹아 있지만 신화의 이야기법이 늘 그렇듯 어디까지나 비유에 그칠 뿐 그 답을 찾아내거나 믿는 것은 전적으로 독자들의 몫이다.

불 도둑 사건으로 프로메테우스를 절벽에 매단 제우스는 인간들에게도 벌을 내렸는데 그 방법이 참으로 독특했다. 못 만드는 것이 없는 대장장이 신 헤파이스토스에게 진흙으로 여자를 만들라고 시켜 에피메테우스에게 선물로 보냈던 것이다. 만약의 경우를 우려해 일찌감치 제우스가 주는 것은 무엇이든 경계하라고 일렀던 형의 경고에도 불구하고 에피메테우스는 판도라라는 매력적인 선물을 덜컥 받아 아내로 삼았다. 에피메테우스에게 보내지기 전에 올림포스의 여러 신으로부터 온갖 재능을 선물로 받은 판도라는 그 이름이 '온갖 선물을 받은 자'라는 뜻이다.

✦ 단테 가브리엘 로세티, 〈판도라〉

제우스는 이 인류 최초의 여자에게 작은 상자 하나를 주며 무슨 일이 있어도 그것을 열어서는 안 된다고 일렀다. 하지만 신화에서 금기가 지켜지는 일은 거의 없다. 참으려고 무척 노력했지만 끝내 호기심을 누르지 못한 판도라가 어느 날 안에 무엇이 들었는지 보려고 상자를 조금 열자, 마치 기다렸다는 듯 온갖 죄악과 질병이 한꺼번에 튀어나왔다. 그녀는 기겁하고 다시 뚜껑을 닫았지만, 이미 때는 늦어 온갖 악덕이 다 빠져나온 후였고 상자 안에는 그저 '희망' 하나만 달랑 남게 되었다. 그런데 그리스 신화의 이 대목을 읽으며 절대로 따 먹지 말라던 인식의 나무 열매에 살그머니 손을 가져가는 인류의 어머니 이브의 모습이 떠오르는 것은 또 무슨 연유일까?

판도라의 상자가 열린 후 인간 세상은 병과 탐욕, 오만, 시기 등 갖가지 죄악으로 물들어갔다. 이런 꼴을 내려다보고 있던 제우스는 홍수를 일으켜 인간들을 모두 쓸어버리기로 결심한다. 하지만 프로메테우스는 제우스의 계획을 미리 알고는 자기 아들 데우칼리온과 그 아내 피라(에피메테우스와 판도라 사이에서 난 딸)에게 배를 만들게 하고 그 속에 음식을 저장해 닥쳐올 홍수에 대비하게 했다. 무섭게 퍼붓는 비로 온 세상이 물에 잠기고 데우칼리온과 피라의 배가 간신히 파르나소스 산정에 닿았을 때는 세상에 오로지 그 두 사람뿐이었다. 제우스는 이 부부가 살아남은 것을 알았지만 그들이 다른 인간들과 달리 신들을 공경하며 착하게 살아온 것을 알기에 그대로 홍수를 거두었다.

물이 빠지자 부부는 가까이 있던 이치의 여신 테미스의 신전으로 들어가 감사의 기도와 제물을 올리고 어찌하면 인류를 다시 일으켜 세울 수 있을지 신탁을 물었다. 답은 "두 눈을 가리고 등 뒤로 네 어머니의 뼈를 던지라"는 것이었다. 이 수수께끼 같은 신탁을 곰곰이 생각해보고 어머니는 대지, 뼈는 돌의 비유일지 모른다는 추측을 하자 그들은 시키는 대로 해보았다. 그러자 과연 등 뒤로 던져진 돌이 모두 사람으로 변했고 새로운 인간의 세계가 열렸으며 제우스와 올림포스의 신들이 흡족해했다. 그들을 사랑해서 피를 섞고 자식을 낳기도 했던 인간들은 모두 이때 새로 일어난 인류였고, 그렇게 해서 프로메테우스의 사슬을 풀어줄 헤라클레스도 태어난다.

인간 여인 알크메네의 몸에서 태어난 영웅 헤라클레스의 삶과 행적을 유심히 살펴보면 그가 온몸과 마음으로 겪고 넘은 고난과 시련의 과정들은 사실 저 판도라의 상자에 들어 있던 병폐와 악덕에 불과하다는 것을 알게 된다. 한 마디로 프로메테우스가 인간에게 '불/빛'을 훔쳐다 주었지만 제우스는 거기에 '그림자'를 딸려 보냈다. 그 '그림자'를 극복해 넘어서지 못하고는 인간은 '불/빛'을 누릴 수 없다. 아니 오히려 그 '불'이 거꾸로 인간을 태워버리기도 한다는 것을 역사는 증명해 보이고 있다. 그가 만든 '인간'의 후예 헤라클레스의 손에 의해 코카서스의 절벽에서 풀려나며 인간 세상을 내려다보는 프로메테우스의 표정이 어떨지를 상상해보는 것은 무익하지 않으리라. 그가 예견한 저 길고 긴 '인간' 프로젝트의 어디쯤 자신이 있는지 돌아볼 것이고, 되짚어 보면 그 모든 신들의 이야기가 역설적이게도 실은 인간의 존재와 가능성을 비추는 '거울'이라는 것을 알게 될 것이기 때문이다.

어디로 가야 할지를 아는 일

무리를 이끌고 어디로 무엇을 향해 나아갈지를 아는 일, 즉 확실한 비전을 제시하는 일은 조직을 이끌고 끊임없이 판단하고 선택해야 하는 리더에게 있어서 더없이 중요한 역량 중 하나다. 개인이든 집단이든 누구나 바라는 바가 있고 꿈을 꾸기 마련이지만, 비전이라 할 때는 그 꿈이 현실적으로 구체화 된 경우를 말한다. 훌륭한 리더라면 늘 깨어 있는 의식으로 변화의 기미와 흐름을 감지하고, 바람직한 방향으로 집단의 욕구를 한데 모아 흐르게 할 수 있는 통찰력과 실행력을 갖추어야 한다.

비전의 제시가 특히 중요해지는 시기는 변화의 바람이 불 때이다. 이미 세워진 비전을 향해 앞만 보며 실행해나갈 때와 달리, 변화의 국면에서는 모든 세부적인 사항을 총체적으로 살피고 과거와 현재 상황을 미래로 연결해 그 시점에서 진정 필요한 것이 무엇인지를 판단하고 선택해야 하기 때문이다. 국가를 세울 때, 창업할 때, 큰 조직의 리더가 바뀔 때 등 중요한 전환의 시점에 비전 제시가 절실해지는 것도 그러한 이유에서다. 내세운 비전에는 그 조직의 핵심 가치와 궁극적 목표가 드러나 있고, 지켜야 할 원칙이 포함되어 있다. 그러므로 확실한 비전이 있는 리더는 자신의 무리가 나아가야 할 방향과 목표를 분명히 알고, 그것을 실현하기 위해 구체적으로 무엇을 해야 하는지도 안다. 그렇기에 불굴의 의지와 행동력이 발휘되는 것이다.

그러나 그 무엇보다 중요한 것은 제시된 비전이 조직 구성원 모두의 행복과 직결되어야 한다는 점이다. 주로 리더의 이기적 이해관계에 얽힌 비전은 성공적으로 실현되지 못한다. 구성원 전체의 마음을 움직일 수 없기 때문이다. 설사 단기적으로 조직 구성원들을 속일 수 있을지는 몰라도 그런 기만은 결코 오래가지 못하고 통하지도 않는다. 성공한 리더들은 하나같이 자신의 비전을 조직의 개별 구성원들과 뿌리 깊게 공유한 자들이었다. 리더의 비전이 구성원 개개인의 구체적인 꿈이 되어 그 실현을 위해서라면 상하를 막론하고 무조건 헌신하고 희생을 마다치 않는 정도가 되었을 때, 그 꿈은 현실로 이루어졌다. 신화에서나 현실에서나 원형적 진실은 '공들이지 않고 이루어지는 것은 없다'는 엄연한 사실이다. 꿈의 실현은 언제나 불같은 열정, 한없는 인내, 부단한 노력 그리고 한 사람 한 사람의 헌신과 희생의 산물이었다. 비전을 실현하려는 리더는 이런 에너지들을 개개인에게서 끌어낼 수 있어야 한다.

'상징'은 이러한 일을 이루고자 하는 이들에게 큰 힘이 된다. 말로 전달하기 어렵고 복잡한 문제를 단번에 해결하는 소통의 방법이 바로 상징이다. 예를 들면 자유의 여신상이 미국의 상징처럼 받아들여진 것은 주지의 사실이다. 오늘날에는 고개를 갸웃거리게 하는 부분이 있으나, 한 20년 전까지만 해도 뉴욕 항에 수호신처럼 서 있는 그 거대한 상징물을 바라보며 가슴 뻐근해 하곤 했다. 사람들은 자유의 여신상을 보며 미국이라는 나라가 개인의 자유와 평등, 존엄을 최고의 가치로 여기고 존중하는 집단이라는 것을 상기하는 것이다. 상징은 직통으로 그 의미를 상기시키기 때문에 유능한 리더는 상징의 힘을 적극 활용한다. 일상에서 끊임없이 상징을 마주치면 자신도 모르게 그 의미를 되새기고 결국 그 가치를 실현하고자 노력하게 된다. 뜻 깊은 상징에는 감동이 내재하기 때문이다.

황룡사 구층탑의 비전은 삼국통일이다

구체적인 비전의 제시와 그것을 대변하는 상징이 얼마나 큰 힘을 발휘하는가를 우리의 전설과 역사가 담긴 일연의 『삼국유사』에서도 볼 수 있다. 신라 제27대 선덕여왕이 즉위한 지 5년째 되던 해인 636년에 자장법사가 중국 당나라로 유학을 갔다. 그때 자장법사는 오대산에서 문수보살의 현신을 만나는 신기한 체험을 했고, 태화못 옆을 지나다가 신인神人의 계시를 받는다. 진흥왕 때 건립한 황룡사에 구층탑을 세우면 근접한 나라는 항복해오고 주변국들은 조공을 바치며 길이 태평하리라는 것이었다. 643년에 자장법사는 신라로 돌아와 선덕여왕에게 구층탑의 건립을 제안했고, 대신들은 의논해 백제의 유명한 장인 아비지를 보물과 비단을 주고 데려와 225척(80미터)에 달하는 거대한 구층탑을 세운다. 자장법사는 오대산에서 받은 부처의 진신 사리 100알을 황룡사 구층탑의 기둥 속과 통도사 계단, 대화사 탑에 나누어 모셨는데 이는 태화못에서 나온 신인의 계시를 따른 것이었다.

일연은 또 안홍의 『동도성립기』를 이렇게 인용하고 있다.

신라 제27대에 여왕이 왕이 되니, 덕은 있어도 위엄이 없으므로 구한九韓이 침범하게 되었다. 만약 용궁 대궐 남쪽 황룡사에 구층탑을 세우면 이웃 나라의 침해를 진압할 수 있을 것이라 하여 탑을 세웠다. 제1층은 일본을, 제2층은 중화를, 제3층은 오월을, 제4층은 탁라를, 제5층은 응유를, 제6층은 말갈을, 제7층은 단국을, 제8층은 여적을, 제9층은 예맥을 진압시킨다.[13]

높이 80미터면 오늘날 20층 아파트 건물 높이에 이르니 서라벌 근처 어디서라도 그 위용을 볼 수 있는 대단한 규모의 건축물을 지은 것이다. 그런데 당시의 신라는 한반도 내의 삼국 중 가장 힘없고 위험에 처한 나라였다는 점에 주목해야 한다. 642년 8월, 백제는 신라의 대야성을 함락시켰고 고구려와 모의해 신라가 당나라로 통하는 길목인 당항성까지도 위협했다. 신라 조정에서는 김춘추를 고구려로 보내 군사원조를 청하지만 실패한다. 기댈 곳 없는 신라는 사직의 보전마저 위태로운 상황에 빠져들고 있었으니, 여왕은 위엄이 없다는 이유로 대내외적으로 위협을 느끼는 정국이었다. 밖으로는 신라가 군사 원조를 청하자 당태종이 대놓고 여왕의 권위 없음을 논하며 당나라 왕족 중 한 사람을

+ 황룡사 구층탑의 모형. 국립 경주 박물관

보내 왕위에 앉히겠다는 제안을 할 정도였고, 국내에서는 비담과 염종이 여왕의 권위 문제를 들고 나왔다. 선덕여왕의 편에 선 사람은 용춘공과 그의 아들 김춘추, 김유신, 자장법사 등이었다. 게다가 구층탑을 세우는 데 신라 자체적인 기술로는 해결이 안 되어 비싼 값을 치르고 백제 장인 아비지를 불러들여야 했던 것도 신라의 위상이 어느 정도였는지를 짐작하게 하는 대목이다.

이 상황에 자장법사는 유학이고 수행이고 만사 제쳐 두고 귀국해 구층탑의 건립을 제안하고 추진한다. 나라의 새로운 비전을 제시하고 그 구체적 상징물을 세우는 일이었다. 사방 어디에서나 볼 수 있는 거대한 탑을 통해 왕실의 위엄을 세우고, 약소국 신라인들의 염원인 강대국을 만들겠다는 의지를 탑을 통해 드러냈다. 백제와 고구려를 복속시키고 주변 모든 나라의 조공을 받을 정도의 힘 있는 나라를 만들겠다는 이 꿈이 어떻게 구체화되고 실현되었던가는 그 이후의 역사가 증명한다.

이 비전은 이미 삼국통일이라는 구체적인 목표를 드러내며, 김춘추와 김유신의 단단한 결속과 신라를 위한 지극한 헌신의 토대가 된다. 이 꿈을 바탕으로 삼국통일을 이루었던 신라의 왕과 영웅들이 몇 세대에 걸쳐 그 소망과 비전을 얼마나 뼛속 깊이 새겼던가를 보여주는 전설이 있다.

김춘추는 왕위에 올라 태종 무열왕이 되었고 그의 아들 법민이 왕위에 올라 문무왕이 되었는데, 호국을 위한 염원이 얼마나 간절했으면 문무왕은 자신이 죽으면 묘를 수중릉으로 만들라고 지시했다. 동해의 용이 되어 외적으로부터 나라를 지키겠다는 것이었다. 문무왕의 아들로 그의 대를 이어 왕위에 오른 신문왕은 감포 앞바다에서 만파식적이라는 신비한 피리를 얻게 되는데, 이 피리는 밤에는 두 산이 하나로 모이고 낮에는 둘로 나뉘는 신기한 섬에서 자라나는 대나무를 베어 만든 것이었다. 그런데 신기하게도 그 대나무 또한 밤에는 하나가 되고 낮에는 둘로 나뉘는 것이었다. 왕이 대나무를 베러 섬으로 올라가자 용이 검은 옥대를 받들어 왕에게 바쳤다. 신문왕이 대나무와 산이 나뉘기도 하고 합쳐지기도 하는 까닭을 묻자 용의 대답은 이랬다. 한 손으로 치면 소리가 나지 않고 두 손이 마주쳐야 소리가 나는 것과 같은 이치이며, 지금 문무왕은 동해의 용이 되고 김유신은 천신이 되어 둘이 마음을 합쳐 신비한 소리를 내어 나라의 모든 우환과 걱정거리를 잠재우는 피리를 주고자 한다는 것이었다.

이는 비전은 공유할 때 제힘을 발휘한다는 만고의 진리를 전한다.

전설에서 죽은 문무왕과 김유신은 모두 신라의 호국신이 되어 등장한다. 김유신은 미추왕과 죽엽군 이야기에서 심지어 나라가 위험에 처하자 귀에 댓잎을 꽂은 유령군대를 이끌고 등장해 외적을 물리치기까지한다.

확실하고 구체적이며 구성원들의 염원을 제대로 반영하는 비전, 그리고 그것을 직접적으로 표상하는 상징물의 힘이 어떤 위력을 가지는지를 확인한 일연은 황룡사 구층탑을 기려 다음과 같이 노래했다.

귀신이 부축한 듯 제경帝京을 누르니
휘황찬란한 금벽金碧으로 대마루는 움직인다
이에 올라 구한만의 항복을 볼 것이랴
건곤이 특히 평안함을 비로소 깨달았다.[14]

싱가포르의 성공적 국가 비전

1959년 리콴유李光耀가 35세의 젊은 나이에 총리에 취임하던 시절 싱가포르의 상황은 암울하기 짝이 없었다. 하지만 50년이 흐른 지금의 싱가포르는 '아테네 이후 가장 놀라운 도시 국가'로 경탄의 대상이 되었다. 리콴유의 성공 사례는 현대 정치사에서 리더의 확고한 비전과 소신 있는 실행이 국가 발전에 얼마나 중요한 요소인지를 분명하게 보여준다. 가난과 혼란으로 뒤죽박죽인 작은 나라에서 젊은 총리가 내디딘 비전의 행보는 '건전한 나라'를 만들어가는 것이었다. 그는 우선 정부재정의 건전화를 위해 총력을 기울였다. 고위공무원들의 봉급을 자진삭감해가면서 재정적자를 흑자로 반전시키고자 노력했고, 무주택자가 대부분이었던 국민적 현실을 직시해 주택개발청을 설립하고 일종의 영구임대 아파트를 대량으로 건설해 서민층의 생활을 안정시키는 데 힘을 기울였다. 동시에 싱가포르의 고질적인 병폐였던 부정부패를 근절하기 위한 강력한 정책을 지속적으로 펴나갔으니, '공직비리조사국Corrupt Practices Investigation Bureau, CPIB'을 설치해 엄격하게 운영해나갔다.

이름이 국가지 그저 서울시만 한 좁은 땅에, 변변한 자원도 없고 마실 물조차 부족한 싱가포르가 독자적으로 생존하기는 너무 어렵다고 생각한 리콴유는 국민을 설득해 당시 영국으로부터 독립할 예정인 이웃 나라 말라야(말레이 반도)와의 합병을 추진한다. 그리하여 1963년 싱가포르가 영국으로부터 완전히 독립하자 사라와크, 사바(보르네오 섬 북부지방)와 함께 말레이시아 연방을 결성했다. 하지만 이 일에는 인종갈등이 골치 아픈 복병이었다. 싱가포르만 놓고 보면 중국계가 압도적 다수를 차지했지만, 말레이시아 연방 전체를 놓고 볼 때는 말레이계가 다수를 차지했다. 그래서 정치적, 군사적 실권은 말레이계가 갖고 있으나 경제권은 부유한 중국계(화교)가 차지하고 있어 두 인종 간의 갈등이 심각했다. 결국 수백 명의 사상자를 낸 폭동이 일어났고, 싱가포르를 말레이시아 연방 안에 두기 위한 리콴유의 온갖 노력에도 불구하고 싱가포르는 결국 말레이시아 연방에서 떠밀려나듯 탈퇴하게 된다.

당시의 경기 침체, 높은 실업률과 인구증가율, 그간 주둔했던 영국군의 철수로 인한 경제·안보상의 타격으로 그야말로 국가 존망의 위기에 처했지만 리콴유는 자신의 비전을 놓지 않았다. 싱가포르는 외국 투자가들에 대해 폐쇄적이었던 대다수 제3세계의 국가들과는 달리 외국 기업을 적극 유치해 일자리를 창출했고, 무분별한 노사분규를 강력히 억제했다. 또한 서민 생활 안정을 위해 영구임대주택을 보급하고 적극적인 물가안정 정책을 펴는 등 자본가, 노동자 모두를 위하는 정책을 폈다.

이는 싱가포르의 사회적 안정과 국외자본 유치 확대라는 목적 달성에 많은 도움이 되었다. 파업이 사라지고, 임금 인상률은 그다지 높지 않은데다가 노동력의 질적인 수준도 높아졌으니 자연스레 투자가들의 관심을 끌 수밖에 없었다. 리콴유는 부정부패 척결에 박차를 가하고, 경제개발 과정에서 소홀하기 쉬운 환경보호 사업에도 많은 노력을 기울였다. 덕분에 싱가포르는 공업화를 이루었으면서도 환경이 더 깨끗해졌고 오염이 줄어들었다. 심지어 싱가포르의 대표적 중공업지대인 주롱 공업단지 한복판에 세계적인 희귀조류들을 모아놓은 주롱 새 공원을 만들 정도였다. 리콴유는 싱가포르 항만공사를 설립해 세계 일류 수준의 컨테이너 항구를 건설했고, 새로운 국제공항인 창이 국제공항을 건설하는 사업에 막대한 비용을 과감하게 투자하기도 했다. 이러한 장기적인 안목으로 과감한 사업을 벌인 덕에 싱가포르는 오늘날과 같은 '물류 중심지', '동서양 간 항공교통의 최고 요충지'로 화려하게 변신했다. 그뿐만 아니라 중앙은행 격인 싱가포르 통화청의 조직과 기능을 확대 개편하고 세계 유명금융기관을 적극 유치해 싱가포르를 동남아시아의 금융 중심지로 변모시켰다.

법질서를 바로 잡아 무질서와 범죄를 현저하게 줄인 것도 리콴유의 빼놓을 수 없는 업적 중 하나이다. 그는 잘못을 저지르면 고위층에게도 아주 가차 없이 처벌을 가했다. 반면에 유능한 인재가 공직으로 진출하도록 유도했고, 공무원들이 부정부패에 대한 유혹에 쉽게 넘어가지 않게 하려고 파격적인 수준으로 공무원 급여를 인상했으며, 성과급 제도를 적극 도입했다.

이런 노력의 결과는 놀라운 성공으로 나타났다. 말레이시아 연방에서 탈퇴하던 당시 가난하고 혼란스러운 제3 세계 국가였던 싱가포르의 1인당 GDP는 500달러 정도였지만, 1990년 리콴유가 총리 자리에서 물러날 시점엔 1인당 GDP가 1만 2,200달러였고 1999년에는 그 두 배 가까운 2만 2,000달러가 되었다. 현재 물가수준을 고려하면 싱가포르의 1인당 실질 GDP는 세계 4위에 달할 정도가 되었고, 국가경쟁력 순위를 매기면 매년 최상위권에 드는 나라이자 부패지수가 가장 낮은 나라 중 하나가 되었다. 이 놀라운 발전의 중심에 그가 밀고 나간 비전의 상징처럼 그 자신, 리콴유가 청렴의 상징으로 서 있었던 것이다.

아이네아스의 방패엔
로마의 비전이 새겨져 있다

비전 제시와 영웅 아이네아스

비전 제시란 개인과 조직의 비전을 찾아내 그것을 선포하는 것을 말한다. 이는 조직이 추구하는 가치를 설정하고 목표를 설정하는 것인데, 상황의 변화에 따라서 그 가치와 목표가 수정되기도 한다. 하나의 조직이 성공하고 그 성공을 유지하기 위해서는 개인의 역량도 중요하지만 무엇보다도 구성원들이 설득력 있는 강렬한 비전을 공유하는 것이 필요하다. 이러한 비전은 핵심가치들에 기반을 두고 조직의 사명을 성공적으로 이끄는 동력이 된다. 어떤 조직도 물질적인 번영만을 추구하는 것으로는 충분치 않으며 정신적인 사명을 정하는 일이 무엇보다도 중요하다. 비전의 실현을 위해서 리더는 현 상태에 안주하지 말고 끊임없이 변화를 시도하면서 상상력을 발휘하고 용기로 무장하며 굳건한 태도를 유지해야 한다.

신념과 의지로 로마 건국의 기초를 세운 영웅 아이네아스도 여러 형태로 나타난 비전을 인식하고 그러한 인식에 따라 행동함으로써 백성에게 다시 비전을 제시하는 리더이다. 아이네아스에게 비전이란 바로 트로이가 멸망한 후 그의 백성들과 함께 이탈리아에 도착해서 로마 건국의 기초를 세우는 운명을 말한다.

서사시 「아이네이스」에서 이러한 운명의 비전은 꿈속 환영, 전조와 예언 등으로 나타난다. 이 비전은 최고신 유피테르도 바꿀 수 없고 그것을 실현하기 위해 노력해야 한다. 「아이네이스」 1권을 보면 유피테르가 보여준 비전이 무엇인지 알 수 있다. 베누스 여신은 유노 여신의 미움을 받아 고통받는 아들 아이네아스를 보자, 유피테르 신을 찾아간다. 그러자 유피테르는 다음과 같은 비전을 제시한다. 트로이 백성들과 함께 이탈리아 땅에 도착한 아이네아스는 전쟁으로 거만한 부족들을 제압하고 새로운 관습을 정하며 성벽을 높이 쌓아 올릴 것이다. 그리고 나서 아이네아스는 하늘의 별나라에 올라가 신이 될 것이다. 이에 덧붙여 유피테르는 로마의 건국에서부터 아우구스투스 황제가 로마 제국을 세우는 비전까지도 제시한다.

환영과 전조와 예언으로 나타난 비전

신들의 세계에서 정해진 비전이 이제는 인간 세계에 그 모습을 드러낸다. 그런데 처음에 아이네아스는 여러 형태로 나타난 비전을 이해하지 못한다. 오랜 방황을 끝내고 나서야, 이탈리아로 가서 로마건국의 기초를 세우는 비전을 분명히 인지한다.

아이네아스는 디도 여왕의 환대를 받고 주연에서 트로이가 어떻게 멸망했고 멸망 후 자신이 어떤 일을 겪으며 카르타고에 도착하게 되었는지 이야기한다. 그리스 원정군의 계략에 속은 트로이인들이 바닷가에 버려진 목마를 승리의 전리품이라고 생각하고 성 안에 가져다 놓았고, 승리감에 도취한 트로이인들이 잠든 사이 목마에서 빠져나온 그리스인들은 밖에서 대기하던 원정군을 성 안에 들이고 함께 트로이를 정복한 것이다.

그러는 동안 아이네아스는 잠을 자다가 꿈을 꾸는데, 죽은 헥토르의 환영이 나타나서 트로이를 떠나 먼 곳에 새로운 도시를 세우라고 말한다. 하지만 이러한 비전을 아이네아스는 이해하지 못한다. 성 안에서 격렬한 전투가 벌어지자 아이네아스도 전투에 참여하려고 한다. 하지만 베누스 여신이 나타나서 그가 트로이를 위해 싸운다고 해도 아무런 소용이 없다는 것을 보여준다.[15] 하지만 아이네아스는 가족의 만류에도 전의를 불태우며 싸우다가 죽겠다고 결심하는데, 그때 놀라운 기적이 일어난다. 아들 아스카니우스의 머리 위에 신성한 불이 피어오른 것이다. 이러한 기적에 기뻐하는 안키세스는 유피테르 신에게 기도하며 이 전조를 확인해달라고 요구한다. 그러자 왼쪽에서 천둥이 울리고 유성이 떨어지는 것이 보인다. 그러자 안키세스는 신이 보낸 전조를 해석하고 모두 트로이를 떠나라고 명령한다.

아이네아스도 전의에 불타는 용사였지만 이제는 운명의 인간으로 변한다. 다시 말해서 더 이상 잃을 것이 없는 상황에 절망하며 두려움조차 느끼지 못했지만, 이제는 그의 가족과 백성을 이끌고 안전한 곳으

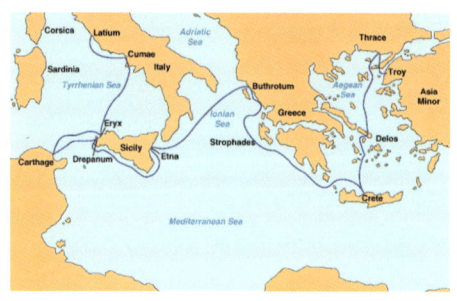

+ 아이네아스의 여정

로 가야 하는 책임을 지면서 작은 일에도 두려워한다. 그래서 아이네아스는 조국의 신상들을 들고 아버지를 등에 업고서 아들을 데리고 떠나지만, 아내 크레우사가 사라져 눈에 보이지 않는다. 다시 아내를 찾으러 도시로 발걸음을 되돌리는데 그때 아내의 환영이 나타나서 아이네아스가 티베르 강가에 새로운 제국을 세운다는 비전을 보여준다.[16] 이처럼 비전이 제시되지만 아이네아스가 자신의 사명을 깨닫기에는 아직도 슬픔과 고뇌가 너무나 크고 깊다.

　망명하려는 백성의 무리와 함께 트로이를 떠난 아이네아스는, 프리아모스 왕이 황금을 주고 막내아들 폴리도로스를 맡겨 놓은 트라키아에 도착한다. 그러나 그곳 덤불에서 피를 흘리며 폴리도로스가 처참하게 살해되었음을 알게 된다. 아이네아스는 다시 트로이 백성을 인솔해 트라키아를 떠난다. 이어서 도착한 델로스 섬에서 그리스 신 아폴론은 트로이인들에게 옛 어머니를 찾아야 한다는 애매한 신탁을 내린다. 이에 아이네아스는 옛 어머니가 있던 크레타 섬에 도착해서 그곳에 도시를 건설하지만, 역병이 퍼지자 아이네아스는 이곳이 목적지가 아니라고 생각한다. 트로이 신들이 꿈의 환영으로 나타나 트로이의 모국이 이탈리아라는 것을 알려주지만, 어느 쪽으로 항해해야 하는지는 알려주지 않는다. 트로이인들은 다시 이탈리아를 향해 항해하고 부트로툼에 도착한다. 여기서 아폴론의 사제인 헬레노스는 아이네아스에게 최종 목적지에 도착할 여행 경로를 알려주고 그 전에 이탈리아 쿠마이의 시빌레를 찾아가라고 조언한다. 그리고 암퇘지가 누워 있고 어미 품 안에 새끼 돼지 30마리가 누워 있는 곳이 미래의 도시가 세워질 곳이며, 그곳에서 트로이인들이 허기에 눈이 멀어 식탁마저도 먹어치울 것이라고 예언한다.

이처럼 아이네아스는 트로이가 멸망하고 나서 환영, 예언, 전조를 통해 여러 차례 비전이 제시됨에도 불구하고 트로이를 떠나 새로운 국가를 건설해야 한다는 사명을 제대로 깨닫지 못한다. 마침내 피난길에 오르지만 이제는 어디로 항해해야 할지도 알지 못한다. 또다시 비전이 제시되어서야 이탈리아가 최종 목적지임을 겨우 알게 된다. 여기에서는 여러 형태로 비전이 제시됨에도 아이네아스가 트로이에 대한 신의 의지가 무엇인지 알지 못하고 방황하는 모습을 보여준다. 아직도 운명이 정한 사명이 무엇인지 확실하게 깨닫지 못하는 것이다.

리더십의 근거를 마련하다

비전의 제시에 따라서 이탈리아로 향하다가 아이네아스는 카르타고에서 디도 여왕과 사랑에 빠지고 함께 새로운 도시를 건설하면서, 그의 운명이 실현되지 못할 위기가 찾아온다. 신들의 아버지 유피테르는 아이네아스에게 메르쿠리우스를 보내서 카르타고를 떠나 이탈리아로 가라고 분명하게 말한다. 아이네아스는 자신의 사명을 깨닫고 다시 이

탈리아를 향해서 항해한다.

카르타고를 떠나서 시칠리아에 도착한 아이네아스의 꿈 속에 아버지 안키세스가 나타나더니 하계로 내려와 자신을 찾으라고 명령한다. 하계로 내려가기 위해, 예언자 헬레노스가 지시한 대로 우선 쿠마이의 무녀 시빌레를 찾아간다. 시빌레는 하계로 내려가려면 황금가지가 있어야 한다고 말하고, 베누스 여신이 보낸 비둘기가 황금가지가 있는 곳으로 그를 안내한다. 아이네아스는 하계를 두루 거쳐서 여행하다가 마침내 아버지 안키세스와 만난다. 안키세스는 아이네아스에게 로마를 건국한 로물루스, 로마 제국을 성립시킨 아우구스투스, 로마의 왕들과 로마 공화정의 많은 영웅을 보여주며, 이들이 태어나기 위해 차례를 기다리고 있다고 말한다. 이때 누구보다도 아우구스투스가 이룰 미래 업적이 부각된다.

그리고 여기 이것이 그가 올 것이라고 너도 가끔 들은 적이 있는/ 바로 그 사람으로 신의 아들 아우구스투스 카이사르이다./ 그가 사투르누스가 다스리던 라티움의 들판에 또다시/ 황금시대를 열 것이며, 제국을 가라만테스족과 인디아인들/ 너머로 확장할 것이다. 그의 영토는 별들 저편에,/ 그리고 아틀라스가 온통 불타는 별들이 박혀 있는 하늘을/ 어깨에 떠메고 그 축 위에서 돌리고 있는, 해와 태양의 궤도/ 저편에 이르게 될 것이다. 벌써부터

132

카스피이 족의 왕국들과/ 마이오티스 호의 땅이 그가 온다는 예언에 벌벌 떨고 있으며,/ 닐루스의 일곱 하구들도 안절부절 못하고 있다.[17]

이처럼 미래의 아우구스투스가 로마에 황금시대를 세워 영토가 끝없이 펼쳐진 로마 제국을 이룬다는 것이다. 이처럼 황금시대가 도래한다는 비전은 이미 베르길리우스가 『목가시』 4권에서 예견한 것이기도 하다.

이미 쿠마이 무녀가 노래한 마지막 시대가 왔도다./ 시대의 위대한 질서가 새롭게 태어나리라./ 이제 이미 정의의 여신이 돌아오시고 사투르누스의 왕국이 돌아오는구나./ 저 높은 하늘에서 새로운 후손이 보내졌도다.(4.5~8)

마침내 로마의 영광된 미래와 마주한 아이네아스는 자신의 참된 운명이 무엇이고 자신의 행동이 미래에 무엇을 이룰 것인지 깨닫는다. 이러한 비전의 인식으로 아이네아스는 리더십의 자질을 형성하고 리더십을 발휘할 수 있는 근거를 가진 것이다.

'피에타스'로 비전을 달성하다

확고한 비전으로 무장한 아이네아스는 마침내 이탈리아에 도착한다. 이곳 라티움에는 라티누스 왕이 다스리고 있는데, 왕에게는 왕비 아마타와 딸 라비니아가 있었다. 그런데 왕비는 딸을 투르누스 왕에게 주려고 한다. 하지만 신들이 내린 신탁은 그 결혼에 대한 반대였고, 가장 중요한 신탁에 따르면 라비니아는 이방의 구혼자와 결혼해야 한다는 것이다. 라티누스 왕은 아이네아스를 보고 신탁이 예언한 구혼자라는 것을 깨닫는다.

티베르 강에 상륙한 트로이인들은 배가 고파서 음식은 물론 음식을 담은 밑 깔개인 밀가루 전병도 먹어치운다. 이 광경을 바라본 아이네아스는 앞에서 예견된 전조가 실현되었음을 깨닫고 이곳이 최종 목적지라고 확신한다. 아울러 아이네아스의 꿈에 강의 신 티베리누스가 나타나서, 이곳이 약속된 땅임을 알리고 그 근거로 돼지의 전조가 나타난다고 전한다. 마침내 아아네아스는 30마리 새끼들을 거느린 한 마리 돼지와 마주친다. 이처럼 이탈리아에서 신탁과 전조로 신이 보여준 비전을 확인한다.

그리고 무녀 시빌레의 예언대로 전쟁을 앞둔 상황에서 아이네아스는 에우안데르와 동맹을 맺음으로써 그의 아들 팔라스가 지휘하는 기병대를 얻고 에트루리아 군대의 지원도 받을 예정이었다. 이러한 상황에서 베누스 여신은 하늘에서 전조를 보내 동맹을 확인해주고 라티니인들과 전쟁을 시작하게 된다는 것을 알려준다.

이탈리아에 도착한 아이네아스는 앞에서 나타났던 전조들이 드러나고 예언이 실현되는 것을 보고 비전의 달성이 눈앞에 다가옴을 안다. 그리고 여러 신탁에 근거해 라비니아 공주와의 결혼으로 라티니 족과 트로이 백성이 서로 결합해 로마 건국의 초석을 세우는 사명을 달성하려고 한다. 하지만 라비니아는 이미 약혼자 투르누스가 있고 왕비 아마타도 공주가 투르누스와 결혼하길 원하고 있다. 투르누스와 아마타는 아직도 신이 보낸 전조가 보여준 비전, 즉 운명을 따르지 않으려고 한다. 그래서 전쟁이 불가피하다. 이러한 라티니 족의 태도를 보면 그 태도는 아이네아스가 신이 보여준 비전을 인식하고 그에 따라 행동하는 태도와 상반되어 부각된다. 이처럼 「아이네이스」는, 비전이 여러 형태로 제시되고 아이네아스가 '피에타스'라는 로마의 덕으로 운명을 자발적으로 받아들이고 그에 따라 행동함으로써 비전이 달성되는 과정을 보여준다.

로마제국의 비전을 담은 불카누스의 방패

서사시 「아이네이스」는 로마 건국의 기초를 세우는 비전을 넘어서 로마의 미래에 대한 비전도 제시한다. 이 궁극의 비전은 아이네아스가 베누스 여신에게서 받은 방패에 잘 나타나 있다. 이 방패 장면은 베르길리우스가 호메로스의 「일리아스」 18권에 나오는 아킬레우스의 방패 이야기를 차용한 것이다.

아킬레우스의 친구 파트로클로스가 아킬레우스의 무장을 빌려 전투에 나가지만, 헥토르의 손에 죽임을 당하고 무장도 벗겨지고 만다. 이렇게 친구의 죽음 앞에 아킬레우스는 아가멤논에 대한 분노를 중단하고 자신의 친구를 죽인 헥토르에게 격렬하게 분노한다. 아킬레우스는 다시 전쟁터로 돌아가는데, 테티스 여신이 그에게 헤파이스토스가 제작한 방패를 준다. 그런데 이 방패에는 우주와 인간 세계가 잘 묘사되어 있다. 이 방패에 새겨진 이미지는 여러 층위로 나뉘는데 각 층위에

✦ 바토니 폼페오, 〈아이네아스의 방패〉

는 전쟁과 평화, 노동과 축제 등 대조적인 주제들이 표현되어 있다. 즉, 인간 세계의 문명적인 가치들이 「일리아스」의 중심 주제인 전쟁으로 얼마나 위협을 받고 있는지 잘 묘사된 것이다.

아이네아스의 방패에도 여러 장면이 묘사되어 있다. 방패의 주위에는 로마의 초기 역사가 그려져 있고 방패의 중앙에는 아우구스투스가 안토니우스와 클레오파트라와의 전쟁에서 승리를 거둔 악티움 해전이 그려져 있다. 이처럼 이 방패에는 로마 역사의 결정적인 순간들이 담겨 있고 여러 로마인을 형상화해 로마의 덕을 표현하고 있다.

여러 로마인을 형상화함으로써 생존하는 능력, 종교적·사회적 이상으로 승화된 용맹, 맹약 위반의 처벌, 독재에 대한 저항, 외적의 침입에 대한 방어, 반역 행위의 심판, 정의의 승리를 보여준다. 그런데 이러한 재현은 모두 방패의 중앙에 놓인 악티움 해전에서 아우구스투스가 클레오파트라와 안토니우스에 대해 승리한 장면의 전주곡에 불과하다.

바다의 한복판에는 청동으로 무장한 함대와, 악티움 해전을/ 볼 수 있었다. 그대는 레우카테스[18]가 온통 전투 대열로 들끓고/ 물결이 황금으로 번쩍이는 것을 볼 수 있었으리라./ 한쪽에는 아우구스투스 카이사르가 뱃고물에 우뚝 서서/ 원로원 의원들과 백성들과 페나테스 신들과 위대한 신들과 더

불어/ 이탈리아인들을 싸움터로 인도하고 있었다. 그의 환호하는 이마에서는 두 줄기의 화염이 뻗어 나오고,/ 그의 머리 위에는 아버지의 별이 뜨고 있었다. (⋯) 다른 쪽에는 안토니우스가 야만족의 부와 잡동사니 무구를/ 가지고 동방의 민족들과 인도양의 해안에서부터 승리자로서/ 오는 길이었는데, 아이깁투스_{Aegyptus}(이집트)와 동방의 군세와 가장 먼 박트라를/ 이끌고 있었으며, (창피하게도) 그의 아이깁투스의 아내가/ 그 뒤를 따르고 있었다.[19]

이 핵심 장면은 아우구스투스의 리더십을 상징적으로 잘 보여준다. 안토니우스와 클레오파트라 세력에 내재한 혼돈에 맞서 그들을 이겨내고 평화를 가져와 동방에 대한 서방의 승리로 새로운 질서를 세운 것이다. 아울러 아우구스투스의 리더십으로 로마에 닥칠 외적의 침입에 대비해 승리하자는 메시지도 전달한다. 이렇게 후손들의 명성과 운명이 그려진 방패를 아이네아스는 어깨에 메고 전쟁터로 나선다.

이처럼 「아이네이스」는 로마의 비전과 운명을 제시하고 아우구스투스의 리더십을 부각시켜, 영원한 제국을 이루는 비전을 반영하고 있다.

비전 제시의 중요성

트로이가 멸망한 후 아이네아스가 트로이 백성과 함께 수많은 시련을 겪고 나서 이탈리아에 도착해 라티니 족과의 전쟁에서 승리하고, 패전한 라티니 족을 트로이 백성과 동등하게 결합해 마침내 로마 건국의 기초를 세운다. 이 과정을 보면, 신들이 아이네아스에게 제시한 비전이 얼마나 큰 역할을 하는지 알 수 있다. 아이네아스는 이렇게 제시된 비전을 경건한 마음으로 받아들이고 그 비전에 따라 행동함으로써 다시 그 비전을 트로이의 백성들에게 심어준다. 그 비전의 실현을 위해 함께 노력한 결과, 로마 건국의 기초가 세워진 것이다. 만약 아이네아스와 그의 백성들이 비전을 갖지 못했다면, 그들은 이탈리아에 로마 건국의 기초를 세울 수 없었을 것이다.

어떤 조직이든 조직의 성공과 그 유지에 결정적인 영향을 미치는 요소는 어느 한 개인의 탁월한 능력보다 바로 비전이다. 조직의 구성원들을 설득할 수 있는 비전이 있느냐 없느냐가 조직의 성공과 실패를 결정한다. 아울러 리더의 역할은 구성원들과 함께 만들어 갈 비전을 잘 전달하는 것이다. 한 연구에 따르면, 성공한 회사에는 명확한 비전이 있고 그 비전을 구성원들에게 잘 전달하며 소통하는 리더가 있다. 따라서 어떤 회사가 성공하지 못한다면, 그것은 리더가 비전의 힘을 과소평가하고 구성원들과 소통에 실패해 비전을 제시하지 못했으며, 비전을 제시하더라도 상황에 따라서 새로운 비전을 제시하지 못했기 때문일 것이다.

이러한 비전은, 조직이나 회사가 지향하는 근본 가치를 강조하는 사명을 선언함으로써 잘 나타난다. 사명이 잘 드러난 선언으로는 NASA(미국 항공 우주국)의 예를 들 수 있다. "이곳의 삶을 증진하기 위해, 삶을 그곳으로 연장하기 위해, 저 너머의 삶을 찾아내기 위해" 라는 선언은 구성원의 마음에 깊이 각인되었을 것이다. 이러한 비전 제시가 오늘날의 NASA로 발전하는 데 기여했음이 틀림없다.

또한 비전 제시는 역경에 굴하지 않고 반드시 성공을 이루게 하는 결

정적인 요소다. 시스코시스템스cisco systems의 경우를 살펴보자. 이 기업
은 인수합병을 적극 시도하는 것으로 잘 알려졌지만 성공하지 못한 경
우가 많았다. 하지만 시스코시스템스는 네트워크 장비 세계 시장의 3분
의 2를 석권하는 리더로 남아 있다. 인수합병의 실패에도 세계 시장에
서 리더가 될 수 있었던 이유는 리더가 사명을 담은 비전을 구성원들에
게 제시하는 데 성공했기 때문일 것이다. 어느 장소와 어느 시간에도 정
보에 접근할 수 있는 네트워크의 인터넷 솔루션을 제공한다는 비전을
구성원들의 마음에 각인시킨 결과였다. 이처럼 조직이나 회사의 사명
을 담은 선언으로 비전을 제시하는 것은 매우 중요한 리더십이다.

5
PART

창의 혁신,
문제 해결의 리더십

헤파이스토스적 창의성은
상상력에서 비롯된다

기술의 신 헤파이스토스와 그의 창의력

　헤파이스토스Hephaistos는 올림포스 신들 가운데 매우 비중 있는 존재로 신화의 곳곳에 등장해 그 위세를 자랑한다. 올림포스의 열두 신들을 곰곰이 새겨보면, 신들은 인간사에서 그 의미가 가히 '영원한' 힘들을 이해하기 쉽도록 인간의 허울을 씌워 표상해놓은 것이라 할 수 있다. 그런 맥락에서 보자면 헤파이스토스는 '기술'을 대변하는 신이다. 화산에 작업장을 차려놓고 '불'을 다루는 대장장이로서 그가 하는 일은 사실 오늘날 최고의 건축가, 로봇 공학자, 첨단 무기 발명가 등 특별 전문지식을 지닌 최고급 기술자들이 하는 일들이었다. 신들의 궁전을 짓는 일은 늘 그의 몫이었고, 갑옷이나 무기가 필요할 때도 신들은 모두 그를 찾아갔다. 또 한쪽을 저는 불구의 다리 때문에 그는 어디서나 자유자재로 움직이는 자동차 같은 수레를 만들어서 타고 다녔다. 제우스의 명으로 그리스 신화에서 인류 최초의 여자인 판도라를 만들었던 것도 이 기술의 신이었다. 작은 키에 다리를 저는 절름발이로 외모는 볼품없었지만 비상한 재주 덕분에 그의 손을 거치면 세상에 못 만들어낼 것이 없는 놀라운 발명가다.

올림포스 신들의 시대에 기술의 신은 헤파이스토스지만 그 이전 태고의 대장장이 키클로페스 이야기에선 '기술'이 지닌 힘의 원형성이 더 뚜렷하게 부각된다. 제우스의 할아버지인 태초의 하늘 신 우라노스와 가이아 사이에서 난 키클로페스는 이마에 눈이 하나만 달린 외눈박이 삼형제 거인들이다. 이들은 힘이 세고 손재주가 좋지만 생김새가 흉하다는 이유로 아버지 우라노스에 의해 타르타로스라는 무한지옥에 갇힌다. 제우스는 훗날 윗세대인 티탄 신족과 싸울 때 이 태초의 대장장이들을 풀어주고 그들의 힘을 빌린다. 태초의 대장장이들은 제우스에게 천둥과 번개, 벼락을 만들어 바쳤고 저승의 신 하데스에게는 쓰면 보이지 않는 마법의 투구를, 해신 포세이돈에게는 삼지창을 만들어 주었다. 이로 무장한 올림포스 신들은 티탄 신족을 무찔러 타르타로스에 던져 넣었다. 비유하자면 제우스는 이 태초의 대장장이들에게서 자동 추적 장치가 달린 핵폭탄을 받은 셈이었고, 당연히 전쟁에 이겼다. '기술'을 지닌 자들이 누구도 상상하지 못한 것들을 만들어 힘 있는 자의 손에 쥐어준 것이다.

제우스와 키클로페스의 이야기가 기술과 권력의 결합 모델을 보여준다면 신화 속 헤파이스토스와 관련된 일화들에서는 기술과 부, 기술과 예술의 결합이 더 잘 드러난다.

바다의 여신 테티스는 어머니에게 버림받은 헤파이스토스를 가엾게 여겨 9년 동안이나 키워주었다. 자라나면서 놀라운 재주가 생긴 이 절름발이 신은 자신을 돌봐준 여신과 바다의 요정들에게 어디서도 보지 못한 아름다운 장신구들을 만들어 선사했다고 한다. 기술에 예술적 창의성, 디자인 감각이 더해지는 대목이다.

기술에 예술을 더하는 놀라운 능력으로 헤파이스토스는 자신의 능력과 위상을 증명하고 제자리를 찾아 올림포스로 돌아오기도 한다. 때가 되자 아직 소년인 이 기술의 신은 눈부시게 아름다운 황금 옥좌를 만들어 자신을 버린 무정한 어머니에게 선물로 보냈다. 이 옥좌는 도저히 거부할 수 없는 매혹적인 아름다움을 지니고 있으나 한번 거기에 앉기만 하면 보이지 않는 사슬이 몸을 조이도록 설계되어 있었다. 옥좌를 보고 한 눈에 반한 헤라가 별생각 없이 그 위에 앉는 순간 그녀는 무엇인지 모를 것에 묶여 꼼짝달싹 못하게 되었다. 그 결박을 풀 수 있는 사람은 헤파이스토스뿐이었다. 신들은 헤파이스토스를 불러 올려 헤라를 풀어주게 하는 수밖에 다른 도리가 없었다. 앞서 언급했지만, 이 일을 해결하느라 평소 헤파이스토스의 신뢰를 받고 있던 디오니소스가 그를 찾아가 술에 취하게 한 다음 잘 달래서 당나귀에 태워 올림포스로 데리고 돌아왔고, 대장장이 신은 제자리를 찾았다고 한다.

헤파이스토스의 창의력은 그의 상상력이 기술과 예술은 물론 자연과 지식의 온갖 영역을 자유로이 넘나들고 있다는 것을 짐작하게 한다. 그는 어디에서 황금 옥좌의 보이지 않는 사슬에 대한 아이디어를 얻었을까? 아마도 작은 곤충이 한번 걸려들면 벗어나려 버둥거릴수록 더욱더 휘감기는 거미줄에서 얻지 않았을까? 쇠를 벼려 보이지 않는 거미줄처럼 가늘게 만들려면 오늘날의 화학과 재료공학 사이를 넘나들어야 하고, 황금을 다루어 매혹적인 옥좌를 만들려면 가구 디자인과 조각, 금속공예를 아울러야 한다. 지식의 전 분야를 종횡무진 넘나드는 생산적 연계와 창의력은 그가 기술 분야에서 얼마나 광범위한 영역에 걸쳐 능력을 발휘하는지를 보면 여실히 드러난다. 그 많은 신의 궁전을 비롯해 온갖 건축물, 그들의 가구와 집기, 장식품, 탈것, 무기, 갑옷, 장신구, 도구, 연장, 심지어 인간 여자까지 모두 그의 손에서 만들어지기 때문이다.

그런데 한편 이 창의력 넘치는 기술의 신이 신화에서 외눈박이로 못생기거나 절름발이 불구로 그려지는 이유는 무엇일까? 외눈박이 키클로페스는 그 재주에도 불구하고 흉한 생김새 때문에 아버지 우라노스에 의해 타르타로스에 갇히는가 하면, 헤파이스토스는 태어날 때부터 다리를 절어 어머니에게 버림받거나, 혹은 아버지 발길에 차여 하늘에서 떨어져 심한 불구가 되기 때문이다.

헤파이스토스가 절름발이가 된 연유를 설명하는 또 하나의 버전은 이렇다. 남편의 바람기 때문에 불화가 잦은 제우스와 헤라 사이에 부부싸움이 벌어지면 헤파이스토스는 늘 헤라 편을 들었다. 한 번은 제우스가 부부싸움을 하다가 또 헤라 편을 들며 말리는 헤파이스토스가 미워서 그를 발로 차 올림포스에서 떨어뜨려 버렸다. 사흘 밤 사흘 낮 동안을 하늘에서 떨어져 렘노스 섬에 내동댕이쳐진 대장장이 신은 그렇지 않아도 저는 다리를 더 심하게 절게 되었다고 한다.

신화에서 불구는 완전하지 못함, 조화와 균형이 깨진 상태를 일컫는 것으로 보아도 큰 무리가 없을 것이다. 기막힌 재능을 가지고 있고 누구도 생각지 못한 것들을 만들어내지만 실제로 이런 유형의 천재들이 공

통으로 보이는 기질이
나 특성을 고려해보면
신화에서 외적으로 강
조한 기형과 불구는
그들의 내적인 외골수
아웃사이더 기질에 맞
닿아 있기 때문이다.
태고의 대장장이들은
모두 외눈박이로 세상
과 단절되어 땅속 깊

✦ 피에로 디 코시모, 〈렘노스 섬으로 떨어진 헤파이스토스〉

은 곳 타르타로스에 갇혀 지내던 존재들이었다. 외눈박이나 절름발이
는 주관과 객관이 균형을 이루는 정상의 상태를 벗어난 외골수 기질을
신화적으로 표현한 것이라 볼 수도 있다. 헤파이스토스 또한 대단히 중
요한 신이고 누구도 따를 자 없는 재능과 솜씨를 지녔지만, 그와 관련된
이야기는 그를 대개 고집 세고 숫기없는 외골수로 표현한다. 유아독존
의 오만이나 고립무원의 외골수 기질은 예나 지금이나 창조적 천재의
'그림자'요 어두운 측면이다. 상상력, 몰입, 관찰, 고도의 집중력이 내향
적 성향을 강화시키는 반면 외향적 사회 적응성과 소통 능력은 떨어질
수밖에 없다. 웬만해서는 자기 고집을 꺾으려 들지도 않고, 좀처럼 누구
와 소통하고 타협하려는 의사가 없다는 것이 이들의 공통점이다.

창의적 천재 중에는 이 같은 몰입형 괴짜가 많다. 따라서 오늘날 조
직을 이끌어 가는 리더나 기업가들에게는 어떻게 이들을 통솔해 집단
속에서 본연의 진가를 발휘하게 할 것인지가 까다로운 과제가 되고 있

다. 톰 피터스는 창의력이 관건인 이 시대에 그들의 능력은 절대적으로 필요하니 이 괴짜들을 끌어들여 신이 나서 일할 기회와 환경을 제공해 주고 확실한 책임과 권한을 부여하며, 자율적으로 문제를 해결하도록 떠맡기라고 조언한다. 리더가 "나는 모른다. 그러니 당신이 알아내"라고 말할 수 있어야 한다는 것이다.

'모른다'는 '약한' 말이 아니라 사실상 '강력한' 비즈니스 전략이다. '모른다'는 말에 숨은 뜻은 이렇다. "나는 미지의 세계를 모험하는 중이다. 명령에 따르라고 당신을 모험에 끌어들인 게 아니다. 가서 뭔가 알아내라. 하나부터 열까지 모두 파악하라. 빈손으로 집에 올 생각일랑 꿈에도 하지 마라."[20]

창의력을 어떻게 활용할 것인가

그리스 신화에서 헤파이스토스와 관련해 우리의 눈길을 끄는 점이 두 가지 있다. 첫째, 이 기술의 신이 매우 부유하다는 것이고 둘째, 가장 아름다운 사랑의 여신을 아내로 삼고 있다는 사실이다. 각 분야의 첨단 기술과 최고의 디자인 감각을 가진 이 대장장이 신이 오늘날 고급 엔지니어나 디자이너들이 그런 것처럼 엄청난 재산을 모았으리라는 것은 짐작하기 어렵지 않다. 그러나 도대체 남신들 가운데서도 가장 키 작고 못 생기고 다리까지 저는 그의 곁에 최고로 아름다운 여신 아프로디테가 아내라는 사실은 어떻게 보아야 할까? 창의력은 부를 끌어들이고 부는 화려함과 아름다움에 친화력이 있다는 보편성에 더해, 이 과정에 도덕적 판단력이 바로 서지 않으면 심각한 위험이 따를 수도 있다는 점을 보여주는 일화가 있다.

✦ 고대 도기 그림. 작업장 화덕에서 일하는 헤파이스 토스

헤파이스토스의 작업장은 늘 일로 넘쳐났다. 일에 집중하면 다른 것은 모두 뒷전이 되는 기술자들의 특성 때문인지 대장장이 신은 아름다운 아내에게 별로 매력적이지 못한 남편이었던 모양이다. 아프로디테는 폭력과 정복을 일삼는 전쟁의 신 아레스와 바람이 나서 틈만 나면 만나 거리낌 없이 사랑을 나누었다. 하늘에 떠서 모든 것을 볼 수 있던 태양신 헬리오스는 보다 못해 헤파이스토스에게 자기가 본 것을 말해주었다. 그 말을 듣고 얼굴이 벌겋게 달아오른 헤파이스토스는 그 자리에서 쇠를 버리더니 눈에 보이지 않을 정도로 올이 가는 튼튼한 그물을 짰다. 그리곤 집으로 달려가 자기 부부의 침대에 쳐 놓은 후 급한 볼일이 생겨 며칠 집을 비워야 한다며 다시 나가버렸다. 아프로디테는 당장 아레스를 집으로 불렀고, 두 연인이 침대에 들자 갑자기 보이지 않는 무엇인가가 벌거벗은 한 쌍을 사정없이 조여 꼼짝달싹 못하게 만들었다. 이때 헤파이스토스는 발길을 돌려 집으로 돌아왔다. 그는 자기 집 침실 문을 활짝 열어젖히고 올림포스가 떠나가도록 고함을 치며 자기가 무엇을 잡아 놓았는지 와서 보라고 신들을 불러 모았다.

+ M. 반 햄스케르크, 〈헤파이스토스의 그물에 옥죄
인 아프로디테와 아레스〉

호메로스의 「오디세이아」에서 눈먼 시인 데모도코스는 신화의 이 장면을 실감 나게 묘사하고 있으니, 여신들은 차마 낯이 뜨거워 아예 빠지거나 뒷전에 물러서 있고 남신들은 웅기중기 모여 서서 싱글거리며 구경했다는 것이다. 이때 분노에 찬 헤파이스토스가 제우스에게 자신이 아프로디테와 결혼할 때 냈던 지참금을 도로 다 내놓으라고 난리를 쳤다는 것을 보면, 그리고 헤파이스토스 궁전의 호화로움이 특히 강조되는 것을 보면 이 대장장이 신의 부유함이 어느 정도였는지 짐작할 수 있다. 제우스는 신이라는 것들이 도대체 이 무슨 꼴이냐며 혀를 차며 가버렸고, 포세이돈이 나서서 사건을 수습하기 시작했다. 자기가 책임지고 아레스에게서 위자료를 받아줄 테니 둘을 그만 풀어주라는 것이었고, 헤파이스토스는 못 이기는 체 그 제안을 따랐다.

헤파이스토스는 그 정도에서 끝났지만, 창의적 재능이 반드시 올바른 도덕적 판단력을 동반하는 것은 아님을 알 수 있다. 이는 심각한 혼란을 야기할 수 있음을 더 극명하게 보여주는 사례가 인간 헤파이스토스라 불렸던 아테네의 전설적인 장인 다이달로스에게서 드러난다. 그의 머리와 손을 통하면 해결되지 못할 것이 없다는 명장 다이달로스 또한 당대 최고의 건축가, 발명가, 조각가, 예술가로 이름을 날리고 있었다. 그러나 조수로 데리고 있던 조카 탈로스의 재능이 뛰어나 자신의 명성에 위협을 느끼자 그는 탈로스를 아크로폴리스 절벽에서 밀어 떨어뜨려 죽인다. 이 일로 아테네에서 추방된 그는 크레타의 미노스 왕에게 의탁해 지내는데, 이때 그의 손을 통해 이루어진 일들은 한편으론 그 천재성에 대한 감탄을, 다른 한편으론 도덕적 판단력이 결여된 재능의 위험에 경악하게 한다.

미노스 왕은 아테네에서 쫓겨난 다이달로스를 자신의 궁전에 받아들여 아름다운 여자를 아내로 주고 자신에게 필요한 일들을 하게 했다. 그런데 미노스 왕이 포세이돈과의 약속을 어기고 자신이 왕이 되고 나면 돌려주기로 한 포세이돈의 황소를 욕심내 가로챘는데, 이 일로 곤혹스런 벌을 받는 일이 발생한다. 포세이돈은 복수로 미노스의 왕비 파시파에가 문제의 그 황소에게 걷잡을 수 없는 욕정을 느끼도록 해버렸다. 파시파에가 몰래 다이달로스를 찾아와 자신의 창피한 비밀을 털어놓고 부탁하자 머리 좋은 장인은 나무로 속이 빈 암소의 형상을 깎고 겉에 암소 가죽을 씌워 파시파에가 그 속에 들어가 황소와 사랑을 나눌 수 있게 해주었다. 해결할 능력이 있다 한들 그가 과연 파시파에를 그런 식으로 도와야 했을까?

일은 거기서 다가 아니었다. 그 사건으로 파시파에는 몸은 사람인데 머리는 황소인 괴물 미노타우로스를 낳고, 미노스 왕은 이 치욕의 증거를 감추고자 다이달로스를 시켜 미궁을 짓게 한다. 그리고는 수많은 방과 미로로 복잡하게 얽혀 한 번 들어가면 누구도 빠져나올 수 없는 이 궁전에 미노타우로스를 가두고, 사람 고기만 먹는 이 괴물의 먹이를 대기 위해 아테네와 전쟁을 일으켜 해마다 젊은 청년과 처녀들을 공물로 바치게 한다. 그 일로 영웅 테세우스가 공물이 되기를 자처해 미노타우로스를 제거하기 위해 크레타로 오는데, 미노스의 큰 딸 아리아드네가 첫눈에 반해 그를 사랑하게 된다. 사랑하는 사람을 미궁에서 죽게 놔둘 수 없었던 아리아드네 또한 다이달로스를 찾아가 도움을 청한다. 그러자 장인은 이번에는 두툼한 실타래 하나를 건네주며 미궁 입구에 실의 한쪽 끝을 고정한 다음 실을 풀고 들어갔다가 나올 때는 다시 실을 감으며 나오면 된다고 방법을 알려주었다. 그런데 아버지를 배신하려는 아리아드네의 청을 들어주는 것이 과연 옳은 일이었을까?

그렇게 해서 테세우스가 실타래를 들고 미궁으로 들어가 괴물을 죽이고 아리아드네와 함께 도망치자 화가 난 미노스 왕은 다이달로스와 그의 아들 이카로스를 미궁에 가두고 입구를 철통같이 지키게 했다. 그는 자신이 지은 미궁의 끝에 바다로 향한 방에 앉아 미노타우로스가 먹다 버린 고기 찌꺼기를 먹으러 날아오는 육식조들의 깃털을 모아 두 쌍의 날개를 만든 다음 아들과 함께 미궁을 탈출한다.

아들 이카로스에게 날개를 달아주며 다이달로스는 간곡하게 일렀다. 너무 높이 날면 태양열에 깃털을 이어붙인 밀랍이 녹을 테고, 너무 낮게 날면 바닷물의 습기에 날개가 젖을 테니 반드시 바람을 따라 중간 높이를 유지해야 한다고 말이다. 그러나 어린 아들은 중도를 지키지 못한다. 처음 맛보는 비상의 기쁨에 취해 태양을 향해 계속 날아오르다가 날개의 밀랍이 녹아 바다로 추락해 죽는다. 그렇게 아들을 잃었지만 다이달로스는 살아남았다. 미노스 왕은 훗날 다이달로스를 잡으러 나섰다가 이 장인의 계략에 걸려 타국의 목욕탕에서 끓는 물을 뒤집어쓰고 죽는다.

지능과 지혜는 도덕적 판단력과 바람직한 결과를 위해 그것을 실행하려는 의지 여부로 길이 갈린다. 자연에 내재한 원리를 알아내고 그것을 필요에 따라 응용하는 힘인 도구적 이성은 도덕적 판단이 결여되었을 때 얼마나 삭막하고 기괴하고 파괴적일 수 있는지를, 눈 밝은 독자라면 다이달로스 신화에서 감지할 수 있다. 창의적으로 무언가를 해낼 수 있는 능력과 그것을 옳은 목적에 사용하는 일은 별개의 문제라는 엄연한 사실에 직면하는 것이다. 창의적 인재를 키워내야 하는 교육자와 그들을 끌어다 쓰는 기업가들이 조심스레 챙기고 신경 써야 할 부분이 아마 이런 점일 것이다.

누구도 상상하지 못한 것을 만들어내라

정치·경제·사회·문화 모든 분야를 통틀어 오늘날 전 세계가 너 나 없이 창의성 개발, 창조경영, 차별화와 혁신을 위해 전력투구하는 까닭은 숨 가쁘게 변하는 세상 속에서 그것만이 번영과 풍요로 가는 지름길이기 때문이다. 특별할 것 없는 지식이나 정보의 구태의연한 사용으로는 이제 어느 분야에서도 경쟁이 불가능한 것도 사실이다. 끊임없이 생겨나고 누적되는 지식이 홍수처럼 넘쳐나는 지식정보 사회에서 창의력을 지닌 인재들은 그것을 누구도 생각지 못한 방식으로 응용하고 재창출하며 사람들의 삶을 바꾸고 엄청난 힘을 행사하고 있다.

속도와 고도의 기술이 지배하는 이 시대에 고부가가치를 창출하는 것은 평범함을 벗어난 '특별한' 어떤 것이다. 사람과 사람 사이를 이어주는 새로운 소통 방식, 원하는 지식이나 정보를 쉽고 빠르고 간편하게 얻는 색다른 통로, 그것들을 만들어내고 저장하고 유통하는 혁신적인 기술이 등장하는가 하면, 또 다른 한편으론 그 속도에 치여 바쁜 생활에 잊고 지내던 감성적인 것들을 생생하게 눈앞에 펼쳐 보임으로써 우리네 삶이 얼마나 아름답고 다채롭고 풍요로운 것인가를 새삼 일깨워주기도 한다. 문제는 그로써 막강한 부의 창출이 이루어지고 개인과 기업 국가가 힘을 얻는다는 데 있다. 오늘날 '인재 자원', 즉 '특별한' 것을 만들어내는 창의력을 지닌 사람을 발굴하고 키워내고 보유하기 위해 기업과 국가가 혼신의 힘을 기울이는 이유다.

상상력은 마르지 않는 창의성의 샘과도 같다. 기존의 것들을 새로운 시각으로 관찰하고, 전혀 다른 영역들을 자유롭게 연결하고, 독특한 방식으로 실험하고 조합해내며, 뜻밖의 것을 '누리게' 해주고, 놀라운 가치를 창출해내는 것이 끊임없이 꿈꾸는 저 상상력에서 비롯되기 때문이다. 앞서 가는 기업들은 직원들의 상상력을 자극하고 창의성을 최대한 이끌어내기 위해 업무와 휴식 공간의 분위기를 자유롭게 바꾸고, 일에 '놀이'의 요소를 접목하기 시작했다. 미래 기업의 경쟁력은 사람들의 꿈, 다시 말해 잠재된 욕구를 충족시킬 수 있는 상품 개발에 달려 있다는 것을 알게 된 것이다.

인문학과 예술이 최근 경영과 산업현장에서 새롭게 주목받게 된 것도 이 분야야말로 창조적 상상력에 기반을 두고 있기 때문이다. 미국 로드아일랜드 디자인스쿨의 존 마에다John Maeda 총장은 기업의 '예술과의 연결'을 최우선 과제로 강조한다. 정보와 기술의 격차가 줄어들면서 창조성과 예술성이 기업들의 새로운 전쟁터가 되었다는 것이다. 그는 이 새로운 경쟁 영역을 '포스트 디지털 르네상스'라 부른다.[21] 예술은 '누리는' 것이다. 기술과 예술의 결합은 소비자의 감성을 자극하고 삶의 열정과 자부심을 일깨운다. 이는 최고의 브랜드를 위한 차별화 전략의 핵심이다.

현대판 헤파이스토스, 스티브 잡스

현대의 기라성 같은 리더 가운데 창의성을 이야기할 때 흔히 사람들은 가장 먼저 스티브 잡스를 떠올린다. 그가 만들어 세상에 내놓은 상품들이 그만큼 상상을 뛰어넘는 것들이고, 인류 삶의 양식을 바꾸는 최첨단 사업을 이끌어간 방식 또한 비할 바 없이 혁신적이고 독창적이었기 때문일 것이다. 스티브 잡스는 현대판 헤파이스토스라고 불러도 좋을 만큼 그와 비슷한 구석을 많이 지닌 인물이다. 심지어 어릴 때 어머니에게서 버림받고 양부모 밑에서 자라난 사실까지도 비슷하다. 몰입형 천재가 보이는 전형적인 특징인 그의 고집불통의 괴팍함을 지적하며 애덤 라신스키Adam Lashinsky는 『인사이드 애플Inside Apple』에서 이렇게 질문을 던진다.

잡스는 자아도취적이고, 변덕스러우며, 다른 사람들의 감정을 배려할 줄 모르는, 사람들이 소위 '사회부적응자'로 생각하는 그런 사람이다. 하지만 그가 정말 사회부적응자에 가까운 사람일까? 애플의 비즈니스 모델과 그의 경영진이 회사를 경영하는 방식은 경영대학원들의 교육내용에 물음표를 던진다. 애플이 이룬 성공은 정말 애플에만 가능한 특별한 일일까? 아니면 애플은 전 세계 기업가들이 배워야 하는 뭔가를 가지고 있는 걸까?[22]

이 질문에 대한 답은 다음과 같다. 심지어 사회부적응자로까지 보이는 그의 개성에는 '생산적인 자아도취자_productive narcissist'의 창의성이 깃들어 있다. 이런 유형의 인간들은 비즈니스 역사에서 "세상을 바꾸겠다는 뜨거운 열망으로 가득 찬, 위험을 감수하는" 사람들로, "성공하기 위해서라면 무슨 일이든 하며, 다른 사람이 자신을 어떻게 생각하는지는 전혀 신경 쓰지 않는 카리스마 있는 리더들"이라는 것이다.[23]

스티브 잡스는 편집증에 가까울 정도로 모든 디테일을 직접 챙기는 완벽주의자였고, 그의 창조경영은 현대경영학 이론에서 말하는 '투명주의'와 '권한 이양'에 전적으로 대치되는 것이었다. 확실하게 책임지는 최적의 관리자를 수직으로 배치해 경영의 모든 사항이 직접 자신에게로 통하게 해서, 마치 오케스트라의 지휘자처럼 거대 기업을 완전히 통제하는 그의 방식은 실로 놀라운 것이었다. 각 부서가 신생기업처럼 작은 단위로 민첩하게 움직이며 긴장감을 잃지 않는 이 사업구조는, 정예 인력을 흡사 눈가리개를 씌워 앞만 보고 달리는 경주마들처럼 달리게 했다. 각 부서 간의 업무는 철저히 비밀에 부쳐져 서로 무슨 일이 어떻게 돌아가는지 알 수도 없었고, 물어서도 안 되었다. 그러나 거의 가혹하달 정도의 압박감 속에서 일하는 애플의 직원들이 그 일을 하면서 '행복한 흥분'을 느끼며 그 일을 사랑한다는 것은 역설적으로 들리지만 사실이다. '생산적 자아도취자' 잡스의 위대한 재능 가운데 하나가 바로 자신의 비전을 조직 구성원들과 깊숙이 공유하는 능력이었기 때문이다.

이렇게 해서 개발되는 모든 상품은 개개의 부속으로 맞춰지는 완전 무결한 조립품처럼 그의 지휘 아래 완성되는 예술품과도 같다. 이 경영체제 아래 애플은 2012년 세계에서 시가총액이 가장 큰 회사로 올라선다.

스티브 잡스가 긍정적인 측면에서 헤파이스토스와 닮은 또 다른 점은 그의 뛰어난 예술적 감각과 심미안이다. 그는 첨단기술업계에서 그 누구보다 미래를 내다보는 능력이 뛰어난 사람이었지만, 최고의 부가가치가 아름다움에서 나온다는 것을 놓치지 않았다. 가장 단순하면서도 거부할 수 없이 아름다운 디자인을 위해 그는 어떤 것도 희생시킬 준비가 된 사람이었던 것이다.

스티브 잡스에게서 헤파이스토스의 긍정적인 측면들을 발견하는 한편, 오늘날 세계 경제를 길고 긴 어둠의 터널 속으로 밀어 넣은 월가의 금융 엘리트들에게서 다이달로스적 불감증을 감지한다면 무리한 비유일까? 그들이 섬기는 소수 자본가인 경제권력자를 위해 부당하지만 합법적으로 치부할 수 있는 시스템을 만들어 바친 장본인이 경제 분야 최고의 교육을 받은 엘리트들이었다. 이 사실은, 건전한 도덕감각을 상실한 지능, 맹목의 도구 이성이 얼마나 치명적인가를 단적으로 보여준다.

리쿠르고스,
민중을 위해 스파르타를 개혁하다

스파르타의 개혁자 리쿠르고스

창의 혁신이란 복잡한 상황에서 생겨난 문제의 해결책을 창안하는 것을 말한다. 창의 혁신을 위해서는 문제 상황에 접근해 상상력을 발휘하고 차별화 전략으로 자신의 조직에 알맞은 해결책을 선택해야 한다.

플루타르코스의 『영웅전』에 나타난 스파르타의 신화적 인물이며 전설적인 입법자인 리쿠르고스의 생애를 중심으로 창의 혁신의 리더십을 찾아보자. 리쿠르고스가 어떤 창의 혁신으로 스파르타를 그리스 도시국가들 가운데 가장 막강한 국가로 만들었는지 살펴보려는 것이다.

리쿠르고스는 신화와 역사 사이에 존재하는 인물이다. 리쿠르고스의 시조는 놀랍게도 그리스 신화에서 가장 유명한 영웅 헤라클레스다. 리쿠르고스는 헤라클레스의 11세손이고 그의 아버지는 스파르타의 왕 에우노모스였다. 그는 아버지의 둘째 아내의 아들이었고, 아버지의 첫째 아내와의 사이에는 형인 폴리데크테스가 있었다. 당시 스파르타에는 혼란과 무법 상황이 자주 발생했는데, 에우노모스 왕도 폭도들의 손에 의해 죽임을 당했다. 당연히 형이 왕위를 물려받았지만 요절하고 만다. 그래서 리쿠르고스가 왕이 되었지만 죽은 형의 아내가 임신 중이었다.

✦ 하르트만 쉐델, 〈스파르타의 전설적인 입법자 리쿠르고스〉

이러한 상황에서 리쿠르고스의 성품을 잘 엿볼 수 있는 일화가 하나 있다. 리쿠르고스는 형수가 임신한 아기가 아들이라면 그 아이가 왕이라고 선언했다. 그런데 형수가 리쿠르고스에게 은밀히 제안했다. 자신과 결혼해준다면 임신 중인 아기를 지워버리겠다는 것이다. 그녀는 어린 왕의 어머니 보다 왕비의 지위를 갖고 싶었던 것이다. 이에 리쿠르고스는 그 제안을 받아들이는 척하며, 아기를 지우지 말고 태어나면 자신이 직접 처리하겠다고 응답했다. 마침내 아기가 태어났고 아들이었다. 리쿠르고스는 사람들에게 스파르타의 왕이 태어났다고 선포했다. 그렇게 리쿠르고스는 조카가 태아 상태였던 8개월 동안만 왕위에 있었고 태어난 후 어린 왕의 후견인으로 내려앉으면서 많은 시민의 존경을 받았다. 이처럼 리쿠르고스는 권력을 탐하지 않고 정의를 존중했던 것이다.

조카 카릴라오스 왕의 후견인으로 리쿠르고스는 한동안 스파르타를 통치했다. 하지만 왕의 어머니는 자신을 속인 리쿠르고스를 미워했고 그녀와 그녀의 친척들은 그가 권력을 키워나가는 것을 못마땅하게 생각했다. 그래서 리쿠르고스가 왕을 위협하는 계략을 꾸며 왕권을 노린다는 소문을 퍼뜨렸다. 이런 소문이 두려웠던 리쿠르고스는 의혹을 피하기 위해서 왕에게 아들이 생길 때까지 떠나 있으려고 여행을 결심한다.

우선 리쿠르고스는 배를 타고 선진 문명국가인 크레타로 갔다. 그곳에서 뛰어난 인물들과 교제하고 크레타의 법률을 연구하면서 고향에 돌아가면 적용할 생각을 했다. 그곳에서 탈레스라는 이름의 정치가이자 서정시인과 우정을 쌓았다. 그가 지은 서정시는 잘 정리된 운율에 담겨 시민에게 복종과 화합을 호소하는 내용이었는데, 그 시를 들은 사람들은 더 이상 서로 미워하지 않고 고귀함을 추구하며 서로 사이좋게 지냈다고 한다. 스파르타를 개혁하기 위해 리쿠르고스가 법을 제정할 때 탈레스가 많은 영향을 주었음이 틀림없다. 스파르타의 법제가 크레타에서 유래한다는 역사가 헤로도토스의 말도 이를 뒷받침한다.

다음으로 리쿠르고스는 지금 터키 해안 지역인 이오니아 지방을 여행했다. 그곳에서 크레타의 단순하고 수수한 문명을, 이오니아의 화려하고 사치스러운 문명과 비교하는 기회를 가졌다. 이를 통해 어떤 문명이 스파르타에 적합한 본보기일까 숙고했을 것이다. 그리고 호메로스의 시를 처음으로 접하고 경탄했다고 한다. 호메로스의 시가 정치적이고 규범적인 교훈들의 보물창고라는 것을 알고, 고향에 소개하기 위해

시를 열심히 받아 적었다고 한다.

마지막으로 이집트를 방문했다. 역사가들에 따르면 리쿠르고스가 이집트에서 전사戰士들을 다른 계층과 섞지 않고 분리하는 것을 배웠다고 한다. 실제로 리쿠르고스는 스파르타를 개혁할 때 기술자와 수공업자들이 정치에 참여하는 것을 막았고 이를 통해서 국가체제를 순수하고 세련되게 만들었던 것이다.

이처럼 리쿠르고스는 자신이 왕이 될 수도 있었지만 부정한 방법을 사용하지 않고 정의를 존중했다. 여기에서 리쿠르고스의 정의롭고 고귀한 성품을 엿볼 수 있다. 그리고 여행을 하면서 여러 나라의 법과 제도를 연구하고 이를 통해 이상적인 스파르타에 대한 비전을 키워가며 개혁을 준비했다. 리쿠르고스는 고귀한 성품을 바탕으로 스파르타를 개혁할 수 있는 능력을 키워서 창의 혁신의 리더십을 발휘할 준비가 되었던 것이다.

리쿠르고스의 세 가지 개혁

스파르타는 그리스의 다른 도시 국가와 마찬가지로 처음에는 토지 귀족이 권력을 행사했다. 하지만 인구가 증가하면서 더 많은 영토가 필요했다. 다른 도시 국가들은 국외에 식민도시를 건설해서 식민도시 국가와의 무역을 통해 이 문제를 해결했다. 한편 스파르타는 이웃에 있는 비옥한 땅을 가진 메세니아Messenia 지역을 정복해서 그 문제를 해결했다. 오랜 전쟁을 통해 스파르타는 이웃 메세니아를 합병했고 그 주민을 노예로 만들었다. 이 정복으로 스파르타는 그리스에서 주도적인 도시 국가로 성장할 수 있었다. 하지만 이러한 정복은 많은 문제점을 안겨다 주었는데, 무엇보다도 메세니아의 노예들이 자주 폭동을 일으켰다.

또한 스파르타 내에 가난한 이들의 불만이 팽배해 있었다. 토지 소유에 심각한 불평등이 내재했기 때문이다. 도시는 궁핍하고 무력한 사람들로 가득 차 있고, 부는 일부 사람에게 집중되어 있었다. 그 결과 부자들은 오만했고, 가난한 사람들은 부자들을 시기했다. 사치가 성행하고 범죄가 자주 발생했다. 이러한 빈부격차는 곧 정치의 불안으로 이어졌다. 당시 스파르타의 정치는 왕들이 자의적인 권력을 휘두르는 참주정치 쪽으로 기울거나 군중이 봉기해 영향력을 행사하는 중우정치로 기울어지는 경우가 많아서 늘 불안했다.

한편 스파르타인들은 여행을 떠난 리쿠르고스를 그리워했다. 그에게서 지도자의 자질을 보았고 그의 리더십이라면 현실의 여러 문제를 해결하는 정치력을 발휘할 수 있다고 믿었기 때문이다. 마침내 리쿠르고스는 여행을 마치고 스파르타로 돌아왔다.

고향으로 돌아온 리쿠르고스는 스파르타의 상황을 보고 즉각 기존 질서를 바꾸고 나라 체제를 개혁하는 일에 착수한다. 부분적인 법 개정으로는 아무 소용이 없고 정치·경제·사회 전반에 걸쳐 새롭고 색다른 방식을 도입해야 한다는 신념으로 가득 찼다. 먼저 델포이에 가서 신에게 제를 올린 뒤 신탁을 묻자, 여사제는 리쿠르고스를 "신들의 사랑을 받는 이, 인간보다 신에 가까운" 자라 부르며 그에게 훌륭한 법률을 약속했다. 이에 고무된 리쿠르고스는 우선 자신의 개혁을 지지해준 주요 대신들을 자기편으로 만들고, 심성이 무르고 순종적인 카릴라오스 왕을 보호하며 동의를 얻어 여러 혁신적인 제도들을 추진해나간다. 그가 단행한 정치·경제·사회적 개혁 프로그램의 주요 내용은 세 가지로 정리할 수 있다.

첫째, 리쿠르고스는 원로회의를 만들었다. 가장 중요한 문제에 대해 원로들은 왕들과 동일한 표결권을 갖게 되어 편파적이지 않고 안정적인 의사결정이 가능해졌다. 이제는 원로원이 국가를 떠받들어 안전하고 질서 잡힌 정치 체제를 이루어낸 것이다. 다시 말해서 28명의 위원은 군중을 억제해야 할 때는 왕을 지지했고, 왕이 독재를 일삼을 때는 군중에게 힘을 실어주었다. 이렇게 정치에 조화와 균형의 덕을 준 것이다.

둘째, 리쿠르고스는 부의 집중을 해소해 양극화 문제를 해결하기 위해서 토지를 재분배했다. 모두의 영토를 한 덩어리로 만들었다가 새롭게 분배하자고 시민을 설득했다. 생계수단을 평등하고 동일한 것으로 만들어 사람들이 오로지 덕행만으로 명성을 추구하고 불평등 없이 사이좋게 살아가게끔 한 것이다. 그리고 리쿠르고스는 유동 재산을 나누는 일에 착수했다. 그런데 사람들의 재산을 강탈하면 분노한다는 것을 알고 있기에 리쿠르고스는 정치적인 장치를 동원해 사람들의 탐욕을 통제했다. 이 장치가 바로 금과 은으로 된 화폐의 사용을 막고 철로 된 화폐만을 사용하게 하는 것이었다. 부피가 크고 무거운 화폐의 가치를 낮춤으로써, 많은 화폐를 소유하는 경우에는 집에 커다란 창고가 필요하게 되었다. 그러자 그 효과는 놀라웠다. 이처럼 무겁고 부피가 많이 나가는 화폐가 통용되자 경제적인 불평등이 사라졌다. 이러한 화폐는 은닉하기도 어렵고 대량으로 소유하기도 어려웠으며, 가치가 별로 없어서 화폐를 자르는 일도 할 수가 없었다. 따라서 도대체 누가 이런 화폐를 도둑질하고 뇌물로 받으려고 하겠는가?

불필요하거나 남아도는 기술도 모두 없애버렸다. 그렇게 하지 않더라도 철 화폐가 도입되면서, 그런 기술은 사라졌을 것이다. 그런 기술로 만든 제품은 판매하기도 구매하기도 어렵기 때문이다. 그리고 철로 된 화폐로는 외국에서 사치품을 사는 것이 불가능했다. 장사꾼들도 스파르타를 떠났고, 수사학의 강사도, 점쟁이나 포주나 금은 세공 기술자도 찾아오지 않았다. 이처럼 사치를 조장할 수 있는 요인이 사라지고 나니 부자나 가난한 자나 별 차이 없는 생활을 했다. 그러자 오히려 침대, 의자, 식탁과 같은 생활필수품이 잘 만들어졌다. 사치스런 물건을 더 이상 만들지 않는 기술자들이 멋진 기술로 생활필수품을 만들었기 때문이다.

셋째, 리쿠르고스는 공동 식사제도를 창안하고 실행해 사치를 억제하고 물욕을 없애려고 했다. 부자든 가난한 자든 같은 음식을 먹게 한 것이다. 소박한 음식을 모두가 함께 모여 먹게 함으로써 재산을 재산이 아닌 것으로 만들어버린 것이다. 이제 부자들은 요란한 잔치로 자신의 부를 즐기거나 과시할 수가 없게 되었다. 대체로 고대 그리스 인들은 침상에 누워서 먹고 마시곤 했는데, 스파르타에서는 그렇게 누워서 음식으로 살찌게 하는 일을 없앤 것이다. 아울러 긴 수면시간, 뜨거운 목욕, 휴식 등에 익숙해져서 정신과 육체를 모두 망치는 일도 없애버렸다.

이처럼 리쿠르고스는 정치·경제·사회면에서 대대적인 개혁을 단행했는데, 이는 그의 정의로운 성품과 개혁의지 그리고 많은 스파르타인들의 지지를 바탕으로 창의 혁신의 리더십을 발휘한 결과였다.

스파르타의 개혁을 완성하다

리쿠르고스는 자신이 단행한 개혁을 성공적으로 정착시키고 마무리하기 위해서 델포이의 아폴론 신전에서 '레트라Rhetra'라는 신탁을 받았다. 이 신탁의 내용에 따르면, 왕과 원로회의가 행정을 담당하고 입법을 발의하는 주체가 된다. 하지만 인민에게는 결정권만 있고 발의권은 없다. 그런데 인민이 왜곡된 제안을 채택할 경우에는 왕과 원로가 휴회를 선언할 수 있는데, 이는 표결로 승인하지 않고도 회의를 해산할 수 있음을 뜻한다. 어느 정도 민주적인 요소가 들어 있긴 하지만 전체적으로 통치자에게 유리한 법인 셈이다. 그래도 어쨌든 신탁이라는 신의 권위를 이용해 새로운 정치적 제도의 구체적인 내용을 입법화함으로써 정치 세력 사이에 균형과 조화를 꾀한 것이다.

리쿠르고스는 개혁의 완성을 위해 시민 교육을 가장 중요하게 여겼다. 새로운 개혁으로 싹튼 도시의 번영과 시민의 도덕성을 지속적으로 유지하기 위해서였다. 리쿠르고스는 교육이 나라의 미래를 결정하고 젊은이의 교육이야말로 입법자의 고귀한 임무라고 믿었던 것이다. 다음의 일화에서는 교육자로서 리쿠르고스의 모습을 잘 살펴볼 수 있다.

세 번째 개혁인 공동 식사제도 때문에 많은 부유한 시민이 분노했고 리쿠르고스를 비난하며 그에게 돌을 던지기까지 했다. 리쿠르고스가 몸을 피했지만 알칸드로스라는 젊은이가 추격해 그의 눈을 지팡이로 때려 한쪽 눈을 못 쓰게 만들었다. 그의 얼굴은 피로 물들었고 시민은 수치심과 슬픔에 사로잡혀 이 청년을 잡아 리쿠르고스에게 인도했다. 리쿠르고스는 시민의 행동을 칭찬하고 나서 해산시켰다. 그리고 알칸

✦ 캐자르 판 에버딩엔, 〈교육의 중요성을 역설하는 리쿠르고스〉

드로스를 자신의 집으로 데리고 들어갔고 청년에게 해를 입히지도 꾸짖지도 않았다. 다만 그에게 시중을 들라고 명령했다. 그는 리쿠르고스와 함께 살면서 그의 온화한 성품과 차분한 태도, 단순하고 엄격한 생활 습관과 부지런함을 알게 되었고, 나중에는 그의 열렬한 추종자가 되었다. 그 청년에게 가한 벌은 충동적으로 행동하는 삶을 그만두고 점잖고 소박하며 신중한 사람이 되라는 것이었다.

실제로 리쿠르고스는 스파르타에 알맞은 혁신적인 교육제도를 창안해 스파르타의 개혁이 유지되게 하는 리더십을 발휘했다. 하지만 스파르타의 교육은 거의 군사훈련에 가까웠다. 국가체제를 유지하기 위해서는 잘 훈련된 전사단을 육성하는 것이 중요했기 때문이다. 피정복민의 노예집단이 수적으로 우세했고 그들이 반란을 일으키는 경우를 대비하고 외부의 침입을 막아야 했기 때문이다.

스파르타에서 태어난 아기가 성인이 되는 과정을 요약하면 이렇다. 아기가 태어나면 씨족의 어른들이 아기를 살펴보고 체격이 좋고 튼튼하면 양육을 허가했다. 그렇지 않으면 협곡으로 보내 생존하지 못하게 했다. 훈련은 7세부터 시작하는데, 기초적인 교육을 받다가 13세가 되면 본격적인 훈련에 들어갔다. 이때부터 6년 동안 머리는 짧게 자르고 신발 없이 한 벌의 옷으로 사계절을 견뎌야 했다. 잠자리는 강변에서 뜯은 풀로 만들었고 식사가 부족해 음식물을 훔치기도 했다. 19세가 되면 전투에 나갈 수 있고 소년들로 이루어진 소대의 소대장이 되었다. 24세가 되면 정식 전사가 되고, 30세가 되면 시민권을 획득해 병영에서 벗어나 자신만의 가정을 꾸리게 된다. 이처럼 체육과 군사훈련이 큰 비중을 차지하긴 했지만 음악과 시에 대한 교육도 중요시했다고 한다. 어느 시인이 "칼과 키타라kithara 연주자의 아름다운 기술이 거울의 양쪽에서 균형을 이룬다"고 노래한 것처럼 스파르타인이 무용武勇과 음악 모두에 뛰어났음을 말해준다. 이러한 훈련제도는 리쿠르고스가 제정한 법을 안정적이고 지속적인 것으로 만드는 데 기여했다. 이는 법을 시민의 성품 안에 불어넣어 국가 체제를 존경하게 한 것이다.

리쿠르고스가 창의 혁신으로 확립한 법과 제도는 관습으로 자리 잡고, 국가 체제는 성장해서 스스로 지탱하고 보존하는 힘을 얻게 되었다. 이제 그의 남은 소망은 자리 잡은 제도와 체제가 변함없이 후세에 전해지는 것이었다. 그래서 리쿠르고스는 사람들을 소집해 나라의 번영과 도덕성의 강화를 위해서는 만들어진 법률로도 충분하지만 무언가가 부족하다고 말했다. 그래서 그는 델포이에 가서 신탁을 구하고 돌아올 때까지 자신이 제정한 법을 수정하지 말 것을 요구했다. 이러한 요구에 시민 모두가 동의했고 어서 다녀오라고 재촉했다.

신전에 도착한 리쿠르고스는 아폴론 신에게 제사를 지내고 제정한 법이 좋은 법인지, 나라를 번영시키고 도덕성을 증진할 수 있는지를 물었다. 그러자 신은 그 법은 좋은 법이고 나라의 체제를 유지하는 한 높은 존경을 받을 것이라고 대답했다. 그는 이 신탁을 받아 적어 스파르타로 보냈다. 그러나 그 자신은 그곳에서 생을 마감하기로 결정했다. 자신이 돌아오기 전까지는 제정된 법을 수정하지 않겠다는 스파르타인들의 맹세를 지키게 하려고 리쿠르고스는 음식을 끊고 죽음을 맞았다. 그의 죽음은 헛되지 않았다. 리쿠르고스의 도시 국가를 다스린, 그 이후 열네 명의 왕 가운데 그 누구도 법률을 개정하지 않았다.

이러한 개혁의 완성으로 스파르타의 왕족은 지나친 권리를 포기함으로써 인민의 시기와 증오의 대상에서 벗어나 위험이 사라졌다. 하지만 메세니아나 아르고스의 왕들은 민중에게 양보하지 않고 어떤 권력도 이양하지 않았기 때문에, 파벌이 생겨나고 민중이 봉기하며 왕들 자신이 폭정을 일삼는 등의 정치적 혼란이 계속되었다. 메세니아와 아르고스는 스파르타보다 더 넓고 비옥한 영토를 소유했지만 정치적 혼란으로 부유함이 오래가지 못했다. 그러나 스파르타는 리쿠르고스의 창의 혁신 리더십의 영향으로 그리스에서 가장 막강한 도시 국가로 성장했다. 리쿠르고스가 세운 법과 제도는 500년 동안 이어졌고 스파르타는 질서 있고 평판 좋은 최고의 국가가 되었다.

창의 혁신 리더십을 구현한 세종대왕

리쿠르고스의 개혁이 없었다면 스파르타는 강대국으로 성장하지 못했을 것이다. 그랬다면 스파르타는 경제적 양극화가 심해졌을 것이고 정치적 불안이 야기되어 국력이 약해졌을 것이다. 이러한 양상은 오늘날 우리에게도 그대로 적용할 수 있다. 현재 우리 사회에는 경제적 양극화 현상이 심해지고 있다. 부의 재분배가 제대로 이루어지지 않아서 빈곤에 허덕이는 사람들은 절망한 나머지 자살하거나 닥치는 대로 범죄를 저지르기도 한다. 따라서 사회를 지탱하는 도덕적인 질서와 삶에 대한 가치가 무너지고 사회가 불안해진다면 우리나라의 국력이 약해지는 것은 당연한 결과다. 한 나라의 국력은 시민의 조화로운 삶과 서로 간의 화합에서 비롯되기 때문이다. 우리 사회도 양극화의 문제를 해결해 시민의 화합을 유도하는 혁신이 그 어느 때보다도 중요한 과제로 떠올랐다.

리쿠르고스가 창의 혁신의 리더십을 발휘할 수 있었던 이유는 그가 스파르타의 문제점을 잘 파악하고 해결책을 제시했기 때문이지만, 무엇보다도 그가 덕을 실천하는 모범이 되고 스파르타인들과 함께 개혁을 추진했기 때문이다.

이처럼 리쿠르고스가 백성과 함께 개혁을 완성했던 위업은 조선의 세종대왕이 발휘한 창의 혁신의 리더십을 떠올리게 한다. 세종 리더십의 바탕에는 세종대왕의 애민정신과 실용주의 정신이 있는데, 그것이 백성과 함께하는 개혁을 가능하게 한 것이다. 세종은 백성의 곤란과 불편을 덜어주고 그들과의 의사소통을 잘하기 위해 한글을 창제했다. 또 여론조사를 통한 민주적인 의사결정의 과정을 거쳐서 백성이 경작하는 토지에 대한 세금을 조사하게 했다. 그리고 농민생활의 안정을 도모하기 위해 우리 땅에 맞는 농사법을 연구한『농사직설』을 편찬하게 하고 농사와 연관된 여러 과학기기를 발명하게 했다.

이처럼 세종은 애민정신과 실용정신에 바탕을 둔 창의 혁신의 리더십으로 조선 왕조 창건 이후에 절실했던 조선의 기틀을 세우는 데 성공했다.

6
PART

의사결정,
직관의 리더십

제우스처럼 지극히
민주적으로 의사결정하라

분쟁을 조정한 제우스의 의사결정 방식

그리스 신화에서 제우스는 최고신으로서 여러 가지 문제에서 의사결정하는 모습을 보여주는데, 그 방식이 오늘날의 리더들에게도 여전히 유효할 만한 민주적 지배자의 면모를 드러내고 있어 흥미롭다. 제우스는 '광명'의 신이자 신들의 지배자로서 우주 만물의 '정의'와 '질서'를 수호하는 신이기도 하다. 따라서 신들 사이에 분쟁이 생겨 해결해야 할 문제가 생기면 그들은 결국 제우스에게 가져와 판단을 구하곤 했다.

해신 포세이돈과 지혜의 여신 아테나가 옛날 아티카 지방의 수호신 자리를 놓고 경합을 벌인 일이 있었다. 서로 팽팽히 맞서 한 치도 양보하지 않는 상황이 되자 두 신은 이 일을 제우스에게 가져가 판결을 내려달라고 부탁했다. 제우스는 이 문제를 어떻게 풀었을까? 한쪽은 자신의 형제로 바다를 다스리는 막강한 신 포세이돈이요, 다른 쪽은 총

명하기 그지없어 누구보다 사랑하는 딸이었다. 어느 쪽 편을 들더라도 잃어서는 안 될 다른 한 쪽이 등을 돌릴 판이었다. 자신이 아티카 지방의 수호신이 되어야 하는 이유를 장황하게 늘어놓는 두 신의 이야기를 묵묵히 듣던 제우스가 그 자리에 모인 올림포스의 여러 신을 빙 둘러보며 내린 판결은 이런 것이었다. 신을 경배하는 일은 어차피 그 지방에 사는 백성의 몫이니 수호신이

✦ 고대 도기 그림. 〈벼락을 든 제우스〉

누가 될지를 결정하는 일은 신을 모실 당사자들에게 맡기는 것이 옳지 않겠느냐는 것이었다. 누구도 이의를 달 수 없는 명분이 뚜렷한 판단이었기에 신들은 모두 이 의견에 동의했다.

두 신은 아티카 백성의 지지를 얻기 위해 발로 뛰었다. 포세이돈은 그가 들고 다니는 삼지창으로 아크로폴리스의 땅을 찍어 갈라지게 하고 거기서 바닷물이 솟아오르게 해 자신이 얼마나 막강한 존재인지를 과시했다. 한편 아테나는 그곳 사람들에게 가장 유용한 것이 무엇일지 심사숙고한 다음 건조하고 척박한 지방에서 잘 자라는 올리브 나무를 선물로 주었다. 백성은 아테나를 선택했고 이후 이 지역은 수호여신의 이름을 따서 아테나이로 불리게 되었다.

✦ 베르니니, 〈포세이돈〉

✦ 아테나

해신 포세이돈은 순화되지 않은 자연의 거친 힘을 나타내는 신이다. 그는 지진과 해일과 풍랑을 일으키고 폭풍과 홍수로 모든 것을 쓸어버릴 수 있는 존재이며, 인간 내면의 자연을 이야기하자면 '원초적 본능'을 대변하는 신이다. 그렇게 보자면 지혜의 여신인 아테나는 포세이돈의 대척점에 서는 힘이다. 지식과 학문, 과학적 발명의 수호신으로서 그녀가 관장하는 힘은 거칠고 위협적인 자연에 맞서 인간으로 하여금 자신을 스스로 지키고 보호하며, 한 걸음 더 나아가 자연을 제어해 그 힘을 유용하게 끌어다 쓰는 '지적 능력'을 대변하기 때문이다. 인간 내면의 자연으로 보자면 아테나가 대변하는 '지혜'는 '원초적 본능'을 통제해 조화롭고 균형 잡힌 삶을 살아가도록 하는 능력이다. 신화는 얼핏 보기에 우연처럼 보여도 실은 필연적인 진실을 함축하는 경우가 많다. 인류문화의 '황금시대'가 아테네에서 실현되었던 것이 우연일까? 신화에서 아테나이 사람들이 포세이돈이 아니라 아테나를 자신들의 수호신으로 선택했던 일과 이후 그들이 이룩한 문화의 황금시대 사이에는 아무 연관성이 없을까?

여기서 특히 주목할 점은 지배자로서 제우스가 신들의 분쟁을 조정하고 의사결정 하는 방식이다. 그 누구도 적으로 만들지 않으면서, 누구도 이의를 제기할 수 없는 뚜렷한 명분으로, 결국 공정한 결과가 나오도록 이끄는 그의 노련한 태도에는 유능한 지배자들에게서 공통으로 볼 수 있는 어떤 원형성이 드러나기 때문이다.

'가장 아름다운 여신'은 누구인가

제우스의 의사결정 방식이 잘 드러나는 또 하나의 일화가 있으니, 바로 가장 아름다운 여신이 누구인지를 놓고 다투는 여신들의 이야기다. 훗날 영웅 아킬레우스의 부모가 되는 펠레우스와 바다의 여신 테티스의 결혼식 자리에서 문제가 발생한다. 많은 신이 이 유명한 결혼식에 초대받았지만 결혼식 자리이니만큼 '불화'의 여신 에리스는 초대에서 제외되었다. 이에 모욕감을 느끼고 분노한 에리스는 신들 사이에 싸움을 붙이기로 작정하고, 모두 모여 만찬을 즐기고 있는 자리에 '가장 아름다운 여신에게'라고 적힌 황금 사과 한 알을 굴려 보냈다. 그러자 헤라, 아프로디테, 아테나 세 여신이 그 황금 사과의 주인이 자기라고 주장하며 싸우기 시작했다.

길게 이어지던 다툼은 결국 제우스의 판결에 맡겨진다. 누가 가장 아름다운 여신인지 정해달라는 것이었다. 제우스는 난감했다. 헤라는 아내요, 아테나는 아끼는 딸이요, 아프로디테 또한 소홀히 대할 수 없는 중요한 여신이었기 때문이다. '미의 여신' 타이틀을 누구에게 주든 다른 두 여신의 원망과 적개심을 살 수밖에 없는 상황에서 최고신은 점잖게 맡겨진 소임을 사양했다. 그리고 지상을 내려다보며 멀리 이다 산기슭 초원에서 양 떼를 돌보는 잘생긴 청년을 가리키며 말했다. 가장 아

✦ 프란스 플로리스, 〈파리스의 심판〉

름다운 여신을 경배하고 제물을 바칠 당사자는 뭐니 뭐니 해도 인간들이고, 그중에도 젊은 남자일 터이니 이 문제의 판단은 자신이 아니라저 젊은이에게 맡기는 것이 합당하지 않겠느냐는 것이었다. 신들은 이제안에 동의했다.

세 여신은 젊은이에게로 달려가 그를 회유하기 위해 전력을 기울였으니, 이 청년이 바로 훗날 트로이 전쟁의 원인을 제공하는 트로이의 왕자 파리스다. 올림포스의 여주인 헤라는 파리스에게 자신을 황금 사과의 주인이 되도록 해주면 커다란 나라의 왕좌를 주겠다고 약속했고, 전쟁의 여신 아테나는 모든 전투에서 승리하게 해주겠노라고 했으며, 아프로디테는 이 세상에서 가장 아름다운 여자를 아내로 맞게 해주겠다고 공언했다. 파리스는 주저 없이 황금 사과를 아프로디테에게 주었고, 그렇게 해서 아프로디테는 '가장 아름다운 여신'이 되었다.

이 일로 파리스는 아프로디테의 비호를 받았지만, 동시에 막강한 두 여신을 확실한 적으로 만들었다. 아프로디테는 약속을 지켜 파리스가 세상에서 가장 아름다운 여인인 헬레나의 마음을 얻어 그녀를 트로이로 데려갈 수 있게 해주었다. 하지만 헬레나는 이미 결혼한 몸으로 스파르타의 왕비였으므로 트로이 전쟁이 벌어진다. 헬레나의 남편 메넬라오스와 그의 형 아가멤논을 중심으로 한 그리스 연합군이 결성되어 트로이로 쳐들어갔고, 전쟁은 10년 이상 계속되며 수 없는 용사들이 쓰러져갔다. 이 전쟁에서 파리스의 적대 세력이 된 헤라와 아테나는 그리스 편을 들어 싸웠다.

주목할 점은 아테나이의 수호신을 정할 때도 '미의 여신'을 정할 때도 리더로서 제우스의 기본 방침은 문제를 '겪어야 할 당사자에게 물어라'에 귀착된다는 사실이다. 이는 가장 단순하지만 기본에 충실한 접근 방법이며, 오늘날에도 여전히 유효한 방법이다. 모든 문제가 궁극적으로 그것을 겪고 살아야 하는 당사자들의 선택과 결단에 귀결되고, 그것을 해결하거나 개선하는 일 또한 자발적으로 이루어질 때 제대로 힘을 발휘한다는 엄연한 사실에 대한 통찰이 깃들어 있는 것이다.

페르세포네 납치 사건 해결

한편 제우스의 의사결정이 그의 독자적인 판단으로 이루어지는 경우를 보여주는 사례로 페르세포네 납치 사건이 있다. 이때 제우스는 문제를 해결하는 조직의 리더이자 심판관으로서 현안에 대한 균형 잡힌 시각과 조정 능력을 보여준다. 페르세포네는 제우스와 대지의 여신 데메테르 사이에서 난 딸인데, 매우 아름다운 여신으로 저승세계의 지배

✦ 조셉 하인즈, 〈페르세포네의 납치〉

자 하데스에게 납치된다. 들판에서 꽃을 꺾으며 놀던 그녀를 보고 한 눈에 반한 하데스가 저승으로 데려가 아내로 삼은 것이다.

이 납치 사건은 사전에 형제간인 제우스와 하데스 사이에 암묵적으로 합의된 일이었지만 그 사실을 모르는 데메테르는 만사 제쳐놓고 잃어버린 딸을 찾아 헤맨다. 뒤늦게 딸이 납치되었다는 것을 알고는 제우스를 찾아가 하데스의 부당함을 고발하며 딸을 찾아달라고 탄원한다.

제우스는 하데스가 페르세포네를 납치하긴 했지만 그 동기가 사랑이며 이 저승의 신이 결코 부족한 신랑감이 아니라는 점을 역설한다. 그리고 페르세포네가 다시 지상으로 돌아오려면 저승에 머무는 동안 그곳 음식을 전혀 먹지 않았어야 가능하다고 설명한다. 그러나 페르세포네는 이미 저승에서 하데스에게 받은 석류 일곱 알을 먹은 후라 지상으로 돌아오는 일은 불가능해진 상태였다. 제우스는 슬퍼하는 데메테르와 하데스 사이를 중재해 페르세포네가 한 해의 반은 지상에서 어머니 곁에 머물고, 반은 지하에서 남편과 함께 살도록 조정해주었다. 이 신화의 다른 버전에서는 일 년을 삼등분해 3분의 1은 지하에서,

3분의 1은 어머니 곁에서, 나머지 3분의 1은 그녀 마음대로 혼자서 지낼 수 있게 해주었다고 전하기도 한다.

대지의 여신의 아름다운 딸이 지하세계의 왕에게 납치되어 그 왕비가 되고 일 년의 반은 지상에서, 반은 지하에서 보내는 이 신화는 곡물의 운행 주기를 의인화해 그리고 있다고 해석하기도 한다. 실제로 페르세포네는 대지의 여

✦ 고대 도자기 그림. 〈하데스와 페르세포네〉

신인 어머니 데메테르와 함께 지상에 곡식 농사를 처음 퍼뜨린 엘레우시스 비교秘敎 의식에 참관하는 곡물의 여신으로 그려지기도 한다.

이 신화에서 우리의 주의를 끄는 것은 '질서'를 수호하는 신으로서 제우스의 판결이 문제의 본질을 통찰하고 있고, 동시에 이해 당사자 간의 요구를 균형 있게 절충하고 있어 누가 보아도 공정하다는 생각이 들게 한다는 점이다. 납치되었다고는 하나 페르세포네는 저승 왕의 사랑을 받아 이미 왕비가 되었고, 하데스가 준 석류를 받아먹은 것으로 보아 본인도 그다지 싫은 기색이 아니었기 때문이다. 실제로 신화에서 하데스와 페르세포네는 자주 화목한 부부의 모습으로 등장한다. 그러나 딸을 잃고 슬퍼하는 어머니의 슬픔을 고려해 일 년의 반은 어머니 곁에서, 반은 남편 곁에서 지내라는 제우스의 판결은 공정하다고 생각되고

그것이 또한 자연의 법칙, 곡물의 순환 주기와 일치함으로써 이중의 설득력을 얻는다.

포스코의 자발적 의사결정 스타일

기업을 이끌어가야 하는 CEO에게든 나라를 이끌어가야 하는 왕이나 대통령에게든, 여럿이 모여 일을 해야 하는 모든 집단의 리더에게 의사결정은 더할 나위 없이 중요한 문제이고, 리더로서의 자질을 판단할 수 있는 잣대가 된다. 어느 집단이든 결정을 내려야 할 문제는 계속 발생하기 마련이다. 요는 리더가 어떤 방식으로 문제에 접근해 판단을 내리고 풀어나가는가에 따라 그 집단의 미래와 흥망이 결정된다는 점이다. 결정을 내리기에 앞서 리더는 상황을 빠르고 정확하게 파악해야 한다. 이때 문제의 본질이 무엇인지를 짚어내는 직관력이 필요할 뿐만 아니라 전체를 아우르며 올바른 판단을 할 수 있는 통찰력 또한 필요하다. 문제에는 대부분 이해관계가 얽혀 있기 마련이고, 리더는 이를 조화롭게 풀고 공평하게 조정하기 위해 결정에 앞서 협상의 기술을 동원해야 하는 경우도 많다. 의사결정에서 중요한 또 다른 요소는 때를 놓치지 않고 행동으로 옮기는 실행 능력과 과감한 추진력이다. 제아무리 훌륭한 통찰력으로 판단을 내렸다 하더라도 적시에 올바른 조처를 하지 않는다면 무용지물이 되기 십상이다.

산업현장에서 벌어지는 온갖 문제에 직면해 그 문제를 '겪고 풀어야 할 당사자에게 물어라'는 제우스식 스타일로 '창의경영'에 성공한 사례를 포스코 정준양 회장에게서 엿볼 수 있다. 포스코는 한국이 낳은 세계 굴지의 기업이지만 다음 단계로 도약하기에 경영 방식의 유연함과 창의성에 문제가 있다는 지적을 받곤 했는데, 2009년 정준양 회장이 취임한 후 분위기가 확 달라졌다. 그는 상명하달이나 지휘, 복종의 획일화 된 기업문화를 대화와 소통을 통한 사원 개개인의 자발적 혁신 의지와 선택, 책임 문화로 바꾸어 나가는 데 힘을 기울였고 성공한 리더로 평가받았다. 기업의 비전과 큰 목표를 직원 모두가 분명히 공유하도록 하는 한편, 각 개인이 자신에게 주어지는 문제들을 자율적으로 해결하고 개선하도록 유도한 것이다.

이러한 방식은 포스코의 '비주얼 경영'에서 잘 드러나는데, 직원들은 매일 아침 9시면 그룹별로 'VP Visual Planning 보드' 앞으로 모인다. 이 VP 보드에 크게는 회사의 목표에서부터, 작게는 팀이나 개인 목표를 달성하기 위한 개인 업무를 연간·분기·월간·주간 단위로 꼼꼼히 기록해놓고 누구나 볼 수 있게 한 업무 현황판이다. 누구나 볼 수 있게 공유하지만 각자 자신의 업무를 책임지고 구간별로 체크하며 문제점과 해결책을 찾아내고 스케줄을 조절하기 때문에, 원하는 결과를 더 잘 얻을 수 있고, 공조와 협력이 수월하다는 것이다.

한번은 포항 제철소 내 스테인리스 2제강 공장 운영이 훌륭하다는 소문을 듣고 정준양 회장이 직접 방문해 공장장에게 비결이 무엇인지 물었다. 답은 간단했다. 혁신의 필요성, 목표, 나아갈 방향에 대해 충분한 공감대를 형성한 뒤 직원들에게 일을 전적으로 맡겼다고 했다. 나중에는 직원들이 각자 알아서 개선에 앞장서고 목표 달성을 위해 노력하는 바람에 공장장이 딱히 할 일이 없더라는 대답이었다.[24]

현대 경영학에서 개인에게 권한과 책임을 부여함으로써 성과를 거두는 방식은 이미 신세대를 이끌어 갈 리더들에게 필요불가결한 소양이 되었다고 보아야 한다. 미래를 지고 갈 젊은 인재들은 '선택의 자유'를 최고의 가치로 여기고, 협업에 익숙하며, 사실 여부를 늘 검증하려하고, 재미와 스피드를 추구하는 공통적 특성을 지니고 있기 때문이다. 이런 사람들을 붙잡아 놓고 '훌륭한 무엇'을 얻어내려면, 그들과 의미 있는 관계를 맺고, 진솔하게 소통하며, 전적으로 개방적이 되는 수밖에 없다.

문제에 대한 이견을 조정하고 의사결정하는 방식으로 정준양 회장은 '구동존이求同存異', 즉 의견이 같은 것은 추구하고 갈리는 부분은 남겨두고 진행해가는 자기만의 독특한 방법을 쓴다고 한다. 서로 입장이 다른 이야기를 고집하다 보면 대립만 할 뿐 의견일치를 볼 수 없으므로 대화는 일단 의견이 같은 부분부터 풀어가고, 의견이 다른 부분은 나중에 해결하는 식이다. 첫 번째 만남에서 일단 서로 공통분모가 되는 70퍼센트에 대해 먼저 의견 일치를 보고, 다음 모임에서 나머지 30퍼센트에서 같은 부분을 다시 찾는 식으로 계속 반복하다 보면 결국 해결점을 찾을 수 있다는 것이다.[25]

어느 조직 어느 집단에서든 문제는 발생하고 의견과 이해관계는 엇갈리게 되어 있다. 훌륭한 리더는 이 복잡한 실타래를 유연하고도 공정하게 풀 수 있어야 하는데, 그 접근 원리가 지극히 민주적이라는 점은 참 흥미롭다. 답을 찾으려면 문제를 '겪는 당사자에게 물어라', 그리고 '자발적으로 해결하게 하라', '조정과 조율은 가능한 것부터 시작해 단계적으로 지속적으로 풀어가라' 등의 원리처럼 말이다.

아이네아스,
운명을 넘어 통찰하고 결단하다

영웅 아이네아스의 의사결정 방식

'의사결정'은 앞 장에서 다룬 '비전 제시'와 밀접한 연관이 있는 키워드다. 제시된 비전에 적절한 의사결정을 해야 하기 때문이다. 의사결정이란 통찰력을 발휘해 상황을 정확히 파악해 결정하고, 변화된 상황에서 생겨난 장애들을 극복하기 위해 협상 능력을 발휘하거나 과감하게 결단해 실천하는 것을 말한다. 의사결정을 가로막는 두 가지 장애물은 상황 분석을 게을리 하거나 제대로 하지 못하는 것, 그리고 의사결정을 지연하는 것이다. 상황 분석을 게을리 해서 의사결정이 지연되면, 그러는 동안 정보가 불어나고 급기야 사태는 위험을 감수하지 못할 정도로 변할 수도 있다.

이 글에서는 서사시 「아이네이스」를 중심으로 아이네아스의 의사결정 리더십을 고찰하고자 한다. 여기에서 의사결정이란 영웅 아이네아스가 여러 형태로 제시된 운명의 비전에 따라서 올바른 결정을 내리는 것을 말한다. 처음에 아이네아스는 제시된 비전을 이해하지 못하고 방황하는 모습을 보이지만, 그것을 자신의 비전으로 받아들이고 결정적인 순간에 결단함으로써 주어진 사명을 성공적으로 완수한다. 「아이네이스」는 크게 두 부분으로 나누어지는데, 이 두 부분을 기준으로 아이네아스가 어떻게 의사결정을 해서 사명을 완수하게 되는지 살펴볼 것이다.

트로이에서 이탈리아로: 세 차례의 결단

첫 번째 부분은 아이네아스가 트로이 멸망 후 이탈리아로 항해하며 방랑하는 이야기다. 여러 차례 로마 건국의 운명이라는 비전이 제시되지만 아이네아스는 그 비전을 이해하지 못하고 방황한다. 이러한 상황에서 소극적이지만 올바른 의사결정을 내리고 로마 건국을 위한 사명을 따르려는 의지를 보여준다. 우선 조국인 트로이를 사수하지 않고 그곳을 떠나고, 카르타고에서는 디도 여왕의 사랑을 버리고 떠나며, 시칠리아에서는 유노 여신 때문에 선단이 불타지만 이탈리아를 향해 떠나는 결정을 내린다. 마침내 하계에서 아이네아스는 아버지의 혼령을 만나 운명의 교시를 받고는 방황을 끝내고 사명을 완수하기 위해 정진한다.

첫 번째 결단은 트로이를 떠나는 것이다. 트로이를 떠나는 결심을 하는 과정에서 아이네아스는 우왕좌왕하는 모습을 보여준다. 헥토르의 환영이 나타나서 트로이를 떠나라는 비전을 제시하지만 조국의 멸망에 절망한 나머지 아이네아스는 적들과 싸우다가 죽을 결심을 한다. 절망적인 상황에 처해 더 이상 잃을 것이 없다는 듯 겁 없이 나서는 그에게서 비장한 애국 용사의 모습이 느껴진다. 하지만 그의 행동은 목적이 없어 불확실하고, 절망하며 억제되지 않은 분노에 사로

✦ AD.79년경, 작자 미상, 〈디도와 아이네아스〉

잡혀 있기 때문에 리더의 진정한 모습은 보이지 않는다. 애국 용사로서 도시를 지켜야 하는가, 아니면 아직 남아 있는 조국의 신성과 아버지와 아들을 보호하고 지켜야 하는가. 이러한 두 가지 책임과 의무 사이에서 방황하는 것이다. 하지만 냉철한 상황 판단으로 자신의 가정을 지키고 트로이 백성을 돌봐야 하는 책임과 의무를 깨닫는다. 그래서 가족을 데리고 트로이 백성과 함께 새로운 도시를 건설하고자 트로이를 떠난다. 이처럼 아이네아스는 좌절과 절망에서 벗어나 사명을 완수하고 자신에게 주어진 책임과 의무를 다하기 위해 트로이를 떠나는 결정을 내리는 리더이다.

두 번째 결단은 카르타고의 여왕 디도를 떠나는 것이다. 운명의 비전이 제시된 대로 트로이를 떠나서 이탈리아로 가는 도중에 카르타고

에서 아이네아스는 운명의 실현을 방해하는 커다란 장애물을 만난다. 운명적 사랑으로 운명이 실현되지 못할 위기에 처한 것이다. 디도 여왕은 첫눈에 아이네아스를 사랑하게 되고 아이네아스도 디도를 사랑하게 된다. 두 사람은 일심동체가 되어 카르타고에 새로운 도시를 건설하려고 한다. 그러자 신들의 아버지 유피테르는 메르쿠리우스를 아이네아스에게 보낸다. 메르쿠리우스는 카르타고를 건설하는 데 열중하는 아이네아스를 나무라며 유피테르의 명령을 전하고 운명의 비전을 제시한다.

> 그대는 지금 아내를 기쁘게 해주려고 높다란 카르타고의/ 초석을 놓고 아름다운 도시를 세우고 있는 것인가?/ 아아, 그대는 자신의 왕국과 운명은 완전히 잊어버렸구려!/ 그 권세로 하늘과 땅을 다스리시는 신들의 통치자께서 직접/ 밝은 올림포스에서 나를 그대에게 내려 보내셨고,/ 바람을 헤치고 이 명령을 속히 전하라고 직접 명령하셨소./ 그대는 어떻게 할 셈인가?/ 그대는 무엇을 바라고 리비아 땅에서 빈둥거리는 것인가?[26]

그러자 아이네아스는 신의 경고와 명령에 충격을 받고, 결국 카르타고를 뒤로하고 떠나기로 마음을 정한다. 여기서 아이네아스가 처한 딜레마와 같은 상황은 단순하지가 않다. 개인의 사랑과 행복을 추구할 것인가, 아니면 이탈리아에 로마 건국의 기초를 세우는 사명을 달성할 것인가? 아이네아스는 디도에 대한 사랑을 포기하고 운명의 실현을 선택한다. 개인의 사랑과 사사로운 행복을 희생하고 자신에게 주어진 책임과 의무를 다해 사명을 완수하려 한 것이다. 하지만 아이네아스의 도망 계획을 알아챈 디도는 아이네아스의 마음을 돌리기 위해 이렇게 말한다.

애원하건대,/ 내 기도가 너무 늦지 않았다면 그대의 그 계획을 단념하세요./ 그대 때문에 리비아의 부족들과 노마데스 족의 왕들이 나를 미워하고/ 티로스인들이 나를 적대시하고 있어요. 또한 그대 때문에/ 내 정절과, 내가 하늘에 이를 수 있는 유일한 희망이었던 이전의/ 명성도 사라져 버렸어요.[27]

이에 유피테르의 경고를 명심한 아이네아스는 눈을 똑바로 뜨고 괴로움을 억제하며 단호하게 말한다. 그는 도망칠 의도를 부정하고 결혼을 빙자한 적도 혼약을 맺은 적도 없다고 강조한다. 그리고 이탈리아로 가라고 아폴론 신이 명령했고 아버지 혼령도 경고했으며 아들 아스카니우스에게 정해진 왕국을 부정하고 싶지 않다는 점을 강조한다. 그리고 마지막 말로 자신의 결단을 이렇게 정당화한다.

지금 유피테르께서 친히/ 보내신 신들의 사지가 날랜 바람을 헤치고 그분의 명령을 가져왔소./ 나는 그분이 밝은 대낮에 우리 성벽으로 들어오는 것을 직접 보았고,/ 그분의 목소리를 이 두 귀로 들었소. 그러니 이런 불평으로/ 나와 그대 자신을 괴롭히는 일일랑 그만 두시오./ 내가 이탈리아로 향하는 것은 내 뜻이 아니오.[28]

"내가 이탈리아로 향하는 것은 내 뜻이 아니오"라는 마지막 말에는 아이네아스가 아직도 디도를 사랑하지만 사명을 완수하기 위해 이탈리아로 향해 떠나기로 결심했다는 뜻이 담겨 있다.

이에 디도는 아이네아스를 배신자라 부르며 그에게 악독한 저주를 퍼붓는다. 그러자 경건한 아이네아스는 자신도 깊은 사랑에 흔들리며 신음했지만, 디도를 달래고 진정시키면서 신들의 명령에 따라 함선들이 있는 곳으로 갔다. 그날 밤 출항 준비를 모두 마치고 배에서 잠을 자던 아이네아스에게 메르쿠리우스의 환영이 나타나 분노하며, 끔찍한 악행을 꾀하는 디도를 피해 떠나라고 명령한다. 갑작스러운 환영의 출현에 놀란 아이네아스는 서둘러 출항해 카르타고의 해안을 떠났다. 따라서 아이네아스가 디도를 사랑하여 육체의 쾌락과 낭만적 사랑에 빠진 것은 자신의 사명을 잠시 망각한 결과였다. 하지만 유피테르가 메르쿠리우스를 보내서 그의 참된 운명을 상기시키자 아이네아스는 사명을 실현하기 위해 실천하며 책임과 의무를 다하는 모습을 보여준다.

여왕 디도는 격렬한 사랑과 쓰디쓴 분노 사이에서 찢어지는 고통을 느끼고 자살을 결심한다. 아이네아스를 마음에서 모두 지워버리려는 듯 궁전 안에 화장용 장작더미를 쌓고 아이네아스의 옷과 무구들과 결혼 침대를 모두 올려놓으라고 명령한다. 디도는 장작더미로 올라가서 아이네아스가 선물로 준 칼을 뽑아서 제 몸을 찌르고는 자신을 버린 연인에게 저주를 보내고 나서 죽어버린다.

디도는 아이네아스를 사랑했고 그와 그의 용사들이 그녀의 새로운 도시를 강하게 해주기를 희망했다. 아이네아스가 도착하기 전에 디도는 결단력 있고 유능한 지도자였지만, 아이네아스를 사랑하게 되자 통치자로서 국가적 책임을 망각했고 사랑에 실패하자 더 이상 존엄하고

feuft facrefices as der qui
tornaiffent a eneas violen
te i oraige · toutes ces p̃
les estauoient le royne
p̃ms fift elle fes facrefices
mes riens ne li valoit q̃le
estoit fi fourp̃ufe damour
quele ne fauoit que tenir
mir · Tp̃s ce tenue elle ae
neas fi li menana p̃ a te
i fi li moultre fes richeffes
i ne li fouuient mes de
fa ferinir tous auoit
oumblies fes aferes pour
lamour de eneas · Enfi fu
eneas en cartaie auec la
royne dido qui li faifoit
tout le bien i toute fon
nour que elle p̃oit tant
q̃ ce auint un iour que
elle duft quele voit aiee
en la foreft pour ber fer les
beftes · Cefte cofe fu tem
fee une vefpree · Que tiit
au tour la royne fu leuee
i apelle a toute fu mefine
fi come pour aler en le fo
reft · Eneas i afcannus
leur gent fen alerent a
uec la royne qui la efto
it mene · Car ta qui la fo
reft fauoient quifent tat
les beftes que affes en
trounerent · Lors come
cha la te tens retane
Eneas i afcani'm loz come
pengue furent tout · p̃
mier · Enfi come il ace

toient tiit au tef dme un
fors temps leua et comena
a torner · qui femblla que
tnt treuiffent eftre mort
i pen · tantoft fe miftrent
ale voie pour le paour de
la tempefte · i la royne to
ut courut feu nuit a une
foffe deles une voe · La
nuit Eneas p̃ auenture
i entra auec le royne i fu
rent la tant q̃ le tempefte fu
paffee · La furent tout feul
la royne dido i eneas i tat
fe couuiret lor aftere i
loz oriages que dido andi
eftre feure q̃ Eneas le voit
prendre a feme i fon reg
ni tenir · La furent lour
couuert fecches finer'o a
cmbees · quie la tempefte
fu paffee · Eneas i dido
fe miftrent ale voie i fe
conre lor gente qui encon
tre euls repairoient · Enfi
repairent a cartage · La ro
yne fu mfe lie de ce q̃ fauo
lente eftoit a cophe mes
elle ne fauoit lauenture q̃
li eftoit auenir · te cefte te
fougue i te cefte chofe fu
la nouuelle p̃ tout efpan
due que eneas tenoit la
royne dido i qui le tenoit
a auoir · a feme Ox la royne di
do foait p̃ce q̃ eneas le que p̃ifoit

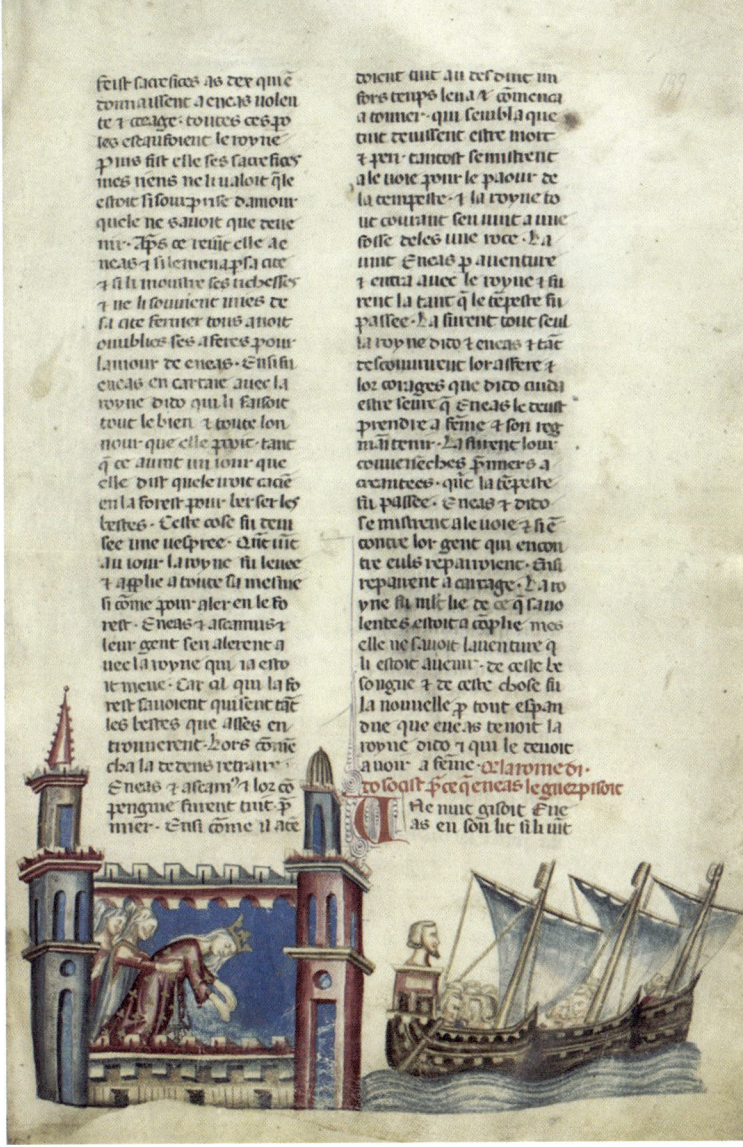

Ne nuit gardoit Ene
as en fon lit fi li uit

✤ 아이네아스의 출발과 디도의 자결

고귀한 태도를 보여주지 못한다. 사랑의 상처로 분노하여 비이성적인 그녀의 성격을 보여준 것이다. 죽은 남편에 대한 정절도 지키지 못하고 개인적인 사랑으로 시민의 지지도 잃고 지역 추장들로부터 소외당하게 된다. 그녀의 새로운 도시는 성장을 멈추고 그녀는 사랑의 고통과 비이성적인 집착으로 자살하고 마는 것이다.

이처럼 디도는 열정적이고 변덕스러운 인물로 나타나는데, 질서정연한 마음을 갖고 자신을 통제하는 덕을 갖지 못한다. 무엇보다도 디도는 「아이네아스」 전체를 관통하는 중요한 덕인 '피에타스(책임과 의무)'에 따라서 행동하지 않는다. 따라서 디도는 로마의 가치관에서 바라보면 부정적인 리더십을 구현한 인물이라 하겠다. 그런데 이러한 디도의 리더십은 영웅 아이네아스의 리더십을 부각한다. 아이네아스는 개인적 욕망과 사사로운 행복에 사로잡혀 있었지만, 유피테르 신의 경고로 공적인 사명을 완수하기 위해 결단을 내리기 때문이다. 이 결단은 트로이 백성과 왕족의 미래는 물론 로마의 미래도 결정하게 된다.

시칠리아에서 아이네아스는 세 번째 결단을 내린다. 카르타고에서 강력한 유혹을 물리치고 시칠리아에 도착한 아이네아스는 아버지의 제사를 치르고 나서 운동경기를 개최한다. 여기에서 아이네아스는 더 이상 멸망하는 조국을 위해서 싸우는 용사도 아니고 피난자 무리의 리더도 아니며 디도의 궁정에 사는 왕자의 모습도 아니다. 이제 아이네아스는 운동경기의 모든 것을 주관하고 감독하는 트로이 백성의 왕이자 아버지로 나타난다.

하지만 아이네아스에게 또 한 차례의 위기가 닥친다. 유노 여신의 계략으로 항해에 지친 트로이 여인들이 아이네아스의 선단에 불을 질러

버린 것이다. 이에 아이네아스는 절실한 기도로 비를 내리게 해 네 척의 배만 잃고 다른 함선들은 파멸에서 구해낸다. 이러한 백성의 배반행위에도 아이네아스는 분노하지 않고 깊은 생각에 빠진다.

> 그러나 아버지 아이네아스는 이 심각한 타격에 어안이 벙벙하여/ 가슴속에서 큰 근심을 때로는 이쪽으로, 때로는 저쪽으로 굴리며/ 운명을 잊고 시칠리아의 들판에 정착해야 할지,/ 아니면 다시 이탈리아의 해안을 찾아 나서야 할지 망설였다.[29]

또다시 선택의 기로에 놓인 것이다. 그런데 동료 나우테스가 그의 백성 가운데 이탈리아로의 항해를 원하지 않는 일부를 시칠리아에 남겨두라고 조언한다. 아이네아스가 그의 조언을 숙고하던 중 꿈속에 아버지의 환영이 나타나서 나우테스의 조언을 따르라고 말한다. 그리고 하계를 방문해서 자신을 찾아오라고 말하는데, 아버지가 아들에게 운명의 비전을 제시하려는 것이다.

이 장면을 살펴보면 아이네아스가 신이 정한 운명을 실현하려고 책임과 의무를 다하지만 백성의 배반에 절망하고, 시칠리아에 정착할 것인지 고민하는 인간적인 약점도 지니고 있음을 알 수 있다. 자신이 신의 의지를 실현하는 수단으로 선택받았다는 것을 잘 알지만, 그 의지를 실현하기에는 아직 방황하고 절망하며 갈등하는 것이다. 이러한 약점을 아이네아스는 또다시 결단으로 극복한다.

> 그(아이네아스)는 즉시 아케스테스를 위시하여 전우들을 불러모아 놓고/ 유

피테르의 명령과 사랑하는 아버지의 지시와/ 지금 마음속으로 다진 결의를 알려주었다./ 회의하는 데 긴 시간이 걸리지도 않았고, 아케스테스도 그의 명령을/ 거역하지 않았다. 그들은 어머니들을 신도시에 입적시켰고,/ 그러기를 원하는 자들을 바닷가에 내려놓았으니,/ 이들은 위대한 영광의 필요를 느끼지 않는 자들이었다.[30]

이렇게 시칠리아에서 아이네아스는 항해에 지친 노인들과 어머니들을 제외하고, 꿈속의 아버지가 재확인시켜준 엄중한 비전을 백성에게 제시하며 이탈리아로 항해하기로 결단내린다.

이처럼 세 번의 결단 과정을 살펴보면 아이네아스 성격 변화와 발전을 엿볼 수 있다. 아이네아스의 결단은 운명에 대한 통찰력으로 로마적인 가치를 확인하는 것이고 모범적인 리더십을 구현하는 것이다. 트로이를 떠나는 결단은 아이네아스가 아직 불안과 근심 속에서 확신이 서지는 않으나 냉정하게 자신의 현실과 운명을 마주하는 계기가 된다. 디도가 대표하는 세계를 떠나는 결단은 아이네아스가 리더로서 성장하는 계기를 마련한다. 사명의 완수를 위해 개인적 욕망과 사사로운 행복을 희생하는 결단을 보여주기 때문이다. 시칠리아를 떠나는 결단은, 새로운 상황에서 신중하면서도 비전을 잃지 않고 현실에 맞는 결단을 내려서 백성을 이끄는 지도자의 면모를 드러낸다. 스토아 사상에 따르면 운명이란 우리 인간이 거역할 수 없는 힘이다. 운명을 적극 받아들이면 운명이 갈 길을 인도해주지만, 그렇지 못하면 운명에 끌려 다닌다는 것이다. 이제부터는 운명이 아이네아스에게 길을 인도해줄 것이다.

전쟁이냐 평화냐: 의사결정의 리더십

두 번째 결단을 내릴 때 아이네아스는 다소 달라진 모습을 보인다. 첫 번째 결단 과정에서 아이네아스는 리더십에 여러 가지 문제점을 보였다. 그러나 두 번째 결단 과정에서 아이네아스는 자신을 잘 통제하고 사려 깊은 모습을 보여준다. 그는 신념과 의지로 무장해 주어진 사명과 관련해서 더 이상 망설이지 않고 단호한 결단으로 이상적인 리더십을 구현하는 것이다.

이탈리아에서 아이네아스는 탁월한 협상 능력을 발휘하고 평화를 위한 전쟁을 수행하려 한다. 이탈리아에 도착한 아이네아스는 처음부터 전쟁하지 않고 라틴 족의 왕 라티누스와 맹약을 맺는데, 아이네아스가 공주 라비니아와 결혼해서 트로이인들과 라틴 족이 결합한 새로운 나라를 건설하자는 것이었다. 운명의 비전이 제시한 대로 두 민족은 동등한 조건으로 동맹을 맺어 로마 건국의 기초를 세우자는 것이다. 그리고 두 사람의 결혼은 이미 신탁이 정한 것이기도 하다. 그런데 라티누스 왕은 이 운명을 받아들이지만, 왕비 아마타는 두 사람의 결혼을 반대하고 라비니아의 약혼자 투르누스도 그 결혼을 반대하며 트로이인들을 물리칠 전쟁을 계획한다. 한편 맹약을 맺은 후 아이네아스는 여행을 떠나 팔란테움의 에우안드로스와 동맹을 맺는다. 그러는 동안 유노 여신이 양 진영에 불화를 일으켜 전쟁이 시작된다. 다시 돌아온 아이네아스는 라틴 족에게 맹약을 지키라고 요구하며, 운명에 저항하는 세력과 전쟁을 수행한다. 요컨대 아이네아스는 협상 능력으로 맹약과 동맹을 이끌어내지만, 맹약이 깨어지자 전쟁을 수행하는 결단을 내렸다.

여기에서 아이네아스와 적장 투르누스가 전쟁에 임하는 태도가 전혀 다르다. 투르누스와 아이네아스의 결투로 전쟁이 끝나기 전에 각자는 뛰어난 무공으로 많은 상대를 쓰러뜨린다. 그런데 두 영웅이 적을 대하는 태도를 관찰하면 서로 다른 모습이 부각됨을 알 수 있다. 투르누스는 아이네아스와 동맹을 맺은 에우안드로스의 아들 팔라스와 결투를 한다. 팔라스는 전의에 불타며 라틴 족을 압박하지만 결국 적장 투르누스와 맞선다. 팔라스가 그에게 창을 던지지만 작은 상처만을 남길 뿐이다. 투르누스가 던진 창은 팔라스의 가슴 깊이 박혀 버린다. 투르누스는 팔라스를 죽이고 나서 기고만장해져 팔라스의 혁대를 벗겨내 전리품으로 차지하고 마치 호메로스의 영웅처럼 군다.

　아이네아스도 자신의 무공으로 많은 적을 쓰러뜨린다. 적장 메젠티우스를 내리치려 하는데 그의 아들 라우수스가 나타나 저지한다. 아이네아스는 그의 효성에 놀라지만 젊은이의 무모한 도전을 꾸짖고는, 마침내 기고만장한 젊은이의 몸통을 칼로 찔러 망령들의 나라로 보낸다. 하지만 죽어가는 소년의 창백한 얼굴을 보자 측은한 생각이 들기도 하고 그의 효심이 떠올라서 그의 무장을 개인적인 전리품으로 취하지 않고 무장을 입은 채로 되돌려 보낸다.

　이 두 장면을 비교해보면 투르누스는 승리에 취해 잔인하고 오만한 모습을 보여주지만, 아이네아스는 승리를 뽐내지 않고 오히려 적을 동정하는 모습을 보인다. 이처럼 아이네아스가 적을 제압하고 나서 무장을 전리품으로 취하지 않는 모습은 아이네아스가 호메로스의 영웅과는 다른 로마적인 영웅임을 보여준다.

　이제 마지막 장면에서 투르누스와 아이네아스가 결투를 벌인다. 트로이인들이 다시 라티니 족과 맹약을 맺는데, 내용은 투르누스와 아이네아스의 결투로 전쟁을 끝내자는 것이었다. 하지만 이러한 맹약은 유노 여신의 방해로 또다시 깨어지고 만다. 게다가 아이네아스는 어디에선가 날아온 화살에 맞아 부상을 입지만 다행스럽게도 베누스 여신의 도움으로 완치된다. 전선에 복귀한 아이네아스는 라티니 족의 도시를 공격해 투르누스가 결투에 나설 수밖에 없게 하는 작전을 구사한다. 적을 정복하는 것이 목적이 아니라, 두 민족의 결합을 통해 평화를 정착하기 위해서 전쟁을 수행하는 결단을 내린 것이다. 라티니 족의 도시가 포위당하고 그 백성이 고통을 받자 투르누스는 아이네아스와 최후의 일전을 벌이기로 결심한다.

다음 날 결투가 시작된다. 두 영웅은 서로 타격하는데, 투르누스의 칼이 부러진다. 투르누스는 도망을 치면서 누이에게 자신의 칼을 건네받고 다시 결투에 나선다. 한편 결투에서 투르누스가 아이네아스의 상대가 되지 못함을 잘 아는 유노 여신은 이제 운명을 받아들이고 투르누스의 곁을 떠나기로 하는데, 트로이인들이 승리하더라도 라티니 족의 언어와 이름을 받아들여 쓴다는 조건을 내세운다. 유피테르 신은 유노의 조건을 받아들이며 그녀의 결정을 환영한다.

이제 유피테르 신은 복수의 여신을 보내서 투르누스가 겁에 질리게 만든다. 아이네아스가 창을 던져 투르누스의 다리를 맞히고 투르누스는 바닥에 쓰러진다. 아이네아스가 다가가자 투르누스는 자신의 아버지를 생각해서 목숨을 살려달라고 애원한다. 아이네아스의 마음이 동요하기 시작하는데, 아이네아스는 투르누스의 어깨 위에 매달린 멜빵을 알아본다.

그것은 젊은 팔라스의 것으로, 투르누스가 그를 이겨 부상을 입히고/ 죽인 후 지금껏 적을 이긴 기념물로 어깨에 메고 다녔던 것이다./ 아이네아스는 이 기념을 두 눈으로 똑똑히 보게 되자/ 미칠 것만 같은 잔인한 고통이 상기되어/ 무섭게 분노를 터뜨리며 말했다. "지금 그대는 내 전우에게서 벗긴/ 이 전리품을 두르고서 여기서 벗어나기를 바라는 것인가?/ 지금 이 가격은 팔라스가 그대를 죽이는 것이며,/ 팔라스의 살해자인 그대에게 피의 복수를 하는 것이다."/ 격노한 그는 적의 가슴 깊숙이 칼을 찔렀다.[31]

이처럼 아이네아스는 처음에 투르누스의 애원에 마음이 움직여서 그를 살려주려 하지만, 그가 팔라스를 죽여서 전리품을 취해 메고 있던 멜빵을 보자 불같은 정의의 복수심에 사로잡혀 투르누스를 처단하고 만 것이다.

「아이네이스」의 이 마지막 장면은 「일리아스」의 24권을 떠올리게 한다. 아킬레우스가 친구 파트로클로스를 죽인 헥토르를 죽여 복수하고 그 시체를 자신의 천막에 보관한다. 헤르메스 신의 인도를 받은 프리아모스는 아킬레우스의 천막에 도착해서 눈물을 흘리며 아킬레우스에게 아들 헥토르의 시체를 돌려달라고 탄원한다. 그리고 고향에 있는 아버지를 생각해보라고 말한다. 아킬레우스는 자신이 죽었을 때 아버지가 슬퍼하는 모습을 떠올린다. 그래서 몸값을 받고 헥토르의 시체를 돌려주기로 한다. 이 장면에서 자신이 죽인 적의 아버지를 동정하고 시체를 돌려주는 고귀한 영웅의 모습을 보인다.

이처럼 「일리아스」는 아킬레우스의 분노에서 시작해서 분노의 해소로 끝나는데, 이러한 과정에서 아킬레우스의 성격에도 변화가 생긴다.

✦ 아미고니, 〈투르누스를 무찌르는 아이네아스〉, 슐라이스하임 뉴 팰리스 천장 벽화

처음에는 격정적이고 자존심이 강하며 이기적이고 충동적인 영웅 아킬레우스는 자신을 넘어서는 생각하지 못하는 모습을 보여주었다. 자신의 명예가 손상되었음을 이유로 그리스 원정군이 패배하게 내버려두지만, 친구 파트로클로스가 죽자 격분해 복수하고 적장 헥토르의 시체를 능멸한다. 하지만 이제는 적과 함께 슬퍼하고 적을 동정하며 인간 존재의 비극성을 이해하는 고귀한 영웅으로 바뀐다. 프리아모스의 간곡한 탄원을 존중해 아들의 시체를 돌려주고, 전쟁을 미루고 트로이인들이 그들의 영웅 헥토르를 존경하고 애도할 시간을 허락하는 것이다.

　그런데 「아이네이스」의 마지막 장면에서는 아이네아스가 아킬레우스와는 정반대로 분노하며 적에게 복수하는 것을 볼 수 있다. 그렇게 동정심 많은 아이네아스가 복수심에 사로잡혀 애원하는 적을 살해하는 것이다. 아이네아스가 이런 결정을 하는 것은 동정 없는 무자비함에 가깝지만, 아이네아스가 팔라스에 대한 의무와 책임을 다하고 팔라스를 자신에게 맡긴 동맹자 에우안드로스에 대한 의무와 책임을 다하는 것이기도 하다. 게다가 투르누스는 팔라스에게서 벗긴 전리품을 신들에게 바치지 않고 자신의 몸에 걸치는 오만함을 범했고 라티누스 왕이 세운 맹약을 어기고 전쟁을 일으키는 잘못을 저지르기도 했다.

투르누스를 죽인 것은 이러한 오만함과 잘못에 대해 정당한 벌을 가한 것이라고 볼 수 있다. 그런데 투르누스의 죽음을 해석해보면, 그의 죽음은 역사의 발전을 위해서 피할 수 없는 결과임을 상징한다. 제2의 아킬레우스라고 불리는 투르누스는 이미 지나간 호메로스적 세계관을 구현하고, 개인적 욕망과 의지가 너무 강해서 공동선을 실천할 수 없는 영웅이다. 또한 투르누스는 여러 전조와 징조들이 나타남에도 불구하고 정해진 운명을 받아들이지 못한다. 운명의 참된 의미를 찾지 못하고 그것을 개인적인 욕망과 의지의 관점에서 해석하는 것이다.

투르누스는 디도와 한 쌍을 이룬다고 볼 수 있는 인물이다. 디도와 투르누스 모두 유노 여신이 보호하는 인간이지만 운명의 실현에는 장애가 되는 인물이다. 디도가 비이성적인 힘을 나타내며 낭만적인 욕망으로 파멸한다면, 투르누스는 끊임없는 분노와 용맹의 힘과 오만방자한 태도로 파멸하는 것이다. 투르누스와 디도의 모습은 아이네아스가 공적인 의무와 책임을 다하는 모습과는 대조적이다.

지금까지 제시된 운명의 비전을 따라서 아이네아스가 어떻게 의사결정을 해서 사명을 완수하는지 살펴보았다. 디도와 투르누스의 리더십과 비교하면 아이네아스의 리더십은 더욱더 부각된다. 그런데 로마 건국 신화에 등장하는 인물인 투르누스와 디도는 아우구스투스 황제가 전쟁을 수행한 적들인 안토니우스와 클레오파트라를 떠올리게 한다. 아우구스투스 체제와 안토니우스와 클레오파트라 체제 사이에서 생겨난 갈등은 악티움 해전에서 분수령을 이루고, 아우구스투스가 승리함으로써 내전으로 황폐했던 제국에 영구적인 평화를 가져온다. 투르누스, 디도와 마찬가지로 안토니우스와 클레오파트라도 가족과 국가와 신에게 의무와 책임을 다하는 '피에타스'라는 로마인의 덕을 가지고 있지 못하다. 반면 아이네아스와 마찬가지로 로마의 황제 아우구스투스는 이러한 덕을 구현하는 인물로 부각되고 이러한 덕에 기초해 로마 시민을 다스리는 리더십을 발휘한 것이다.

기업의 운명을 결정짓는 의사결정

비전의 제시에 따라서 결단을 내린 아이네아스는 로마 건국의 기초를 세우는 데 성공했다. 따라서 아이네아스의 의사결정은 리더십의 좋은 본보기라 하겠다. 기업 경영에서도 의사결정의 리더십은 매우 중요하다. 경영자가 의사결정을 언제, 어떻게 하느냐에 따라서 기업의 운명이 달라질 수 있기 때문이다. 하지만 좋은 의사결정은 절대 쉽지 않다. 상황 파악과 미래 예측을 위한 정보와 시간이 충분하지 않은 가운데 의사결정을 해야 하는 경우가 많아서 상황에 떠밀려 의사결정을 하기 때문이다. 한편 상황을 심각하게 보기보다 안일하게 여기거나, 여러 상황 속에서 의사결정을 지연시켜 의사결정의 적절한 시기를 놓쳐버리기도 한다.

상황 분석을 게을리하고 의사결정을 지연시키는 두 가지 함정을 잘 극복한 경영자로는 인텔의 수석 부사장 겸 인텔사의 인텔 아키텍처 그룹 총괄 책임자인 데이비드 펄뮤터David Perlmutter를 꼽을 수 있다. 불확실하고 위험이 도사리는 상황에서도 펄뮤터는 평온한 마음으로 상황을 분석하고, 제때에 결정을 내리고 그 결정으로 생겨난 상황에 처해서는 또 다른 결정을 내린다. 이러한 의사결정 방식으로 펄뮤터는 아키텍처 그룹을 경영해 인텔 영업이익의 90퍼센트를 가져오는 성과를 낳았던 것이다.

정보가 부족하고 시간이 압박하는 상황에서 결정을 내리는 일은 기업의 성패에 결정적인 영향을 미친다. 따라서 리더는 상황분석을 통해 제때에 의사결정을 해야 할 것이다. 아울러 합리적인 결정에 영향을 미칠 수 있는 편견들을 가능한 한 제거하려고 노력하고, 의사결정이 가져올 결과를 잘 평가하는 일도 의사결정의 연속선상에 있다.

7
PART

관리·통솔·정치,
설득력의 리더십

제우스처럼 노련하게
인재를 활용하라

신들의 세대에 따른 통치의 진화

그리스 신화에서 제우스는 여러 면에서 통치자의 원형적인 면모를 보여준다. 그의 윗세대 신들로 할아버지 우라노스와 아버지 크로노스가 최고신으로 등장하지만, 신화에서 이들의 치세는 마치 제우스의 시대를 준비하듯 통치의 과도기적인 모양새를 드러낼 뿐이다. 통치하는 신으로서의 면모는 제우스에게서 비로소 성숙한 모습으로 드러난다.

우라노스는 태초의 혼돈에서 벗어나 처음으로 질서가 싹트는 시기에 하늘의 신으로, 그의 통치는 상당히 원시적인 형태에 머물러 있다. 카오스의 밤과 어둠에서 하늘과 땅이 나뉘자 하늘의 신 우라노스는 대지의 여신 가이아와 결합해 티탄 족을 낳는다. 대양의 신 오케아노스와 바다의 여신 테티스가 태어나고, 최초의 태양신 히페리온과 어머니 신 레아, 그리고 그녀의 남편인 시간의 신 크로노스가 세상에 나온

✦ 조르지오 바사리, 〈우라노스를 거세하는 크로노스〉

다. 지배권을 빼앗길까 봐 남몰래 두려워하는 것은 아마도 지배자의 원형적인 모습인지, 이미 이 태초의 아버지 신에게서부터 나타난다. 그는 자식들이 반란을 일으킬까 봐 두려워서 그들의 수가 늘어나는 것을 막으려 했다. 게다가 자기 자식들이긴 해도 참으로 거칠고 흉한 모습의 외눈박이 거인 키클롭스들과 팔이 100개나 달린 헤카톤케이르들이 태어나자 이 아들들을 가이아의 자궁인 땅속 깊은 곳 타르타로스에 가두고 그 입구를 막아버렸다. 가이아는 남편의 이런 처사에 분개했다.

이 대지모신은 적당한 때가 오자 막내아들 크로노스에게 커다란 낫을 내주며 아버지를 거세하도록 부추겼다. 크로노스는 아버지가 어머니 곁에서 잠이 들자 낫으로 아버지의 성기를 잘라 거세해 버리고 지배권을 차지했다.

크로노스는 통치권을 쥐자 자신의 지배체제를 수립했다. 그는 어머니의 자궁에서 잠시 해방시켰던 키클롭스들과 헤카톤케이르들을 다시 타르타로스에 가두고, 형제들에게 각자의 지배영역을 나누어 줌으로써 자신의 통치에 협력하게 했다. 크로노스_{Kronos}는 그 이름이 암시하듯[32] 초창기 공간과 시간의 질서가 생겨나던 때 '시간'의 힘을 나타내는 신이다. 아버지를 거세하고 권좌에 오른 아들은 자신도 자식들에 의해 거세될 위험에 노출되어 있음을 알기에 그는 아내인 레아가 자식을 낳으면 그 자리에서 모두 삼켜버렸다. 이는 자연의 질서를 알레고리화한 비유로 볼 때 그 의미가 확연해진다. 시간은 자신의 영역으로 들어온 모든 것을 삼켜버리는 속성을 가지기 때문이다.

그러나 자식들의 반기를 두려워해 가이아의 자궁을 막았던 우라노스의 치세가 길지 않았듯이, 제 권좌를 지키기 위해 자식들을 삼켰던 크로노스의 시대도 머지않아 끝이 난다. 가이아와 마찬가지로 레아도 남편의 처사에 불만을 품고 나름의 행동을 취했기 때문이다. 포세이돈과 하데스라는 아들 둘, 데메테르와 헤라라는 딸 둘을 차례로 삼킨 남편에게 레아는 제우스가 태어나자 아기만 한 돌덩이를 강보에 싸서 삼키도록 넘겨주고는 이 막내아들을 이다 산의 동굴에 숨겨 요정들 손에 맡겨 키웠다. 제우스는 암염소 아말테이아의 젖을 먹고 자랐으며, 이 염소가 죽자 그 가죽으로 갑옷을 만들었으니 이 무적의 갑옷이 바로 저 유명한 '아이기스'다.

아버지에게 들키지 않고 무사히 자란 제우스는 술 따르는 시동으로 변장하고 크로노스에게 접근해 그에게 약을 먹였다. 그러자 크로노스는 그동안 삼킨 자식들을 모두 토해냈다. 그러나 그의 지배권을 빼앗는 일이 쉽지는 않았다. 제우스는 구해낸 형제자매들과 힘을 합쳐 티탄 신족과

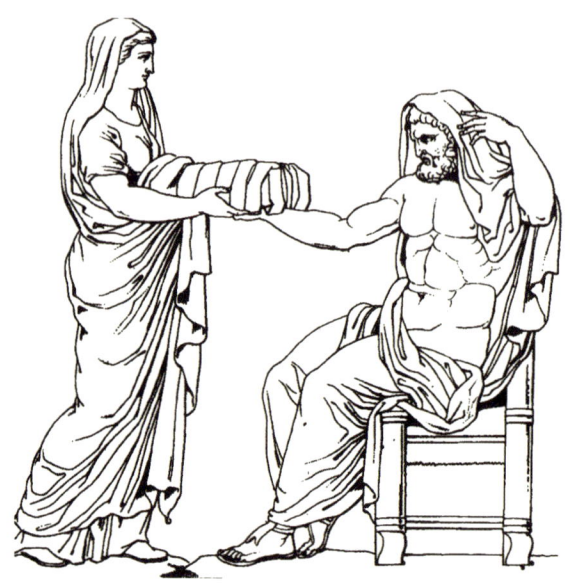

10년 동안의 길고 무서운 전쟁에서 이기고, 마침내 자신의 치세를 연다.

우라노스에서 크로노스를 거쳐 제우스에 이르는 삼대의 통치에서 우리의 눈길을 끄는 것은 통치 방식이 차츰 태고의 원시성을 벗고 조직적이 되어가고 있다는 점이다. 우라노스는 지배권을 지키기 위해 흉한 모습의 자식들을 무조건 대지모신의 지하에 가두고 입구를 폐쇄해버리지만, 도리어 성장한 아들 크로노스와 가이아의 공모에 굴복하고 만다. 크로노스 또한 우라노스보다는 조금 더 진화된 통치 방식으로 자신의 형제들에게 영역을 나눠 맡기고 중간관리층을 형성하지만 그들을 관리하는 모습은 찾아볼 수 없다. 그저 지배권을 잃지 않으려고 무지막지하게 자식들을 삼키다가 아내의 꾀로 빼돌려진 막내아들에게 거세당하는 것이다. 하지만 이 선대의 통치자들에 비하면 제우스는 훨씬 전문적인 통치 및 조직관리 능력을 보인다. 일단 형제인 포세이돈에게 바다를, 하데스에게 저승인 지하세계를 맡겨 독자적으로 다스리게 함으로써 협력자 겸 중간 조직을 세우고 자신은 하늘을 맡는 동시에 우주를 다스리는 최고신의 권능을 차지했다. 그런 다음 훌륭한 자질을 지닌 여신이나 요정, 여인들에게서 각기 특별한 능력

✦ 프란시스코 고야, 〈자식을 삼키는 크로노스〉

을 지닌 자식들을 계속 낳아 자신의 중간 조직에 편입시키며 조직을 정비해 나갔다. 그리고 이들과 힘을 합쳐 10년의 길고 긴 티탄 신족과의 전쟁에서 승리한 것이다.

제우스의 민주적 통치와 '보이지 않는 손'

무엇보다 제우스는 용인술에 뛰어난 감각을 보인다. 제 자식임에도 불구하고 흉하게 생겼다고 우라노스가 타르타로스에 가두었고, 크로

✦ 고대 도기 그림. 벼락을 쥐고 있는 제우스

노스 또한 가이아의 요청에 따라 잠시 풀어주지만 결국 다시 지하세계에 처넣은 외눈박이 키클롭스 삼형제와 100개의 팔을 가진 거구의 헤카톤케이르들을 더없이 훌륭하게 활용할 줄 알았다. 제우스는 가이아가 귀띔해준 대로 티탄 족과의 전쟁에서 이기기 위해 이들을 타르타로스에서 해방시킨다. 그러자 손재주가 뛰어난 대장장이인 키클롭스 삼형제는 그들을 구해준 새로운 세대의 신들에게 막강한 무기를 선사했다. 제우스에게는 천둥과 벼락을, 하데스에게는 몸을 보이지 않게 하는 마법의 투구를, 포세이돈에게는 지진을 일으키고 바다를 풍랑으로 뒤흔들어 놓을 수 있는 삼지창을 만들어 바친 것이다.

이 무기들은 전장에서 가공할만한 힘을 발휘했을 뿐 아니라, 키클롭스들과 헤카톤케이르들은 그들 자신이 티탄 신족이었음에도 불구하고 올림포스 신 편에서 싸웠다. 예나 지금이나 신종의 막강한 무기는 승리의 원동력이다. 더구나 제우스가 최고신으로서 '벼락'을 마음대로 사용하게 된 것이 그에게 얼마나 큰 힘을 실어주었을지는 상상하기 어렵지 않을 것이다.

한편 제우스가 새로이 구축한 올림포스 신족은 인간들이 새로운 차원에서 인식하고 해석한 원형적 힘들의 작동 방식을 이야기하기 시작했음을 보여준다. '시간'이 지나간 과거를 토해내 되돌려 놓았다면 그것은 시간의 권능이 다했음을 뜻한다. 따라서 '시간'의 힘을 꺾고 새로이 등장한 힘들은 이미 '시간'에 묶이지 않는 '영

✦ 아그놀로 브론치노, 〈삼지창을 든 포세이돈〉

원'을 배경으로 작동한다고 보아야 한다. 신화와 고전문학에서 인간과 신을 구별해 부르는 명칭이 '필멸의 존재들the mortals'과 '불멸의 존재들the immortals'이라는 점이 이를 뒷받침한다. 제우스가 새로이 정비한 올림포스 신들은 이제 시공을 넘어 인간의 삶에서 끊임없이 작동하는 원형적 힘들의 관계와 상호작용을 뜻하고, 이 힘들의 꼭대기에 그들을 이끌어가는 최상의 원리로서 '질서'와 '정의', '섭리'를 지키는 '광명'으로서의 제우스가 앉아 있는 것이다.

그리스 신화는 제우스 대에 이르러 비로소 조화롭고 균형 잡힌 통치자의 모습을 보여준다. 제우스 통치 스타일의 특징은 나누어 맡긴 영역에 대한 자율성을 보장하고 조직을 민주적으로 운영하는 것이다.

★ 장 오귀스트 도미니크 앵그르, 〈제우스와 테티스〉

기본적으로 상호 불가침의 원칙이 지켜지는 가운데 신들은 각자 자기 영역을 다스리고 책임지며 기능한다. 하지만 서로 다른 힘들을 표상하는 신들은 서로 엮이고 충돌하며 마치 살아 있는 생명체와도 같이 역동적이면서 조화롭게 우주의 유기적인 질서를 드러내 보인다.

최고 통치자이지만 제우스는 다른 영역의 통치에 함부로 끼어들지 않는다. 기본적으로 그 영역 지배자의 자율에 맡기는 것이다. 그가 나서는 경우는 영역 간에 문제가 생겨 불가피하게 조정이 필요한 때이다. 한 예로 『일리아스』에서 트로이 전쟁이 막바지에 이르렀을 때, 올림포스 신들은 두 패로 나뉘어 그리스나 트로이를 응원하며 돕고 있었다. 트로이 왕자 헥토르는 그리스 최강의 전사 아킬레우스에게 쫓겨 도망치며 이미 트로이 성벽을 네 바퀴나 돌고 있었다. 제우스는 개인적으로 트로이 최고의 영웅인 헥토르를 아끼며 깊은 호감을 느끼고 있었지만 그 감정에 휘둘리지 않고 운명을 재는 황금 저울을 집어 들어 아킬레우스와 헥토르의 운명을 잰다.

(…) 하지만 그들이 네 번째로 샘물가에

이르렀을 때 아버지가 황금 저울을 펼쳐 들고 그 안에

사람을 길게 뉘는 죽음의 운명 두 개를 올려놓으니, 하나는

아킬레우스의 것이고 하나는 말을 길들이는 헥토르의 것이었다.

그가 저울대 중간을 잡고 저울질하자 헥토르의 운명의 날이 기울어져

하데스의 집으로 떨어졌다. 그러자 포이보스 아폴론이 그의 곁을 떠났다.[33]

질서와 섭리를 주재하는 신으로서 제우스가 결코 마음 내키는 대로 함부로 결정하고 행동하는 지배자가 아님을 잘 보여주는 장면이다. 아폴론은 이때 적극적으로 헥토르를 돕고 있었지만 제우스의 저울질로 영웅의 운명이 결정되자 지체 없이 손을 떼고 물러난다. 이 또한 올림포스 신들의 세계에서 영역별 자율성과 전체의 질서가 어떤 법칙에 따라 돌아가는지 볼 수 있는 대목이다.

또 다른 예로, 호메로스의 「오디세이아」는 올림포스 신들의 회의로 시작한다. 오디세우스는 트로이 전쟁이 끝난 후 고향으로 돌아가지 못하고 해신 포세이돈의 노여움으로 바다 위를 떠돌다가 요정 칼립소의 섬에 붙잡혀 7년 동안이나 머무는 상황이다. 포세이돈이 에티오피아 지방으로 볼일을 보러 떠나 있는 계제에 오디세우스를 아끼는 아테나가 여러 신 앞에서 제우스에게 그 일의 부당함을 따진다. 그러자 제우스는 포세이돈의 노여움은 오디세우스가 포세이돈의 아들인 외눈박이 거인 폴리페모스의 눈을 멀게 했기 때문이라고 이유를 설명한다. 그리고는 좌중의 여러 신에게 오디세우스가 집으로 돌아갈 수 있도록 궁리해보자고 제안한다. 그렇게 되면 포세이돈도 노여움을 풀 수밖에 없을 테니, 모든 신이 합의한 결정에 대항하지는 못할 것이라고 덧붙인다. 이에 아테나는 전령신 헤르메스를 보내 오디세우스를 귀향시키기로 한

신들의 결정을 칼립소에게 전하자고 제안한다. 이 장면을 통해 우리는 갈등이나 문제가 발생했을 때 제우스가 얼마나 신중하고 공정하며 민주적으로 일을 처리하는지 확인할 수 있다. 또한 그가 문제의 본질을 객관적으로 정확히 파악하고 있다는 사실과 최고결정권자인 자기에게 온통 원망이 쏠리지 않고도 거친 포세이돈을 상대로 무리 없이 일을 해결할 노련한 방법을 동원하고 있다는 사실도 알 수 있다.

올림포스 신들은 실제로 그 힘의 특성상 충돌과 갈등의 소지가 충분한 집단이다. 지혜와 지성의 영역을 담당하는 아테나가 거칠고 순화되지 않은 자연의 힘을 대변하는 포세이돈과 충돌할 수밖에 없는 것처럼, 태양신으로서 눈부신 예지와 명징한 이성의 영역을 관장하는 아폴론적 에너지는 도취와 광기, 쾌락과 술의 신 디오니소스적 에너지와는 대척점에 선다. 또 의로운 전쟁의 여신 아테나는 침략하고 약탈하는 폭력적인 전쟁의 신 아레스와 부딪칠 소지가 다분하며, 까다롭고 깔끔하며 처녀성을 중시하는 아르테미스 여신이나 결혼의 신성함을 지키는 헤라 여신이 섹시하고 아름답지만 문란하기 이를 데 없는 아프로디테 여신과 경우에 따라 적대적이 될 여지 또한 크다. 한편 아테나와 아폴론, 헤파이스토스는 힘의 특성상 서로 공조할 수 있는 여지가 크고, 아프로디테와 디오니소스의 영역 또한 공집합적 요소가 크다. 그리고 소통과 중재, 연결, 조정의 달인 헤르메스는 제우스의 전령으로서 그 다양한 영역들 사이를 자유자재로 능숙하게 누비고 다닌다.

우리가 리더십과 관련해 제우스가 구성해 놓은 올림포스 신들의 조직에 주목하는 이유는, 이들이 삶의 원형적 에너지들을 표상하기 때문에 그들 간의 관계, 작용, 어울림과 충돌에서 빚어지는 조화와 역동성은 오늘날에도 여전히 유효하다는 데 있다. 특히 전체를 통찰하며 공정하고도 노련하게 이 힘들을 조율하는 리더로서 제우스의 처세에 관심을 기울일 필요가 있다.

　그리스 신화는 세계 그 어느 문화권의 신화보다도 정교하고 완성된 세련미를 지니며, 특히 제우스는 통치·관리·정치에 있어 지배자의 원형적인 측면들을 고도의 발전된 형태로 보여준다. 오늘날 인류는 비싼 대가를 치르고 그 오랜 정치 실험을 통해 가장 발전된 모델로서 민주주의를 택해 사용하고 있다. 통치와 관리, 정치의 공명정대함을 확보하기 위해 권력을 분산시키고 그 힘들 사이의 균형과 조화를 모색하고 있는데, 이 발전된 시스템을 신화에서 제우스가 노련하게 구사하는 것이다. 또한 제우스가 형제나 자식으로 자신의 중간 조직을 구성했다면, 오늘의 리더들은 형제나 자식이 아니더라도 그런 능력을 갖춘 인재들을 모아 자신을 위해 일해 줄 조직을 구성할 수 있다는 점에 주목할 필요가 있다.

어떻게 최고의 조직을 만들고 관리할 것인가

　조직을 이끌어야 하는 리더들에게 가장 큰 숙제는 어떻게 최고의 성과를 내는 막강한 팀을 꾸릴 것인가 하는 문제이다. 이때 조직을 어떤 식으로 구성할 것인가 하는 문제와 함께, 각기 다른 개성을 가진 구성원들을 어떻게 일사불란하게 움직이도록 효율적으로 끌고 갈 것인가도 중요한 관건이다. 리더는 처음부터 끝까지 모든 일에 관여하지는 않더라도 자신이 이끄는 팀을 나름의 방식으로 장악해야 원하는 결과를 얻을 수 있다. 그러자면 정치력과 관리 능력이 필요하다. 리더가 분명히 권력을 쥐고 그것을 행사하지만, 구성원들은 스스로 알아서 움직이고 그것을 즐겨 최상의 결과가 나오도록 하는 일이야말로 고금을 막론하고 성공적인 리더에게 필요한 능력일 것이다.

유능한 리더는 대개 자기의 뜻을 받들어 손발처럼 움직여주는 중간 관리자 집단을 효율적으로 활용한다. 따라서 어떤 사람들로 그 중간 관리층을 형성하는가 하는 일이 실제로 리더에게 가장 중요한 일이 되는 경우가 많다. 유능한 중간 관리자들을 통해 부서별로 실질적인 업무가 진행되며, 리더는 큰 방향을 잡고 이끌어가며 안팎으로 조율해 마치 오케스트라 지휘자가 음악을 만들어내듯 최고의 연주를 해내는 것이다. 그렇게 연주된 음악을 통해 지휘자와 오케스트라의 이미지가 정해지듯, 성취된 일을 통해 리더와 그가 이끄는 집단의 이미지가 만들어진다.

세종대왕의 외유내강 리더십

리더와 그가 이끄는 조직의 관계를 생각해보면, 리더 스스로 직관과 통찰을 갖춘 최고의 전문가일 때 자신의 비전에 맞는 유능한 조직을 구성할 수 있고 값지게 쓸 수 있다. 이 사실은 세종대왕이 집현전을 꾸리고 활용한 데서도 찾아볼 수 있다. 세종은 22세의 나이로 즉위했을 때 이미 학문적으로 그와 대화가 될 만한 신하가 몇 안 될 정도로 역량이 뛰어난 왕이었다. 그의 머릿속에선 끊임없이 실현해보고 싶은 가치 있고 중요한 생각들이 떠올랐으니, 그것들을 구체화하자면 자신의 손발처럼 움직여줄 우수한 조직이 필요했다. 세종은 집현전에 인재들을 뽑아 자신이 원하는 일들을 추진해나갔다.

집현전 학사들은 주로 과거시험 성적과 출신을 고려해서 뽑았는데, 해마다 문과에 뽑히는 33명 중에 1, 2, 3위를 집현전에서 일하게 했으니 집현전은 결국 당대 최고의 두뇌들이 모인 집단이었다. 통상 96명 정도의 집현전 학사들을 이끌고 세종은 재위 32년 동안 참으로 많은 일을 해냈다. 한글을 창제하고, 민생현안을 연구했으며, 아악을 정리하고, 고서 번역을 했다. 그뿐만 아니라 천문학을 연구하고, 측우기와 해시계 등 수많은 발명을 해냈다. 그의 이상을 공유하고 자발적으로 연구하는 집현전의 인재들이 있었기에 가능한 일이었다.

집현전을 구성원들의 혼이 살아 숨 쉬는 조직으로 운영하고 활용하는 세종의 기량은 감탄을 자아내게 한다. 왕은 집현전을 자신이 머무는 강령전 옆에 두고 수시로 드나들며 수많은 경연을 열어 학사들로 하여금 기탄없이 제안하고 토론하게 했으니, 그 결과 집현전은 나중에 언론의 역할까지 하기에 이른다. 오늘날 리더십의 화두가 되는 '소통'의 진면목을 보여주는 것이다. 집현전 학사들의 실력은 내외로 입증되어 조정 관료들도 그들의 의견을 존중하게 되었다. 한 번은 사헌부 조직이 너무 방만해 구조조정을 하려 했는데 그 해당자들의 반발이 심해 일을 진전시킬 수 없는 난관에 봉착했다. 세종은 고심 끝에 이 문제를 집현전에 용역을 주어 그 연구결과에 따라 처리하면 어떻겠냐고 제안해 관료들의 동의를 얻어냈다. 집현전의 연구결과는 구조조정을 해야 한다는 쪽으로 나왔고, 사헌부도 이에는 승복할 수밖에 없어서 구조조정을 원만히 실행할 수 있었다.

세종은 매사에 대단히 합리적이고 공평무사하게 일을 처리하는 신중하고 노련한 명군이었다. 그는 자신의 즉위를 반대해 낙향했던 황희를 불러 다시 정승 자리에 앉혔고, 한글창제를 극구 반대하는 최만리를 내치기는커녕 가장 오래 집현전에 붙들어 두고 쓰는 놀랄만한 인내심을 보인다.

훈민정음은 1443년에 완성되었는데 반포된 시기는 1446년이다. 그토록 심혈을 기울여 만들어낸 글자의 반포 시기를 3년이나 늦춘 것은 한글창제를 반대하던 신하들의 기세를 누그러뜨리려는 조처였다고 역사가들은 해석한다. 반대하는 신하들의 의견을 묵살하기 보다는 그 반대 의견을 세심히 배려하고, 그들의 이해와 수용을 구하는 성의 있는 태도를 보였던 것이다. 조정에서는 1446년 대간의 죄를 한글로 적어 의금부 승정원에 시달하는 것을 시작으로 이후로도 수양대군을 시켜 같은 일을 계속하게 함으로써 한글 사용의 길을 조금씩 열어갔다.[34] 참으로 신중하면서도 용의주도한 리더십의 모습이다.

일본 천하통일의 신화는
3가지 리더십으로 완성되었다

맹장 노부나가, 지장 히데요시, 덕장 이에야스

사람의 일생은 무거운 짐을 지고 가는 먼 길과 같다. 그러니 서두르지 마라. 무슨 일이든 마음대로 되는 것이 없음을 알면 오히려 불만을 가질 이유도 없다. 마음에 욕심이 차오를 때는 빈궁했던 시절을 떠올려라. 인내는 무사장구의 근본이요, 분노는 적이라고 생각하라. 이기는 것만 알고 정녕 지는 것을 모르면 반드시 해가 미친다. 오로지 자신만을 탓할 것이며 남을 탓하지 마라. 모자라는 것이 넘치는 것보다 낫다.[35]

위의 말은 도쿠가와 이에야스가 남긴 말이다. 현대에 와서 신화가 된 일본의 천하통일과 관련 있는 역사적 인물들이 보여준 리더십을 중심으로 조직의 관리·통솔·정치에 관해 살펴보자. 조직의 관리와 조직원의 통솔은 리더에게는 사활이 달린 문제다. 기업을 잘 이끌어가기 위해서는 여러 다른 요소들도 중요하지만 관리와 통솔은 리더와 리더십의 핵심이라 해도 과언이 아니다. '관리'는 사람을 통제하고 지휘하며 감독하는 것을 의미한다. '통솔'은 무리를 거느리고 다스리는 것을 뜻하는데, 이런 점에서 통솔과 리더십은 유사한 의미가 있다. 마지막으로 '정치'란 조직이 올바르게 작동하도록 바르게 다스리는 것을 뜻한다. 조직을 장악하고 유지하며 권력을 행사하는 일이 정치이고, 조직원들이 인간다운 삶을 영위하게 하며, 상호 간의 이해를 조정하고, 조직의 질서를 바로잡는 등의 역할이 지도자에게 필요한 리더십이라고 해석할 수 있다.

일본 전국시대를 종결하고 태평성대를 열어 신화가 된 세 명의 인물인 오다 노부나가와 도요토미 히데요시, 도쿠가와 이에야스를 중심으로 이들이 어떻게 조직을 관리하고 통솔해 바르게 이끌었는지를 살펴보기로 하자.

전란에 휩싸였던 일본이 천하 통일을 이루고 근대국가가 되기까지, 시대를 주름 잡았던 영웅으로 오다 노부나가, 도요토미 히데요시, 도쿠가와 이에야스와 같은 세 명의 다이묘를 주로 꼽는다. 일본 사람들은 "노부나가가 떡을 치고, 히데요시가 먹음직하게 떡을 빚어, 이에야스가 그 떡을 먹었다"라고 당시의 역사적 상황을 즐겨 비유한다.

'오닌의 난' 이후 1백여 년을 지속한 일본의 전국시대는 말 그대로 군웅할거群雄割據 시대였다. 이 전국戰國시대의 영주들은 저마다 지역 권력을 형성하고 싸움을 거듭했다. 오다 노부나가는 무로마치 막부의 마지막 쇼군 요시아키를 앞세워 전국 통일의 기반을 확립하지만 자신에게 맞서는 요시아키 세력을 평정하며 무로마치 막부를 폐한다. 하지만 통일을 완성하기 직전, 심복의 습격을 받아 불 속에서 자결하고 만다. 이 '혼노시의 변'으로 노부나가의 후계자이던 도요토미 히데요시가 권력을 장악한다. 히데요시의 모모야마 시대는 화려하고 호화로운 기운이 가득했다고 한다. 그러나 그는 무모한 두 번의 조선 정벌 중 병으로 세상을 떠난다. 전쟁의 여파와 히데요시의 죽음은 자연스럽게 그동안 숨죽이며 힘을 축적하고 있던 도쿠가와 이에야스에게 통일을 완성하고 권력의 중심에 서게 하는 계기가 되었다. 1603년 도쿠가와 이에야스는 천황으로부터 세이이타이 쇼군으로 임명되며 에도 막부의 태평성대를 열게 된다. 도쿠가와 가문이 지배한 에도 시대는 메이지 유신이 시작되는 1867년까지 300년 가까이 지속된다.

천하 통일의 야망을 품고 그 기반을 닦은 노부나가와, 노부나가에게 발탁되어 평민에서 실질적 통일을 이루는 쇼군이 된 히데요시, 한평생 인고의 세월을 다 지내고 유례없는 태평성대인 에도 막부를 연 이에야스의 이야기는 역사를 넘어 신화가 되었다. 불세출의 세 영웅이 보여준 각기 다른 관리·통솔·정치의 능력은 군웅할거의 동시대를 풍미한 그들의 인생과 그에 따른 권력의 부침에 그대로 드러난다. 그들 리더십의 성격과 장단점을 비교해보는 것은 흥미롭기도 하거니와 리더와 리더십에 관한 많은 생각거리를 던져준다.

도쿠토미 이치로가 『근세일본국민사近世日本國民史』에서 다음과 같이 세 영웅을 평했다.

노부나가의 특기는 매사에 사람들이 예상하지 못한 일을 하는 것이었다. 이에야스의 특기는 사람의 마음속을 헤아려 맞추는 일이었다. 히데요시의 특기는 때에 따라 상대의 뜻을 알고 마음을 읽어, 거의 짐작하기 어려운 데가 있었다.

오다 노부나가는 "울지 않는 두견새는 죽여버려라"고 했던 맹장猛將이며 카리스마 리더십을 발휘한 인물이다. 도요토미 히데요시는 "울지 않는 두견새는 울게 만들라"고 한 지장智將이다. 그는 사람의 마음을 읽는 남다른 공명의 능력이 있었다고 한다. 도쿠가와 이에야스는 "울지 않는 두견새는 울 때까지 기다려라"는 인내와 기다림을 실천한 덕장德將이었다. 그중 가장 조직을 영속적으로 유지하고 관리하고 통솔하는 데 유능했던 인물은 도쿠가와 이에야스였음은 역사가 증명한다.

울지 않는 두견새는 죽여버려라: 카리스마 리더십

오와리 지방의 다이묘였던 오다 노부나가(1534~1582)는 16세에 영주가 된 후 수많은 전투를 수행하며 무로마치 막부를 폐하고 일본 통일의 기반을 확립한 인물이다. 어려서부터 특이한 언행으로 사람들은 그를 바보로 여겼으나 실은 매우 뛰어난 인물이었다. 칼날 같은 성품을 지닌 그는 사람들이 예측하지 못하는 행동을 해 주변 사람들을 당황하게 하기 일쑤였다고 한다. 그는 성질이 급해 화를 잘 내며 상대의 의표를 찌르기 즐겼으며, 통일의 대업을 위해 주저하지 않고 자신의 가족을 희생하고 양민을 학살하는 등 잔인한 인물로 알려졌다. 그 때문에 현대 일본 대중문화에서는 종종 요괴로 묘사되기도 한다. 동시에 그는 일본인이 가장 좋아하는 위인에 꼽히기도 한다. 통찰력, 정보 활용력, 자신감에서 그는 단연 최고였다. 목소리가 우렁차고 결단력이 뛰어나며 전술에 치밀함이 돋보였던 그였지만, 성정 자체가 규율을 지키지 않고 신하들의 간언을 듣지 않으며 그들을 하인 다루듯 했다고 한다. 그래서였는지, 49세 되던 해 통일을 눈앞

✦ 오다 노부나가의 사진

에 둔 주코쿠 정벌 중 혼노시에서 자신의 부하인 아케치 미쓰히데의 습격을 받아 불 속에서 자결하는 비극적 최후를 맞는다. 그럼에도 불구하고, 오다 노부나가는 일본에서 언제나 가장 인기 있는 리더 중 하나로 손꼽히는 다중 매력의 소유자였다.

성격이 급하고 용맹스러우면서도 대단히 계획적이고 합리적인 면모를 갖추어 범접하기 어려운 카리스마의 소유자였던 그는 "천하는 나를 위해 존재한다. 정치는 나를 위해 실행된다. 내가 주권자다. 이제부터 나는 천하의 주권자가 되기 위해 싸움을 벌여나가겠다"고 단호하게 말했다고 전해진다. 모든 것이 자신을 중심으로 이루어진다는 자신감을 보여주는 오다 노부나가의 이 말은 그의 성격을 가감 없이 드러낸다. 그는 무서운 사람이었지만 개혁적이고 추진력 있는 정책을 빠르게 수행하는 파격적인 리더였다. 뛰어난 이해력과 빠르고 명석한 판단력으로

◆ 혼노시의 변을 당하는 노부나가

신흥 상인 세력과 협력해 상업을 발달시키고 토지개혁을 하는 등 통일
의 경제적 토대를 확고히 하는 여러 개혁정치를 단행하기도 했다.

새로운 문물을 받아들이는데도 신속함을 보여 스페인과 포르투갈
상인들을 통해 들어온 총포로 철포부대를 만들고 전술을 개발해 무장
으로서의 면모를 보였다. 그가 처음 창설했던 철포부대는 후에 도요토
미 히데요시가 일으킨 임진왜란에서 조선을 유린하는 데 한몫을 한다.
또 자신이 싸울 상대와 동맹해야 할 상대를 정확히 구분했으며 전투에
나서면 강한 카리스마를 발휘해 모두 벌벌 떨었다. 그러나 평소에는 평
민들과 어울려 노래하고 춤추는 소탈한 모습을 지니기도 했다고 전해
지니, 두렵고 종잡을 수 없지만 사랑할 수밖에 없는 타고난 매력을 지
닌 카리스마 리더가 노부나가였던 듯하다.

그러나 리더십은 타고난 매력에서 유래하는 선천적 카리스마에서만
나오는 것이 아니다. 현대 리더십 이론은 타고난 리더십도 중요하지만,
훈련과 노력을 통해 추종자들의 내면 욕구 체계와 가치관을 끌어올리

는 '변혁적 리더십transformational leadership'을 더 중시한다. 리더가 추종자들을 변혁시킬 수 있는 세 가지 방법은 카리스마, 지적 자극, 개별적 배려이다. 이에 비추어보면, 오다 노부나가는 매력 넘치는 카리스마는 있었으나 개별적 배려가 부족한 리더였다. 왜냐하면 그를 죽음으로 몰아간 부하는 그에게 마음의 상처를 받은 인물로 알려졌기 때문이다. 그의 리더십이 분명 카리스마 리더십이긴 했어도 부하 장수를 배려할 줄 아는 변혁적 리더십은 못되었던 것이다. 당시 노부나가의 세계관은 난세를 바로 잡을 수 있는 것은 오로지 '힘'이라고 확신했다고 전해진다. 그러므로 그가 잔혹하고 비정한 측면이 있었다는 점, 부하들을 자신의 독단과 의지대로 몰아갈 수밖에 없는 난세를 살았던 독재자형 리더였다는 점 또한 일견 이해되기도 한다. 변혁적 리더십의 모델은 뒤에 살펴볼 도쿠가와 이에야스의 리더십에서 그 전형을 찾을 수 있다.

울지 않는 두견새는 울게 만들라: 공명의 리더십

평민의 아들로 태어난 탓에 배우지 못해 글을 읽지 못하고 교양도 부족했던 도요토미 히데요시(1536~1598)는 작은 몸집에 쪼글쪼글하게 못생긴 원숭이 얼굴을 한 인물로 오다 노부나가의 최하급 무사였다가 천하를 통일하는 입지전적 인물이다. 가장 낮은 곳에서 가장 높은 곳으로 올라간 그는 언변이 능수능란하고 불같은 성격의 오다 노부나가의 기분을 잘 맞추었고 아부도 잘했다고 한다. 오다 노부나가의 말고삐를 잡던 도요토미가 주군 노부나가가 신발을 벗어놓을 때마다 그 신발을 자신의 품속에 넣어 따뜻하게 데웠다가 신겼다는 일화는 유명하다. 자신을 알아주는 주군을 위해 그가 했던 행동은 결국 일본 천하를 통일하고 대권을 거머쥐게 한 것이다.

아부에 능하고 언술이 뛰어났던 덕분인지 그는 인화에 있어서만큼은 타의 추종을 불허할 정도의 재능을 가진 사람이었다. 히데요시는 뛰어난 지략으로 노부나가의 총애를 받아 신분의 수직상승을 이루었고, 수많은 전투에서 지장으로서의 능력을 발휘한다. 그는 혼노시의 변을 계기로 노부나가라는 머리가 없어진 오다 세력을 규합하고, 문벌이나 실력에서 뛰어난 이에야스를 복속하면서 일본 통일을 이루어 천하의 주인이 된 것이다.

그의 관리 능력과 정치력은 일본 조정에 나가 태정대신에 봉해졌을 때 빛을 발한다. 그는 태정대신이라는 지위를 이용해 강력한 대영주들을 제압하고 그들의 교전권을 박탈한다. 또 무기를 몰수하고 해적질을 금지하는 등 일본을 병농분리 사회로 만들었다. 자신에게 대적할 수 있는 세력들을 무력화하면서 나라의 근간이 되는 농업을 장려해 국민의 삶을 전화戰禍에서 벗어나게 한 것이다. 도요토미 히데요시는 토지 조사를 통해 조세제도를 정비하고 화폐를 주조하는 등 근세 사회의 기초를 닦으며 화려한 모모야마 시대를 만들었지만, 그의 관리와 통솔은 지속되지 못한다. 그의 리더십의 근본적인 문제와 함께 임진왜란과 정유재란이라는 두 차례에 걸친 무리한 조선정벌을 감행하던 중 병으로 삶을 마감했기 때문이다.

노부나가가 카리스마 리더십을 발휘했다면 히데요시의 리더십은 '공명의 리더십'이라고 할 수 있다. 그는 일찍이 사람과 대결해 진 기억이

✦ 도요토미 히데요시 초상화

없을 만큼 상대가 강하면 부드럽게, 부드러우면 강하게, 노하면 웃고, 울면 위로해서 반드시 자신이 마음먹은 대로 상대를 손아귀에 넣어 쥐락펴락할 수 있노라고 자신했다고 한다. 이러한 그의 자신감과 수완은 인간관계가 좋고 사람을 잘 조종하며 꾀가 많다는 장점에도 불구하고, 사람들이 그를 신뢰할 수 없는 인간으로 간주하는 결과를 빚었다.

　도요토미 히데요시는 타고난 비상한 머리와 재능으로 공명의 리더십을 발휘했으나 그 공명의 리더십이 상대의 무한 신뢰까지 끌어내지는 못했다. 공감을 얻지 못했기에 그는 상대를 감복시키지는 못했다. 그의 지략과 수완은 상대를 감동에까지 이르게 할 수는 없었던 것이다. 말하자면 그의 리더십은 현대 경영학에서 이론화한, 추종자의 욕구체계와 가치관을 내면에서 바꾸는 변혁적 리더십의 반대 개념인 '거래적 리더십_{transactional leadership}'이었던 것이다. 이는 리더가 추종자들에게 혜택과 이익을 베풀면 추종자들은 그 보답으로 리더에게 더 충성을 바치는 리더와 추종자들 간의 거래현상을 의미한다. 다시 말하면 조건적 보상과 냉정한 관리에 의해 관계가 지속되는 것이다. 그런 이유 때문인지 히데요시가 죽은 후 얼마 안 가서 후손이 단절되기에 이르고, 마침내 이에야스에 의해 멸문되고 만다. 오사카 성의 번영과 천하의 통일은 화무십일홍花無十日紅으로 그의 대에서 끊기고 말았던 것이다.

> 이슬로 태어나 이슬로 사라질 운명이던가. 나니와(오사카)의 영화는 꿈속의 또 꿈

그가 63세로 눈을 감기 전 남긴 시 한 수이다. 불 속에서 자결한 오다 노부나가나 무리한 전쟁으로 고초를 겪으며 쓰러져간 도요토미 히데요시를 반면교사로 삼았던 도쿠가와 이에야스는 평생을 참고 양보하고 또 참으면서 힘을 키워 천하를 얻는다. 도쿠가와 이에야스는 두 선배 영웅들의 전철을 밟지 않으며 수백 년을 지속하는 에도 막부를 연 인물이다.

울지 않는 두견새는 울 때까지 기다려라: 감복의 리더십

조용하고 인내심이 많고 느긋한 대기만성형 인물이 도쿠가와 이에야스다. 마쓰다이라 가문의 도쿠가와 이에야스(1543~1616)는 제후들의 흥망성쇠가 거듭되는 혼란기에 태어나, 2세에 생모와 이별하고 6세부

터 19세가 될 때까지 볼모와 인질로 살았다. 그를 양육한 사람은 할머니 겐요니와 스승 셋사이였다. 셋사이는 어린 이에야스에게 이렇게 가르쳤다.

"너는 대장이 되고 싶으냐, 부하가 되고 싶으냐? 부하는 마음이 편하다. 목숨도 입도 주인에게 맡기면 된다. 그러나 대장은 그럴 수 없다. 무술 연마는 물론 학문을 닦아야 하고 예의도 지켜야 한다. 좋은 부하를 가지려면 내 식사를 줄이더라도 부하를 굶주리게 해서는 안 된다. 맛있는 것을 먹지 않으면 살이 찌지 않는다고 생각하겠지만, 그것은 부하나 생각하는 일. 대장은 아지랑이를 먹고도 통통하게 살찌고 배에서 꼬르륵 소리가 나도 얼굴은 싱글벙글 웃고 있어야 한다."[36]

이처럼 그는 어린 시절부터 곤경에 처해 있었으나 리더로 훈련받은 인물이었다.

타고난 카리스마 리더십을 가졌던 오다 노부나가와는 달리 그는 고통과 어려움으로 훈련된 카리스마를 지닌 균형감 있는 변혁적 리더였다. 또한 예전부터 마쓰다이라 가문에는 충성스러운 가신들이 많았던 것으로 전해진다. 부하의 습격을 받아 죽은 노부나가나 교활해서 진정한 자기 사람을 갖지 못한 히데요시와는 달리, 유난히 심복들이 많았던 이에야스는 가신들을 통솔하는 데 매우 뛰어난 리더십을 보여주었다. 이런 이에야스의 리더십은 현대 경영학이 말하는 '변혁적 리더십'의 훌륭한 모델로 보인다.

그는 자신의 후계자가 되어 막부를 이어갈 아들에게 대장과 부하들에 대한 관계를 다음과 같이 설명했는데, 여기에서 그가 얼마나 도덕성을 겸비한 인물이었는지 알 수 있다.

✦ 도쿠가와 이에야스의 초상화

"부하란 녹으로 붙들어도 아니 되고, 가까이해서도 아니 되며, 화나게 해서도 아니 되고, 방심시켜서도 아니 된다. 부하란 대장의 인품에 반하게 하지 않으면 아니 되는 것이다. 다른 말로 심복이라고도 하는데, 심복이란 사리를 초월한 데서 생겨난다. 감탄시키고 감탄시킴으로써 좋아서 어쩔 줄 모르게 만들어 가는 것이야. 체력도 가신보다 뛰어나야 한다. 참을성과 아끼는 것도 가신보다 더하고, 생각하는 바도 가신을 넘어서야 겨우 가신들이 너한테 반하고 존경하며 떠나지 않지."

한편, 그의 부하들은 주군에 관해 이렇게 말했다.

"주군은 처음에 용감한 무장이셨다. 그러더니 사려 깊은 무장이 되고, 요즘은 부처님의 길을 걷는 분이 되셨다. 부처님의 길은 사람을 베는 게 아니고, 싸움을 잘하는 것도 아니며, 한 사람이라도 많이 살리는 것이고 한 사람이라도 많이 키우는 것이라며, 강한 것만이 무장이 아니라고 말씀하신다."

조직이 강성해지면서 성장하고 변화하는 추종자들의 내면적 욕구를 향상시키고 불러일으키는 것을 '변혁적 리더십'이라고 할 때, 주군 이에야스와 그의 충성스러운 가신들의 관계는 모범적인 전형을 보여준다. 그러나 그의 관리와 통솔의 방식은 자신의 가신들만 챙기는 것은 아니었다. 이에야스는 외부 영주들에 비해 가신 출신 영주들에게 결코 많은 녹봉을 주지 않았다. 대대로 내려온 가신들은 필요불가결한 존재로 중심에 존재하고 외부 대영주들이 자발적으로 그 중심에서 협력해 나가는 방식이 그가 통치하는 방식이었다. 다만 지위를 세습하며 그들에게만 정치권력을 주어 불만이 생기는 일이 없도록 했다. 그가 사람을 다루는 방식은 확실하게 선을 긋고 그 안에서 공평하게 대하는 것이었다. 가진 것을 혹은 얻은 것을 공평하게 나누는 것이야말로 조직을 오래도록 평화롭게 유지하는 데 무엇보다 중요할 것이다. 이러한 관리와 통솔의 과정은 국가경영으로 이어져 300년 가까운 시간 동안 일본은 '에도 시대'라는 태평성대를 누릴 수 있었다.

이에야스는 '정치란, 백성을 기쁘게 해주고 납득시키는 일'이라고 생각했다. 이 세상의 역사는 그 누구도 가로막을 수 없는 힘에 의해 어떤 방향으로 나아가는데 그것을 이에야스는 "민심이 향하는 곳"이라 표현했다. 가장 많은 백성이 바라는 것, 그것이 좋은 정치이며 국가 경영의 길이라는 것을 이에야스는 평생 마음에 새겼으며 그의 판단처럼 역사는 늘 그 방향으로 조용히 흘러갔다. 흥미로운 점은 이에야스의 통솔과 정치의 이데올로기가 그가 평생 스승으로 여겼던 조선의 퇴계 이황의 '경敬' 사상에서 비롯되었다는 점이다.

이에야스는 '백성을 다스림에 덕이 먼저냐, 법이 먼저냐를 단단히 머릿속에 넣어두지 않으면 잔인한 통치자가 된다'고 여겼다. 남의 고통을 헤아리는 인정에서 출발하는 덕이 먼저고 법은 모두가 납득한 약속이

✦ 세키가하라 전투를 그린 병풍

라 생각했다. 그는 약속이 위선이나 강제로 이루어질 수밖에 없을 때 악정惡政이 되고 악정은 난세로 통한다고 믿었다. 그러므로 선정善政이란 반드시 백성이 납득하는 데서 비롯된다는 신념을 가지고 있었다. 그의 정치사상은 다름 아닌 백성에 대한 설득력이고 이러한 설득력을 바탕으로 하는 것이 통치자가 일상생활 속에서 쌓아올리는 덕이라 여겼다. 백성이 납득하지 않는다면 어떤 정치도 무의미하다고 보았던 것이다. 동양적 관리와 통솔, 정치의 덕장으로 도쿠가와 이에야스의 리더십은 성공적이었다. 이에야스는 울지 않는 두견새라도 끝까지 인내하면서 때를 기다려 스스로 울도록 변화시키는 감복의 리더십을 보였던 변혁적 리더였음이 틀림없다.

　도요토미 히데요시가 통치하던 시절, 대부분의 다이묘가 조선정벌에 힘을 소진할 때 이에야스는 자신의 군사력을 그대로 보존해 히데요시가 죽자 일본의 최강자로 부상하는 기회를 만난다. 인내와 인고의 세월이 가져온 결과였다. 그러나 이에야스는 바로 전면에 나서지 않고 장녀 센히메와 히데요시의 아들 히데요리를 혼인시켜 도요토미 가문의 보호자를 자처한다. 그러나 도요토미 세력과의 마지막 전투인 세키가하라 전투에서 승리함으로써 도쿠가와 이에야스는 에도 막부를 열고 명실상부한 쇼군의 자리에 오른다. 하지만 그는 일본 통일을 완성하기 위해 오사카 성을 공격해 사위 히데요리를 죽이는 비정함을 보여주기도 한다.

74세에 죽음을 앞두고 그는 아들에게 쇼군의 자리를 물려주며 다음과 같이 당부한다.

"이제 쇼군에게 모두 물려주지만, 쇼군의 것이 아니다. 그러므로 자신을 위해 써서는 아니 된다. 알고 있겠지? 인간에게 나의 것이란 하나도 없다는 사실을……. 내 몸도, 마음도, 물이며 빛이며 공기처럼 금은 재화는 물론 내 아들, 내 손자까지 무엇하나 내 소유인 것은 없다. 이 세상 만물은 누구의 것도 아닌 모두의 것, 그 모두의 것을 신불로부터 잠시 맡아 있는 데 지나지 않는다. 그러니 내가 맡았던 것을 이제 쇼군이 맡아 앞으로 이 세상의 평화를 해치는 반역 무리가 나올 경우 그들을 타도하는 군사 비용과, 흉년에 백성을 굶주리게 하지 않고 천재지변에 대비하는 비용으로 쓰도록 하라. 너에게 건네기는 하나 네 것이 아니니 결코 사사로이 사용하면 아니 된다."

혁명적 과업의 완수를 목전에 두고 쓰러져버린 노부나가나 히데요시와는 달리 도쿠가와 막부의 300년에 이르는 장기 집권이 뛰어난 경영의 전형으로 평가받는 이유가 담긴 유훈이다. 성공적인 관리·통솔·정치는 백성을 내 몸같이 섬기는 것에서 시작된다.

8
PART

위기관리,
전략적 리더십

아테나처럼 위기를 지혜로 대처하라

'지혜의 여신' 아테나의 위기관리

그리스 신화에는 '지혜'의 여신 아테나가 자신에게 닥쳐온 위기를 최선의 결과로 바꿔놓는 유명한 일화가 있으니, 바로 그녀의 수양아들 격인 에리크토니오스의 탄생과 성장에 관한 이야기다.

한번은 무기를 손보려고 그의 일터를 찾아온 아테나를 대장장이 신 헤파이스토스가 겁탈하려고 덤벼든 일이 있었다. 평소에 아테나에게 유감이 많던 해신 포세이돈이 어리숙한 헤파이스토스를 은밀히 부추겨 일어난 일이었다. 그러나 아테나는 전쟁의 여신이기도 했다. 전투에 지는 일이 없는 그녀가 절름발이 대장장이 신의 어설픈 완력에 당할 리가 없었다. 갑자기 달려드는 헤파이스토스를 피해 여신이 살짝 옆으로 비켜서자 잔뜩 흥분한 대장장이 신은 그녀의 다리에다 정액을 쏟고는 무안해서 얼굴을 붉히며 밖으로 나가버렸다.

✦ 파리스 보돈, 〈덤벼드는 헤파이스토스를 뿌리치는 아테나〉

✦ 가이아가 에리크토니오스를 아테나에게 넘기는 장면

아테나는 잠시 생각해보더니 대수롭지 않다는 듯 옆에 놓여 있던 양털을 집어 다리에 묻은 액체를 닦아 바닥에 버리고 집으로 돌아갔다. 그 양털에 묻어 있던 헤파이스토스의 정액이 땅에 스며들어 에리크토니오스(대지가 낳은 자라는 뜻)라는 아기가 태어난다. 대지의 여신 가이아는 이 아기를 어떻게 할 것인지 알아서 처리하라고 아테나 여신에게 맡겼다. 아테나는 아기를 받아 바구니에 넣은 다음 아티카의 왕 케크롭스_{Cecrops}를 찾아가 왕의 딸들에게 맡기며 절대로 그 안을 들여다보지 말라고 일렀다. 그러나 하지 말라고 하면 더 하고 싶은 것이 인간의 마음이다. 바구니 안에 무엇이 들었는지 궁금해 도저히 참을 수 없게 된 케크롭스의 두 딸은 결국 뚜껑을 열고 말았다. 그리고 안에 들어 있던 아랫도리가 뱀인 아기를 보고는 너무 놀라서 정신이 나가 아크로폴리스에서 뛰어내려 죽고 말았다.

그런 일이 있은 후 아테나 여신은 아기를 도로 찾아다 자신의 신전에서 손수 가르치며 키웠다. 그동안 아테나는 케크롭스가 다스렸던 아티카 지역의 수호신 자리를 놓고 포세이돈과 경합해 이겼고, 그곳은 수호여신 아테나의 이름을 따 아테나이로 불리게 되었다. 여신은 이렇게 자신의 영역이 된 아테나이에 그사이 훌륭한 청년으로 자라난 에리크토니오스를 왕으로 앉혔다. 일설에 의하면 케크롭스 왕 또한 몸의 아래쪽은 뱀이었다고도 한다. 그는 생긴 모습은 기괴했지만 현명한 군주여서 사람이나 동물을 죽여 희생 제물로 바치던 전래의 관습을 바꿔 곡물로 대신하도록 시키고 일부일처제를 정착시키는 등 합리적인 통치를 한 명군이었다. 그 손에 아기를 맡겨 키우려 했던 케크롭스의 행적이 이러할진대 아테나 여신이 손수 가르치고 키워냈으니 아들이나 마찬가지

✦ 가이아에게서 에리크토니오스를 받는 아테나가 그려진 그리스 우표　✦ 파르테논 신전

인 에리크토니오스야 말해 무엇하겠는가.

　왕이 된 에리크토니오스의 통치는 훌륭했다. 그는 나라에 화폐제도를 도입하고 전차를 발명했으며, 아티카 전역에 아테나 숭배를 정착시켰다. 올리브 나무로 아테나 신상을 깎아 아크로폴리스에 세우고 그들의 수호 여신을 기리는 판 아테나이아 축제를 시작한 것도 그였다. 그렇게 해서 에리크토니오스는 훗날 눈부신 모습을 드러내는 아테나이 문명의 시조가 되었다. 손재주 좋은 헤파이스토스의 자식이어서 그랬던지 에리크토니오스는 발명에도 능해 오늘날의 휠체어처럼 생긴 일종의 자가용을 고안해서 타고 다녔다고 한다.

　에리크토니오스의 자취는 지금도 아크로폴리스 언덕 파르테논 신전의 북쪽에 있는 유적 에레크테이온에서 볼 수 있다. 에리크토니오스의 이름을 딴 이 건물은 원래 이 전설적인 왕의 궁전이 있던 곳에 지어진 것으로, 특이하게도 처녀들의 조각상이 지붕을 받치며 기둥을 대신하고 있어 눈길을 끈다. 파르테논 신전의 부조들에는 그가 창설한 판 아테나이 축제를 묘사한 장면들이 다양하게 들어 있다.

　이 이야기에서 우리의 눈길을 끄는 것은 무엇보다 지혜의 여신 아테나의 위기대응 방식이다. 만약 다른 처녀 신, 예를 들어 사냥의 여신 아르테미스였다면 엉뚱한 욕정을 품고 겁탈하려 덤벼든 헤파이스토스에게 어떤 반응을 보였을까? 아마 불같이 화를 내며 가차 없이 복수했을 것이다. 실제로 아르테미스는 숲 속에서 목욕하는 자신의 알몸을 우연히 훔쳐본 사냥꾼 악타이온을 그 자리에서 사슴으로 변하게 해 그가 데리고 다니던 사냥개에게 물리고 찢겨 죽게 만든 일이 있었다. 그녀와 비교해보면 아테나의 처신이나 마음 씀씀이는 사람들이 일반적으로 젊은 여성에게 기대하는 바와는 매우 다른 면모를 드러낸다. 아테나는 처녀 신이면서도 마치 산전수전 다 겪고 생의 끝자락에 선 사려 깊은 노파나 할 수 있는 판단과 행동을 하는 것이다. 걸맞지 않은 폭력에 만만히 당하지도 않지만, 순진한 헤파이스토스에게 무슨 악의가 있었던 것이 아님을 알기에 쓸데없이 수선을 피우고 문제 삼지도 않는다.

참으로 감탄스러운 것은 그다음이다. 자신을 겁탈하려던 자로 인해 생겨난 아기라면 혐오감을 느껴 마땅한 그 상황에, 더구나 하반신이 뱀인 기괴한 모습의 아이를 군말 없이 받아들이고 그 상황에서 전개 가능한 어느 시나리오와도 비교할 수 없는 최고의 결과를 이끌어내는 영특함이다. 처녀 신에게 겁탈 미수 사건은 커다란 위기임이 틀림없다. 그런데 아테나는 그 위기를 대대손손 유익한 일의 기회로 삼은 것이다. 처녀 신의 수치, 기술적 재능으로는 타의 추종을 불허하는 대장장이 신의 오명, 태어나자마자 모진 수난을 당해야 하는 어린 생명의 불행을 모두 막고 일의 방향을 완전히 틀어 대단히 창의적인 방식으로 신들과 인간 세상 전체에 이익이 되고 그 자신의 영광이 되도록 했다.

아테나의 사태 파악은 정확했다. 하반신이 뱀 꼬리일망정 기술의 신

＋ 아크로폴리스 파르테논 신전 북쪽의 에레크테이온

헤파이스토스의 재능을 물려받은 자식이라면 그 가능성을 실현시켜 주는 것이 아기는 물론 모두에게 유익했기에, 현군이며 생김새도 비슷한 케크롭스 왕의 궁전으로 일단 데려간 것이다. 그러나 호기심 많은 왕의 딸들이 지시를 어기고 일을 망치자 그녀는 직접 나서서 아기를 가르치고 키운다. 처녀 신의 운명에 자식이 있을 리 없겠지만, 아테나는 에리크토니오스를 양육함으로써 아들이자 제자를 가지게 된 셈이고, 그를 제대로 가르쳐 자신이 수호하는 도시 국가 아테나이의 왕좌에 앉힘으로써 세상을 두루 이롭게 한다. 아들이자 제자인 왕은 어머니이자 스승이자 수호여신인 아테나를 기리는 축제를 창설하고 대대손손 번영하며 이 여신의 영광을 빛나게 한다. 그 문화의 유산을 오늘날 우리 또

✦ 판 아테나이 축제 기마행렬을 묘사한 파르테논 신전 부조

한 누리고 있으니 생각할수록 감회가 깊은 일이다. 밝고 환한 광명의 신 제우스가 왜 이 딸을 가장 귀하게 여기며 아꼈던지 충분히 이해가 간다.

메두사의 불경에 대한 아테나의 대응

아테나가 늘 관대하기만 한 것은 아니었다. 의로운 용기는 누구보다 사랑했지만, 분별없는 욕심과 어리석은 오만은 절대 그냥 넘기는 법이 없었다. 아테나의 방패에 혹은 갑옷에 아이콘처럼 달린 메두사의 머리는 이에 대한 증명이요 경고라고 보아도 좋을 것이다. 메두사는 원래 눈부시도록 아름다운 처녀로 아테나 신전에서 여신을 모시는 사제였다. 그녀는 머리카락이 유난히 아름다웠는데, 자신의 아름다움을 잘 알고 있었고, 기회만 있으면 우쭐거리며 자랑했다. 그러더니 급기야 제 머리카락이 아테나 여신의 것보다 더 아름답다는 소리를 공공연히 하고 다녔다. 그것만 해도 신의 노여움을 사기에 충분했건만 불경은 거기서 그치지 않았다. 워낙 아름다우니 해신 포세이돈이 그녀를 탐내고 있었는데, 어느 날 처녀 신인 아테나의 신전에서 해신과 사랑을 나누는 엄청난 불경을 저지르고 말았다.

노한 아테나는 이 오만방자한 메두사를 차마 눈 뜨고 볼 수 없는 흉측한 괴물로 만들어버렸다. 아름답다고 자랑하던 그 머리카락을 올올이 뱀으로 바꾸어 누구든 그 모습을 보는 순간 너무 무서워 오금을 못 펴고 그 자리에서 돌로 굳어지게 만들었다. 그런데 얼마 후 영웅 페르세우스가 아테나의 신전으로 찾아온다. 아직 소년티가 남아 있는 이 영웅은 제우스가 황금의 빗물로 변해 땅속 청동 방으로 스며들어 다나에를 사랑해 낳은 아들이었다.

폴리덱테스라는 폭군이 아름다운 다나에를 차지하기 위해 그녀의 아들 페르세우스를 제거하려고 메두사의 목을 베어오라는 과제를 냈다. 그때 메두사는 이미 보는 이를 석화시키는 권능으로 유명했으니, 실은 페르세우스더러 메두사의 동굴 앞 돌덩이가 되어 영원히 돌아오지 말라는 말이나 다름없었다. 어찌하면 메두사를 찾아 목을 베어올 수 있을지 도움을 구하기 위해 신전으로 찾아온 페르세우스에게 아테나는 신녀들을 시켜 필요한 모든 장비를 내어준다. 메두사가 사는 곳까지 한

✦ 번 존스, 〈페가소스와 크리사오르의 탄생〉

순간에 날아갈 수 있는 헤르메스의 샌들, 번쩍이게 잘 닦여 거울처럼 빛나는 아테나의 방패, 세상 무엇이라도 자를 수 있는 저승 왕 하데스의 금강검과 무서운 권능을 지닌 메두사의 머리라도 능히 담아 나를 수 있는 하데스의 자루를 모두 빌려주었다.

페르세우스는 헤르메스의 샌들 덕분에 메두사가 사는 동굴 앞까지 쉽게 날아갈 수 있었다. 문제는 보는 순간 돌로 굳어지게 하는 메두사의 머리를 대체 어떻게 자르느냐 하는 것이었다. 영웅은 잘 닦여 거울처럼 사물을 비추어 볼 수 있는 아테나의 방패를 이용했다. 그는 돌아서서 방패를 거울삼아 비추어 보며 뒷걸음질로 동굴 안에 들어갔고, 잠에서 깨어 일어나는 메두사의 목을 금강검으로 단칼에 치고 얼른 하데스의 자루에 집어넣었다. 메두사의 목을 베자 그녀의 몸에서 피가 솟구쳤고 이와 함께 포세이돈이 잉태시켜 놓은 날개 달린 천마 페가소스와 황금검을 든 용사 크리사오르가 튀어나왔다. 페르세우스는 지체 없이 날아올라 어머니를 구하기 위해 집을 향해 날았다. 도중에 가지고 있던 장비를 이용해 바닷가 바위절벽에 알몸으로 묶여 바다 괴물의 제물로 바쳐져 있던 아름다운 에티오피아의 공주 안드로메다를 구하고 그녀를 아내로 얻게 된다. 괴물이 나타나 공주에게 다가오자 가까이 날아올라 자루에서 메두사의 머리를 꺼내 눈앞에 들이밀어 괴물이 석화되려는 그 순간 금강검으로 목을 쳐버린 것이다.

폴리덱테스에게로 가 메두사의 머리를 내밀어 그의 궁전을 온통 돌밭으로 만들어버린 페르세우스는 어머니를 구하는 일이 끝나자 아테나 신전으로 찾아가 빌린 장비들과 함께 베어온 메두사의 목을 아테나 여신에게 바쳤다. 여신은 메두사의 머리를 받아 들더니 그것을 자신의 방패에 달았다. 혹은 자신이 입고 있는 갑옷 아이기스의 가슴에 달았다고도 한다. 아테나의 방패나 갑옷에 달린 메두사의 머리는 전투에서 상대가 무서워 굳어지게 하는 실질적인 효과가 있었다. 또한 평상시에 아테나의 방패를 볼 때마다 사람들은 기막힌 아름다움이 더할 수 없이 무서운 흉측함으로 변할 수도 있다는 이치를 되새기지 않을 수 없었을 것이다. 이는 오만에 대한 추상같은 경고 기능을 하는 것이다. 아테나의 방패라면 그것은 바로 '지혜'의 방패이고, 지혜란 바로 맞붙어 있는 사안의 양면을 보는 힘이기 때문이다. 메두사에게 아름다움은 장점이고 자랑거리였지만 그녀는 바로 그 아름다움과 그로 인한 오만 때문에 엄청난 대가를 치르게 되었다는 점을 되새기게 하는 것이다.

메두사 사건은 아테나 여신에게 있어 요즘으로 치면 최측근의 반란쯤 되는 위기 상황이었다고 볼 수 있다. 그 불경을 가차 없이 치고 엄하게 벌함으로써 이 여신은 자신의 힘과 위엄을 보였다. 그리고 훗날 도움을 구해 찾아온 영웅 페르세우스를 통해, 한편으론 이 배다른 동생의 영웅으로서의 여정을 돕고 궁극적으론 그가 베어온 메두사의 머리를 자신의 방패에 달아 '지혜'가 전하는 잊지 못할 경고로 되새기게 했다. 이는 이 총명한 여신의 또 다른 위기 대응 방식을 보여주는 좋은 사례라고 할 수 있다.

브리지스톤의 CEO 아라카와 쇼지의 위기대처법

급격히 변하는 생활환경 속에서 현대인의 삶은 어떤 의미에서는 이미 그 자체로 모험의 연속과도 같다. 오늘날 조직을 이끄는 리더는 분야를 막론하고 상시 위기를 염두에 두고 일을 추진할 수밖에 없는 상황에 이르렀다. 리더에게 위기관리란 이제 필요불가결한 능력이 된 것이다. 유능한 리더는 위기가 닥쳐왔을 때 적극적이고 능동적인 대처로 오히려 상황을 역전시키는 지혜와 순발력을 발휘한다. 위기를 기회로 삼는 것이다.

위기는 거의 언제나 변화와 함께 닥쳐온다. 따라서 위기에 적극 대처하기 위해선 우선 그 위기를 몰고 온 변화의 본질이 무엇인지를 파악하고, 시대와 상황을 지배하는 트렌드와 그렇게 된 원인을 알아내는 일이 선행되어야 한다. 그리고 위기를 극복하는 방법을 모색하는 과정에서 여러 가지 대응 방식에 따라오는 다양한 결과들이 예상되기 마련이다. 이렇게 조처했을 때는 이런 결과가 나오고, 저렇게 대응했을 때는 저런 결과가 나올 수 있다는 구체적 시나리오들이 세부적으로 검토되는 것이다. 그러나 닥쳐온 위기를 극복하되 그저 무사히 넘기는 정도에서 그치지 않고 상황을 역전시켜 최상의 결과를 창출해내기 위해서는, 경험에서 우러나온 냉철한 판단 외에 기발한 상상력과 창의성이 필요하다.

현재 세계 최대 타이어 기업인 브리지스톤Bridgestone Corporation은 1931년 창업해 원래는 일본의 전통 버선을 생산하던 회사로, 미끄러지지 않는 버선을 만들겠다고 버선 바닥에 고무를 부착시키다가 타이어 시장에 진출하게 된 특이한 배경을 가지고 있다. 일본 자동차 시장이 대단한 호황을 누리던 시기에 급성장한 브리지스톤은 1988년 미국의 파이어스톤Firestone을 인수하며 세계적인 기업으로 부상한다. 2007년 이후 세계에서 타이어 시장 점유율과 매출액 모두 1위 자리를 지키고 있는 이

기업의 위기관리와 대처 방식은 주목할 만하다.

2006년 브리지스톤의 CEO로 취임해 여러 개혁을 단행한 아라카와 쇼지는 회사의 탄탄한 경쟁력을 확보하기 위해 빈틈없는 경영과 성공적인 위기관리를 한 인물로 유명하다. 타이어 시장에서 신흥국들의 브랜드가 저가 공세를 펼치며 위협적으로 밀려오자 아라카와는 그 위기에 대한 대응으로 오히려 고도의 기술력이 필요한 고기능 상품개발에 나섰다. 타이어 원재료의 분자구조를 나노미터 단위로 설계하고 제어하는 기술을 개발해, 편안한 승차감을 유지하면서도 회전저항을 줄여 연비를 획기적으로 개선한 고급 타이어를 내놓은 것이다. 놀랍게도 이 타이어는 펑크가 나도 80킬로미터를 계속 달리면서도 승차감의 변화를 거의 느끼지 못할 정도였다.

누구도 따라올 수 없는 최고의 기술로 경쟁하는 한편 그가 추진한 또 하나의 중요한 개혁은 글로벌한 거대기업에 맞는 치밀한 조직 시스템을 만드는 일이었다. 지역에 따라 차이가 크게 나던 기술 수준을 표준화하고, 매뉴얼화하기 어려운 고급 숙련기술자의 경험이나 감각을 보존하고 전수하기 위해 그들의 작업 광경을 비디오로 촬영하게 했다. 그리고 그 녹화된 비디오를 가지고 숙련기술자가 젊은 기술자를 지도하게 했다. 또 숙련기술자가 바뀌더라도 가르치는 방식이 일정하도록 '마스터 인스트럭터', 즉 선생님의 선생님까지 미리 정해두고 기술교육과 조직에 일체감과 신속함을 불어넣었다.

아라카와가 이룩한 최고의 기술력과 탄탄한 조직개혁은 위기 상황에 더 큰 힘을 발휘했다. 글로벌 금융위기가 닥치자 그는 한 걸음 더 나아가 '조직의 수직통합'을 선언하고 원재료 생산에서 타이어 제조, 소매

점 판매까지 전 과정을 수직통합 체제로 묶었다. 그럼으로써 극심한 수급변동 상황에 안정적으로 대처할 수 있었고, 다른 한편으론 좀 더 높은 수준의 기술개발에 도전할 수 있었다. 수직통합을 이루어가는 과정에서 브리지스톤은 타이어 고무 원료인 카본블랙 제조사를 인수해 제품 품질을 원천적으로 끌어올렸다. 이를 통해 외부에서 닥쳐온 위기 상황 속에서도 원가경쟁력과 기술력 향상이라는 두 마리 토끼를 잡을 수 있었다. 현재 타이에 있는 브리지스톤의 카본블랙 제조사는 업계에서 타의 추종을 불허하는 우수한 제품을 만들어내는 곳으로 유명하다.

아라카와의 창의경영은 한 걸음 더 나아가 위기의 시대에 새로운 사업에 투자하는 공격적인 방식을 취했다. 재생 타이어와 광산용 타이어 사업에 경영자원을 쏟아 부은 것이다. 재생 타이어 사업은 신제품 수요를 잠식할 우려가 있어 내부 반발도 심했지만 아라카와는 이 문제를 주요 고객인 물류업체의 예산에 맞추어 재생 타이어와 신제품 비율을 세밀하게 조절하는 전략으로 극복했다. 불황에 별 영향을 받지 않는 광산용 타이어 시장을 선점하려는 노력 또한 브리지스톤의 위기 극복에 큰 도움이 되었다. 2009년 640억 엔을 들여 광산용 타이어 공장을 추가로 건설한 브리지스톤은 2012년 현재 세계 광산용 타이어 시장 점유율의 60퍼센트를 차지하고 있다.

오디세우스, 임기응변으로
불의를 응징하다

영웅 오디세우스의 위기관리 능력

'위기관리'란 불확실한 상황에 처했을 때 앞으로의 일을 예측하여 전략을 세워 준비하고, 돌발 상황에 대처함으로써 위기를 극복하여 과제를 성공적으로 마무리하는 것을 뜻한다. 이 글에서는 호메로스의 서사시 「오디세이아」를 중심으로 영웅 오디세우스가 어떻게 위기를 관리해 목표에 도달하는지 살펴보고자 한다.

서사시 「오디세이아」는 영웅의 귀향과 정의의 실현에 관한 이야기다. 트로이를 정복한 오디세우스는 온갖 시련과 유혹을 극복하고 고향에 돌아와서, 자신의 가정을 위협한 구혼자들을 응징해 정의를 실현한 영웅이다. 그런데 오디세우스는 어떤 영웅보다도 영리하고 교활한 영웅으로 잘 알려졌다. 「오디세이아」의 서시에는 오디세우스가 어떤 영웅인지 잘 나타나 있다.

들려주소서, 무사 여신이여! 트로이의 신성한 도시를 파괴한 뒤/ 많이도 떠돌아다녔던 임기응변에 능한 그 사람의 이야기를,/ 그는 수많은 사람들의 도시들을 보았고 그들의 마음을 알았으며[37]

서시에서 오디세우스의 성격을 잘 나타내는 수식어구로 "임기응변에 능한(그리스 어로 폴리트로포스polytropos)"이라는 표현이 사용되고 있음을 알 수 있다. 이 수식어구는 "여러 방식으로 전환하는(영어로 turning many ways)"이라는 뜻이 있다. 다시 말해서 오디세우스는 어떤 상황에 처하더라도 적절한 방법을 사용해 위기를 극복할 수 있는 영웅이라는 뜻이다. 이러한 수식어구를 보더라도 오디세우스야말로 위기관리의 리더십을 잘 발휘하는 영웅이라는 것을 알 수 있다.

「오디세이아」에 나타나는 다른 수식어구로 "많은 계략을 가지고 있는(그리스 어로 폴리메티스polymetis)"을 들 수 있다. 이는 오디세우스가 간계와 지략을 사용해 승리하는 영웅이라는 뜻이다. 한편 오디세우스의 또 다른 수식어구인 "많이 참는(그리스 어로 폴리틀라스polytlas)"은 그가 인내하는 영웅임을 상기시킨다.

오디세우스도 호메로스의 영웅으로서 무례한 대접에 민감하게 반응하고 모욕을 당하면 참을 수 없는 분노를 표출한다. 하지만 민간설화에 자주 등장하는 캐릭터인 속임수꾼 트릭스터trickster의 성격도 있다. 이러한 영웅을 보살피고 도와주는 신이 바로 아테나 여신이다. 투구를 쓰고 방패를 든 이 여신은 군사적인 전략으로 적을 제압해 승리하는 여신으로 불린다. 이러한 여신의 특성은 오디세우스의 영리하고 교활한 성격과 많은 공통점을 가진다.

오디세우스가 계략과 인내의 영웅이라는 사실은 트로이 전쟁의 수행 과정에서도 잘 나타난다. 트로이 원정이 10년이 되어가자, 원정군의 사기가 땅에 떨어지고 원정군 자체가 와해될지도 모르는 위기가 찾아온다. 이러한 상황에서 오디세우스는 목마를 고안해낸다. 목마를 만들게 해 그 안에 50명의 정예 장수들을 매복하게 하고 목마에는 귀향을 위해 아테나 여신에게 바친다는 글귀를 새겨 넣게 한다.

나머지 원정군은 막사를 불태우고 테네도스 섬으로 철수한다. 원정군이 떠나고 그 진영이 불타 있는 것을 확인한 트로이인들은 기뻐한다. 하지만 바닷가에 남겨진 목마를 어떻게 처리할지가 문제다. 카산드라가 목마의 위험성을 예언하고 라오콘도 그것을 경고했지만, 마침내 트로이인들은 목마를 성 안으로 들이기로 결정한다. 목마를 신들에게 바친 선물로 생각했기 때문이다.

밤이 되자 신호를 확인한 원정군은 몰래 트로이로 접근한다. 트로이 정복 작전이 계획대로 순조롭게 전개되는 과정에서 돌발 상황이 발생한다. 헬레네가 그리스 장수들의 아내 목소리를 흉내 내며 목마 주위를 돌자, 목마 안에서 숨죽여 때를 기다리고 있던 여러 장수가 마음의 동요를 일으키고 그중 하나가 대답하려고 한다. 그러자 오디세우스가 그의 입을 막아서 소리가 새어나가지 않게 한다. 위기의 순간을 잘 넘긴 것이다.

기쁨과 술에 취한 트로이인들 모두가 잠이 들자 장수들이 목마에서 나와 성문을 열어 원정군이 밀려들어오게 한다. 많은 트로이인이 살육되어 트로이는 마침내 정복되고 만다. 이러한 짧은 일화를 보면 영웅 오디세우스가 어떻게 위기 상황을 극복하고 그 상황에 대처하는지 잘

✦ 트로이의 목마

엿볼 수 있다.

　그러면 서사시 「오디세이아」를 중심으로 영웅 오디세우스가 어떻게 위기를 관리하고 극복하는지 더욱 구체적으로 살펴보고자 한다. 외눈박이 거인에게 죽임을 당하는 위기를 어떻게 관리하는지, 가정을 위협하는 구혼자들을 어떻게 응징하는지, 그리고 아내 페넬로페의 시험에 어떻게 반응해 부부의 재회가 이루어지는지 이 세 가지 일화를 통해 오디세우스의 위기관리 리더십을 알아보자.

위기관리 1: 식인거인 폴리페모스를 물리치다

키클롭스들의 섬에 도착한 오디세우스와 그의 전우들은 해안가에서 잡은 염소로 식사하고 나서 한 동굴을 발견한다. 그 안에는 양과 염소들이 모여 있고 우유와 치즈가 담긴 용기로 가득 차 있다. 그런데 동굴의 주인인 외눈박이 거인 폴리페모스가 동굴 안으로 들어와서는 커다란 바위를 집어 들어 동굴 입구에 갖다 놓는다. 처음에는 폴리페모스가 낯선 손님들을 환대하는 것 같은데, 곧 태도를 바꿔 불의한 짓을 저지르고 만다. 그는 오디세우스의 전우 두 명을 움켜쥐고 땅바닥에 내리쳐 토막을 내고 저녁 식사로 그들을 모두 먹어치운 것이다. 그러고 나서 동굴 안에 몸을 쭉 뻗고 누워 늘어지게 잠을 잔다.

앞으로 모두가 거인의 식사거리가 될 위기에 빠진다. 이러한 상황에서 오디세우스는 이렇게 말한다.

가까이 다가가 넓적다리에서 날카로운 칼을 빼어. 횡경막이 간을 싸고 있는 가슴 부위를 손으로 더듬어서/ 그자를 찌를까 하고 말이오. 그러나 다른 생각이 나를 제지했소./ 그랬더라면 우리도 그곳에서 갑작스런 파멸을 당했겠지요./ 우리는 그자가 갖다 놓은 그 엄청나게 무거운 돌을/ 우리 손으로는 높다란 문에서 밀어낼 수 없었을 테니까요.[38]

다음 날 깨어난 외눈박이 거인은 부지런히 가축들의 젖을 짜고는 다시 전우 두 명을 잡아 아침 식사를 한다. 식사를 마치고 나서 동굴 앞바위를 치우고 가축들을 동굴 밖으로 내몰고 나서 커다란 바위를 동굴 입구에 놓아 막아버린다. 오디세우스는 외눈박이 거인에게 가할 재앙을 궁리한다. 그는 동굴 안에서 거대한 몽둥이를 찾아내 그것을 전우들에게 갖다 주고 그 끝을 뾰족하게 다듬으라고 명령한다. 그러고 나서 그것을 불로 가져가 달구는데, 그 말뚝으로 외눈박이 거인의 눈을 찌르려는 것이다.

저녁이 되자 폴리페모스가 다시 동굴로 돌아왔다. 거인은 부지런히 젖을 짜는 일에 열중하더니 그 일을 마치고는 또다시 저녁거리로 전우 두 명을 잡는다. 오디세우스는 그에게 포도주를 주며 마셔보라고 말한다. 포도주에 취해 기분이 좋아진 거인은 오디세우스에게 그의 이름을 물어본다. 그러자 오디세우스는 자신의 이름이 '아무도 아닌nobody'이라고 소개한다. 그러자 거인은 이 '아무도 아닌'을 가장 나중에 먹어치우겠다고 하며 대단한 호의를 베푼다. 거인은 곧 포도주에 취해 잠이 든다. 오디세우스와 그의 전우들은 붉게 달군 말뚝을 거인의 눈에다 밀어넣고 그것을 마구 돌려댄다. 안구가 불타면서 거인은 끔찍한 비명을 지른다. 주위 동굴에 사는 키클롭스들을 부르며 "날 죽이려는 자는 아무도 아니야" 하고 외치며 도움을 요청한다. 그러나 아무도 그를 죽이지 않는다고 이해한 동료는 비웃으며 도와주러 오지 않는다. 눈먼 폴리페모스는 누군가가 문밖으로 나가면 잡으려고 두 손으로 더듬으며 두 팔을 벌린 채 동굴 입구를 지키고 있다.

이제 오디세우스는 죽음에서 벗어날 길을 찾아내려고 온갖 꾀와 계략을 다 생각해낸다. 숫양 세 마리를 하나로 묶고 가운데 양의 배 밑에 거꾸로 달라붙어 누워서 빠져나가려는 방도를 궁리한 것이다. 아침이 되어 동굴 입구가 열리자 숫양들이 풀밭으로 내달리고, 눈이 먼 거인은

256

심한 고통에 시달리지만 사랑하는 양들의 등을 더듬는다. 하지만 양들의 배 밑에 사람이 묶여 있다는 사실은 전혀 알지 못한다. 그렇게 해 오디세우스와 그의 전우들은 무사히 배로 돌아간다. 폴리페모스의 가축들과 함께 배로 돌아온 오디세우스는 섬을 떠나며 폴리페모스에게 자신의 이름을 소리쳐 말한다. 이타케 섬에 살고 라에르테스의 아들이며

✤ B.C. 650년 프로토-아티카 암포라 도기화. 〈폴리페모스의 외눈을 찌르는 오디세우스〉. 엘레시우스 박물관 소장

도시의 파괴자 오디세우스라고 말이다. 그러자 폴리페모스는 자신의 아버지 포세이돈을 부르며 오디세우스에게 복수해줄 것을 기도한다.

이처럼 오디세우스는 인내와 지략으로 위기를 관리하는 리더십을 발휘했다. 오디세우스가 물리적인 힘이 우세한 외눈박이 거인을 정신적인 힘으로 물리친 것이다. 폴리페모스가 오디세우스의 전우를 잡아먹는 돌발 상황이 발생했을 때 오디세우스는 경악하고 분노했지만, 상황을 냉정하게 판단하면서 위기를 극복할 방안을 만들고 인내하며 복수할 때를 기다렸던 것이다. 포도주라는 문명적인 음료를 야만적인 거인에게 선물해 취하게 하고 거인이 술에 취해 잠을 자는 동안 그의 외눈을 찔러 멀게 하는 전략이다. 아울러 오디세우스는 자신의 정체를 절묘하게도 '아무도 아닌'이라고 소개함으로써 거인의 동료가 도와주러 오는 것을 차단하는 선견지명도 보여준다. 그리고 양의 배에 매달려 탈출

하는 계획은 영리한 오디세우스가 발휘한 기지의 절정이라 할 만하다. 자신과 전우들이 모두 죽임을 당하게 되는 위기를, 오디세우스는 계략으로 거인에게 복수하고 자신의 명성을 드높이는 기회로 만든 것이다.

위기관리 2: 가정을 위협한 구혼자들에게 복수하다

온갖 시련을 극복한 오디세우스는 고향에 도착했지만 또 다른 위기의 순간을 맞이한다. 오디세우스가 20년 동안이나 집에 돌아오지 못하고 있는 상황에서 오디세우스의 집은 거만한 구혼자들이 차지하고 있었다. 그들은 오디세우스의 포도주와 가축들을 축내면서 그의 아내 페넬로페를 위협해 결혼을 강요한다. 그녀와 결혼해서 오디세우스의 재산을 차지하고 그의 왕권을 이어받으려는 속셈이다. 비록 그의 아들 텔레마코스가 있지만 그는 아직 나이가 어리고 많은 구혼자를 대적하기에는 아직 무력하다. 이처럼 오디세우스의 집은 총체적 위기 상태에 빠져 있다.

오랜 여정을 거쳐 귀향하는 오디세우스도 모든 전우를 잃고 혼자서 고향 이타케에 도착한다. 트로이를 정복한 영웅이자 계략과 용맹으로 온갖 역경을 극복한 오디세우스가 또 다른 위기 상황에 직면한 것이다.

파이아케아인들은 오디세우스를 이타케 섬에 내려다 놓고 떠난다. 잠에서 깨어난 오디세우스는 처음에 자신이 도착한 곳이 어디인지 알아보지 못한다. 목동으로 위장한 아테나 여신이 이곳이 이타케 섬이라는 사실을 알려준다. 그러자 오디세우스는 목동에게 자신의 정체를 감추지만, 오히려 목동이 자신의 정체를 드러내며 이렇게 말한다.

> 신이 그대와 만난다 하더라도 온갖 계략에서/ 그대를 이기자면 영리하고 교활해야 할 것이다./ 가혹한 자여, 꾀 많은 자여, 계략에 물리지 않는 자여!/ 그대는 그대 자신의 나라에 와 있으면서도 그대가 진심으로/ 좋아하는 기만과 교언을 그만두려 하지 않는구나.[39]

오디세우스의 영리하고 꾀 많은 성격을 지적하는 아테나 여신은 오디세우스가 펼치게 될 전략에 대해서 이렇게 말한다.

> 사실 다른 사람이 떠돌아다니다가 돌아왔다면 좋아하며/ 집에서 자식들과 아내를 만나보려고 서둘렀을 것이다./ 그러나 그대는 여전히 그대의 궁전에 앉아/ 마냥 눈물 속에서 괴로운 밤들과 낮들을 보내고 있는/ 그대의 아내를 몸소 시험해보기 전에는/ 아무것도 물어보려 하거나 들으려 하지 않는구나.[40]

자신의 정체를 숨기고 누가 친구이고 누가 적인지 시험하는 전략에서 그의 아내도 예외가 될 수 없다.

아테나 여신은 돼지치기 에우마이오스의 움막으로 가라고 말하면서, 텔레마코스가 아버지의 소식을 알아보기 위해 여행을 떠났다는 말을 덧붙인다. 이어서 아무도 오디세우스를 알아보지 못하게 그를 방랑하는 늙은 거지의 모습으로 바꾸어버린다.

늙은 거지의 모습으로 변장한 오디세우스는 돼지치기 에우마이오스의 움막으로 간다. 에우마이오스는 늙은 거지를 집 안으로 들여 접대하지만 그의 주인을 알아보지 못한다. 돼지치기와 대화를 나누며 오디세우스는 궁전의 위기 상황을 알게 된다. 에우마이오스는 새로운 주인인 사악한 구혼자들의 오만방자한 행동을 비난한다. 그러자 오디세우스는 자신의 정체를 숨기려고 모험담을 지어내 돼지치기에게 말한다. 즉, 자신은 크레타의 부자 집안 출신으로 트로이에서 오디세우스와 함께 싸웠고, 귀향 중에는 이집트로 갔다가 여러 고초를 겪고 나서 이렇게 거지 신세가 되어 이곳에 도착했다는 것이다. 아울러 오디세우스가 아직 살아 있다는 소식을 들은 적이 있다고 덧붙인다. 다음 날에도 그는 돼지치기의 움막에 머무는데, 그의 아버지 라에르테스의 불행한 삶과 왕비의 죽음을 알게 된다. 돼지치기는 구혼자들이 먹을 고기를 준비하기 위해 일하려고 외출한다.

아버지 소식을 찾기 위해 여행을 떠났던 텔레마코스는 아테나 여신의 지시대로 에우마이오스의 움막에 도착한다. 그는 오디세우스와 만나 이야기를 나누면서 구혼자들의 문제를 언급한다. 돼지치기는 텔레마코스의 도착 소식을 어머니 페넬로페에게 전하러 궁전을 향해 길을 나선다. 아테나 여신은 늙은 거지의 모습으로 변한 오디세우스를 다시 본래의 모습으로 되돌려서, 아들에게 보여준다. 부자가 서로 알아보고 기쁨의 눈물을 흘린다. 이제 두 사람은 사악한 구혼자들에게 복수할 계획을 짜야 한다. 그런데 구혼자들의 수가 너무 많다. 전략이 필요하다. 오디세우스는 이렇게 지시한다.

어느 누구도 오디세우스가 집에 와 있다는 말을 들어서는 안 된다./ 라에르테스도, 돼지치기도, 하인들 가운데 어느 누구도/ 아니, 페넬로페 자신도

260

✚ 구혼자들에게 복수하는 오디세우스

그것을 알아서는 안 된다./ 오직 너와 나, 우리 둘만이 여인들의 의도를 알아내도록 하자꾸나. 우리는 또 그들 중 누가 우리 두 사람을 마음속으로 존중하고/ 두려워하는지, 누가 우리를 무시하고 너 같이 고귀한 자를/ 업신여기는지 하인들도 시험해볼 수 있을 것이다.[41]

이렇게 오디세우스는 자신의 정체를 숨기고서, 20년 동안 누가 여전히 친구이고, 누가 적이 되었는지 시험해 알아내려는 계략을 세운다.

늙은 거지로 위장한 오디세우스는 이제 시골에서 궁전을 향해 길을 나선다. 돼지치기가 늙은 거지를 안내한다. 가는 길에 우물가에서 염소치기 멜란테우스를 만나는데, 그자는 늙은 거지를 조롱하며 그의 엉덩이를 발로 걷어찬다. 하지만 오디세우스는 꾹 참고 자제한다. 구혼자들이 모인 궁전에 도착한 오디세우스는 거지 역할을 잘 해내는데, 여기에서 그의 인내심이 잘 드러난다. 오디세우스가 구걸하자 구혼자들은 그에게 먹을 것을 준다. 하지만 구혼자들 가운데 안티노오스만은 늙은 거지에게 아무것도 주지 않는다. 오디세우스가 이를 비난하자 안티노오스는 발판을 던져 늙은 거지의 허리를 맞힌다. 허리를 다쳐도 몸을 똑바로 가누며 오디세우스는 속으로 그에게 재앙을 가할 계획을 세운다. 하인들마저도 나그네를 박대한다. 얼굴이 곱상한 하녀 멜란토는 오디세우스에게 심한 욕설을 퍼붓기도 한다. 그녀는 여주인 페넬로페의 불행을 슬퍼하기는커녕 구혼자와 동침하며 사랑을 나눔으로써 주인을 욕되게 한다.

늙은 거지의 모습으로 페넬로페와 대화를 나눈 오디세우스는 자신의 정체를 숨기고 그녀의 남편에 대한 소식을 전한다. 남편의 의복과 성격에 대해 정확하게 설명하고, 남편이 올해 안에 귀환할 것이라고 말하며 그녀를 위로한다. 페넬로페는 하녀들에게 나그네의 발을 씻어주라고 명한다. 늙은 여자 하인 에우리클레이아가 세족을 맡는데, 나그네를 보자마자 주인 오디세우스와 닮았다고 생각한다. 세족을 하다가 나그네의 흉터를 발견하고 주인을 알아본다. 그러자 아테나 여신이 나타나서 옆에 앉아 있던 페넬로페가 이 사실을 알지 못하게 그녀의 주의를 다른 곳을 돌린다. 이때 오디세우스는 재빠르게 비밀을 누설하지 말라고 하녀의 입을 막는다. 이처럼 그는 자신의 정체가 드러나는 위기 순간에도 침착하게 대처해 상황을 통제해나간다.

페넬로페는 남편이 돌아온 것을 알지 못한 채, 마음이 변한 듯 구혼자들에게 시합을 제안한다. 시합에서 승리한 자와 결혼하겠다는 것이다. 화살로 열두 개의 도끼에 난 모든 구멍을 지나가게 하는 시합이다. 페넬로페가 오디세우스의 활을 들고 나타나서 구혼자들에게 경연을 알린다. 여러 구혼자가 활을 당겨보지만 모두 실패하고 만다. 그러자 나그네가 자신의 힘을 시험해보겠다고 하며 활을 쏘게 해달라고 간청한다. 구혼자들이 격렬하게 반대하지만 텔레마코스는 나그네에게 활을 쏘게 허락한다. 나그네는 힘들이지 않고 활을 당겨 화살로 열두 개의 도끼자루 구멍을 모두 통과시킨다. 무장을 갖춘 텔레마코스가 나그네 옆에 버티고 선다. 나그네가 화살로 구혼자 안티노오스를 맞히며 자신이 오디세우스임을 드러낸다. 오디세우스 편과 구혼자들의 전투가 시작된다. 오디세우스가 자신의 용맹을 유감없이 보여주자, 아테나 여신도 전투에 가담해 돕는다. 전투에서 이긴 오디세우스는 가수 페미오스와 전령 메돈 만을 남겨두고 모두 도륙하고 불충한 하인과 하녀들을 모두 처단한다.

위기관리 3: 아내 페넬로페의 시험을 통과하다

이렇게 자신의 가정을 위협하는 구혼자들에게 정의롭게 복수한 오디세우스는 전혀 예상하지 못한 위기를 또다시 만난다. 아내 페넬로페가 그를 남편으로 인정하지 않는 것이다. 궁전 홀에서 페넬로페는 망설이며 오디세우스 앞에 자리를 잡고 앉는다. 텔레마코스는 어머니의 무

정함을 이해하지 못하고 불평한다.

오디세우스는 몸을 청결하게 하고 아테나 여신의 도움으로 광채를 띠지만 페넬로페는 아직도 알아보지 못하는 듯하다. 그녀가 침대를 침실 바깥으로 끌어내 펼치라고 명령하자, 당황한 오디세우스는 마음을 추스르고 나서 어떻게 자신이 그 침대를 만들었는지에 대해서 설명한다. 침대란 증거는 단지 두 사람만이 알고 있는 비밀이다. 이제 그녀는 오디세우스를 남편으로 인정하고 기쁨에 넘쳐 남편을 포옹한다. 부부의 발견은 두 사람만이 알고 있는 침대라는 증거로 이루어진다. 그 침대는 결코 움직일 수 없는 것으로 결혼의 부동성을 상징한다. 아테나 여신이 밤을 연장하고 재회의 분위기가 무르익는다.

이 부부의 재회는 구혼자들에 대한 복수와 함께 「오디세이아」의 또 다른 절정에 해당한다. 오디세우스가 밖에서 계략과 용기로 온갖 시련을 극복했듯이 페넬로페도 불의한 구혼자들 사이에서 오디세우스가 귀향할 때까지 계략과 용기로 온갖 시련을 극복해냈다. 따라서 페넬로페에게도 오디세우스의 수식어구인 "많은 계략을 가진"이 주어진 것은 지극히 당연한 결과다. 영리한 페넬로페는 남편마저도 시험하는데, 이러한 시험으로 남편이 정말로 남편다운가를 알아보고 여전히 부부로서 자신과 같은 마음을 가지고 있는지 확인하려 하는 것이다. 구혼자들에게 복수하기 위해 오디세우스는 적인지 친구인지를 시험하는 계략을 사용했는데, 부부의 재회장면에서는 위치가 역전되어 아내에게 시험을 당하는 처지가 된 것이다. 그러나 페넬로페의 태도를 이해하지 못하고 불평하는 아들과 달리, 오디세우스는 아내의 입장에서 상황을 파악하는 지혜를 보인다. 그리고 진정한 마음을 전달해 상황을 해결하는 면모를 보여준다.

이처럼 세 가지 일화는 오디세우스의 위기관리 리더십을 잘 보여준다. 오디세우스는 위기 상황에서 섣부르게 대처하지 않고 인내하고 숙고하면서 정확하게 상황을 파악한다. 특히 돌발 상황이 일어나는 경우에는 임기응변을 발휘해 위기 순간을 넘기고 동시에 후속 상황을 예측하면서 목적에 도달하기 위해서 행동한다. 게다가 오디세우스는 상대방의 입장에서 현재 상황을 이해해 상대의 마음을 움직이는 인간미를 발휘해 당면한 위기를 관리하는 모습도 보여준다. 따라서 오디세우스는 정신적인 힘으로 폭력과 유혹을 물리쳐 자기를 보전하고 불의에 맞서서 정의를 구현한 영웅이다. 여기에 오디세우스의 영웅적인 위대함이 있다.

경영현장에서 위기는 기회의 동력이다

오디세우스의 위기관리 능력은 오늘날 리더가 배워야 할 중요한 리더십이다. 경영현장에서 위기를 예측하고 관리하는 일은 날로 중요해진다. 기업 경영의 경우 위기 상황은 항상 도사리고 있다가 느닷없이 찾아올 수 있다. 게다가 위기는 여러 형태가 있다. 대규모 자연재해가 발생할 수 있고, 국제정치에서 전쟁이 발발하거나 혁명이 일어날 수 있고, 글로벌 경제에서 금융위기를 비롯한 여러 위기가 닥칠 수 있으며, 시장 경쟁에서 기업들 사이의 각축으로 기업들의 운명이 바뀔 수 있다.

2010년에 석유자원 분야의 거대 메이저 기업인 BP는 멕시코 만 연안에서 발생한 원유 유출사고라는 엄청난 위기에 직면했다. 이러한 초유의 사태가 발생했지만 최고 경영진은 사고원인을 파악하고 발 빠르게 사후 대책을 제시해 사태를 수습하기는커녕, 늑장 대응으로 정부나 언론이나 시민사회의 지원도 받지 못하는 등 완전히 고립되고 말았다. 결국 최고 경영진의 무기력한 위기 대응 자세가 사태를 더욱 악화시키는 결과를 낳은 것이다. BP의 경우를 보면, 사전에 위기를 예측하고 그것을 예방하려고 노력하면서 위기가 닥쳤을 때 신속하게 대처하는 능력이 얼마나 중요한지 알 수 있다. 언제, 어디서 닥쳐올지 모르는 위기는 어쩌면 피할 수 없는 운명과도 같은 것이다.

위기가 피할 수 없는 것이라면 위기 그 자체를 기회로 바꾸는 역발상이 중요하나. 이를테면 2008년 글로벌 금융위기 속에서도 애플이 위기를 기회로 바꿀 수 있었던 것은 스티브 잡스의 위기관리가 그 빛을 발한 것이라 하겠다. 고객 가치가 어떻게 진화하고 관련 기술이 어떻게 발전하는지 오랫동안 연구한 스티브 잡스는 위기 상황에서도 과감한 도전정신으로 모바일화와 스마트화에 대한 사람들의 관심에 화답해 훌륭한 성과를 창출했기 때문이다. 따라서 위기관리 리더십은 위기가 닥쳤을 때 그 위기를 기회로 바꿀 수 있는 능력이기도 하다.

진정성과 성찰,
진심의 리더십

오딘, 눈을 잃고 지혜를 얻다

눈을 잃고 지혜와 통찰을 얻은 오딘

게르만 신화의 주신은 오딘Odin으로, 그는 전쟁과 마법의 신이자 지식과 통찰의 신이기도 하다. 무엇이든 모두 물리칠 수 있는 마법의 창 궁니르는 전쟁의 신으로서 오딘의 전투력을 보여주고, 원하는 것은 무엇이든지 얻게 하는 반지 드라우프니르는 그의 마법의 능력을 보여준다. 그가 만든 루네 문자는 마법의 능력이 있어서, 문자로 쓰면 무엇이든지 소유할 수 있게 해준다. 한편 오딘의 두 어깨에 그려진 까마귀 후긴과 무닌은 각각 생각과 기억을 의미하는데, 이 두 까마귀는 오딘에게 날마다 벌어지는 세상사에 관해 보고한다.

천상(발할)에 거주하며 끊임없이 세상을 관찰하는 오딘의 최고 임무는 거인족의 횡포에 맞서 세상을 수호하고, 신들이 벌이는 최후의 전투(라그나로크)에 대비하는 것이었다. 그가 전사자들의 영혼을 맞아들여

군대를 조직하고, 또 챙이 넓은 모자를 눌러쓰고 세상을 정찰하는 이유도 여기에 있다.

질서를 위협하는 거인족들의 횡포에 맞서고, 선과 악의 세력이 벌일 최후의 일전에 대비하기 위해 오딘에게는 세상의 이치를 꿰뚫을 지혜와 통찰력이 필요했다. 이를 얻기 위해서는 거인족 미미르가 지키는 샘물을 마셔야 하는데, 샘물을 마시려는 자는 눈을 뽑아야 한다. 눈을 잃더라도 지혜와 통찰을 얻을 것인가? 아니면 전자를 지키기 위해 후자를 포기할 것인가? 그러나 오딘은 거인족과 맞서 싸워 이겨야 한다는 사명감을 투철하게 인식하고 있어서 결국 지혜와 통찰을 얻기로 결심하고 한쪽 눈을 잃고 만다.

사전적인 의미에서 성찰은 깊은 생각이나 사색을 의미한다. 그러나 철학적인 맥락에서 '성찰'은 이를 넘어선다. 크게 나누면 인간의 사유는 두 가지 방향으로 전개된다. 하나는 겉으로 보이는 대상과 관련 있다. 나무를 보고, 이것을 나무라고 인지하는 것이 바로 이것이다. 또 다른 하나는 인간의 내면을 지향한다. 나는 누구인가, 나는 왜 저것을 나무로 인지하는가와 같은 사유가 바로 이것이다. 따라서 성찰을 내면을 향한 사유라는 의미에서 '내성內省'으로 부를 수도 있다. 성찰은 세계를 보는 나를 돌이켜보는 것이다. 어원상 성찰은 사유의 방향을 바꿔 내면으로 되돌아가는 것re-flection을 의미한다.

인간이 외부 세계를 인지하는 통로는 주로 시각이 담당한다. 육신의 눈이 바로 외부 세계를 지향하고 받아들이는 신체기관인 것이다. 우리는 눈을 통해서 세계를 보고, 세계를 안다. 이런 맥락에서 보는 것과 아는 것은 때로 동일시(see=know)되기도 한다. 역사철학적으로 봐서, 인간이 자연과 하나가 되어 삶이 소박하고 갈등이 없는 시대에는 인간의 시선이 대체로 외부세계로 향한다. 이런 시대에는 구태여 시선이 내면을 향하지 않아도, 인간은 만족하며 살아갈 수 있다. 그러나 인간이 자연과 멀어져서 삶이 고단하고 갈등이 증폭될 경우, 인간의 시선은 끊임없이 자신의 내면을 향한다. 시선을 내면으로 향한 채, 인간은 '나는 무엇을 해야 하는가, 나는 누구인가'라는 문제를 스스로 제기하는 것이다. 세계를 보는 나를 돌이켜 보면서, 나와 세계 사이의 거리를 확인하며 이를 극복하려는 시도가 성찰에서 나타난다.

흥미롭게도 인간이 자신의 내면을 바라볼 때에는 대체로 눈을 감는다. 흔히 듣는 '눈감고 깊이 생각해보라'라는 말은 이를 두고 하는 말이다. 육신의 눈은 외부세계를 지향하기 때문에, 내면으로 돌리는 시선은 오히려 육신의 눈이 감긴 상태에서 가능하다. 눈멂, 실명의 모티프가 성찰과 관련되는 근거가 여기에 있다. 신화에서도 눈멂의 모티프는 진정한 내면을 찾아가는 과정으로 그려진다. 이제 그 예화를 게르만 신화의 주신 오딘의 경우에서 먼저 찾아보고, 이어 그리스 신화에 나오는 오이디푸스와 예언자 테이레시아스의 경우에서 다시 확인해보기로 하자.

오딘의 눈은 내면을 향한다

게르만 신화 혹은 넓게 북유럽 신화의 가장 중요한 원전으로 꼽히는 『에다』에는 신들의 아버지로서 오딘의 활동에 관해 폭넓게 서술되어 있다. 단순히 위계상으로만 따질 경우 오딘은 그리스 신화의 제우스와

✦ 왼쪽은 두 까마귀(후긴과 무닌)를 들고 있는 오딘(아이슬랜드 아미 마그누손 재단 소장), 오른쪽은 슬레이프니르를 타고 있는 오딘(덴마크 왕립 도서관 소장)

같은 존재로서, 게르만 혹은 북유럽 최고의 신이며 남독 지방에서는 보단Wodan으로, 근대 독일어로는 보탄Wotan으로 부르기도 한다. 어원에서 드러나듯이(Wotan 〉 Wüten, 분노), 오딘은 전쟁과 죽음의 세계를 관장하는 전투의 신이자 독일인들에게 마법의 문자로 더 잘 알려진 루네 문자를 만들고 시를 후원하는 신이며, 또한 마법과 엑스터시의 신이기도 하다. 오딘이 전쟁의 신이자 동시에 시의 신이 될 수 있는 역설은 게르만 족의 역사가 보여주는 호전성과 관념성이라는 대립적인 요소를 가리키는 것으로 추정된다.

오딘을 묘사한 화상자료에서 드러나듯이, 이 신에게는 전투와 마법이라는 요소를 가리키는 여러 도상이 부가된다. 예를 들면 오딘은 발이 여덟인 준마 슬레이프니르를 타고, 챙이 넓은 모자를 쓰고 다니며, 손에는 마법의 반지 드라우프니르를 낀 채 늘 마법의 창 궁니르를 들고 다닌다. 그의 말은 이 세상 어디라도 갈 수 없는 곳이 없고, 그가 낀 반지는 원하는 것은 무엇이든지 가져다주는 마법을 띠고 있지만 이를 소유한 자는 결국 몰락하고 만다는 저주를 함께 담고 있다. 이는 게르만 신화와 민담의 중심 화소를 이루어 훗날 「니벨룽엔의 노래」에 다시 등장하기도 한다. 마법의 요소는 그의 창 궁니르에도 해당하는데, 마치 그리스 신화에서 트로이의 왕자 헥토르를 찔러 죽이는 아킬레우스의 창과 같이 이 창은 무엇이든 원하는 것을 그대로 명중하는 신통력이 있다.

더욱 흥미로운 도상은 그의 어깨에 그려진 두 마리의 까마귀다. 이 까마귀들은 하나는 후긴(생각)이고 다른 하나는 무닌(기억)으로, 이 두 까마귀는 오딘에게 끊임없이 세상사에 관한 이야기를 들려주고 이에 관해 깊이 생각하게 하며, 인간의 감각으로는 도달하기 어려운 초감각적인 세계의 신탁을 들려주기도 한다. 오딘의 어깨에 그려진 이 두 까마귀는 주신 오딘의 깊은 사색과 성찰 혹은 이로 인한 현명함을 직간접적으로 보여준다. 그러나 가장 흥미로운 도상은 오딘의 왼쪽 눈이다. 오딘을 그린 그림이나 그를 새긴 조각에서 예외 없이 오딘의 왼쪽 눈은 감겨있다. 후술하겠지만, 오딘은 스스로 지혜를 얻기 위해 거인 미미르가 지키는 샘물을 얻어 마셨고, 그 대가로 자신의 왼쪽 눈을 파서 버릴 수밖에 없었다.

오딘을 장식하는 두 까마귀와 실명한 한쪽 눈에 주목하면, 로만어족이 주류를 이루는 이웃 나라 프랑스와 달리 게르만 족이 원류를 형성한 독일을 왜 '시인과 사상가의 나라'로 부르는지에 관한 문화학적 근거가 마련된다. 시각성이 주도했던 로만어권과 달리 게르만어권은 청각성이 압도했고, 깊은 사색과 성찰은 그 당연한 결과였던 것이다. 아스 신족의 우두머리인 오딘은 천상(아스가르드)에 산다. 그곳에는 발키리가 전쟁에서 죽은 용사들을 인도해 오딘의 만찬에 데려오고, 오딘은 그들을 모아 거인족들과 벌일 최후의 전투(라그나로크)에 대비한다. 오딘은 아스가르드에 있는 흘리드스키알프라는 옥좌에 앉아 아홉 개의 영역으로 이루어진 온 세상을 두루 살피고 또 필요할 때 챙이 넓은 모자를 눌러쓰고 슬레이프니르를 타고 직접 정찰에 나서기도 한다.

질서를 상징하는 신들과 무질서를 상징하는 거인족들이 혼재해 아직은 혼돈Chaos으로 이루어진 이 세상에서 오딘은 질서를 수호해야 하는 자신의 사명을 잘 알고 있다. 언젠가 선과 악의 세력이 최후의 일전을 벌이게 되어 있다는 사실을 오딘은 잘 알고 있기에 거인족들이 이 세상에 힘을 확장해가는 것을 끊임없이 경계해야 한다. 오딘은 선을 지키고 악을 소탕하는 임무에 늘 대비하는 것이다. 오딘을 장식하는 도상들에서 읽을 수 있듯이, 그가 끊임없이 이 세상을 관찰하고 또 깊은 사색에 잠기는 이유도 여기에 있다.

아스 신들과 거인들의 투쟁

게르만 신화에 따르면 태초에 북쪽(니플하임Niflheim)에는 추위와 어둠이, 남쪽(무스펠하임Muspelheim)에는 열기와 빛이 있었고, 그 사이에 거대한 심연(긴눙가가프Ginnungagap)이 입을 벌리고 있었다. 그러니까 긴눙가가프는 빛과 어둠, 열기와 추위가 뒤섞인 혼돈을 의미한다. 그러다 얼음과 열기가 만나 녹으면서 최초의 생명체인 이미르가 탄생하고, 이미르는

+ 세계의 중심에 뿌리박은 거대한 나무인 익드라실

거인족의 아버지가 된다. 이미르는 암소의 젖을 먹고 자랐다. 그 후에도 얼음이 녹으면서 거인들이 태어났고, 오딘과 그의 형제들(빌리, 베)은 그 후손으로 태어났다. 오딘과 그 형제들은 거인들이 사는 척박한 환경이 마음에 들지 않았다. 서리 거인들은 강물을 얼게 했고, 거인족의 아버지 이미르 역시 화를 내며 날뛰어 인간이 살기에 편한 세상을 만들려는 오딘의 꿈을 좌절시키려 들었기 때문이다. 야생적인 환경을 고집하는 거인족과 질서와 평화를 원하는 신족의 갈등은 이렇게 해서 야기되었다.

횡포를 참다못한 신들은 거인족 이미르를 죽이고 시체의 피로 바다와 강을, 뼈와 이빨로 산과 바위를, 머리카락으로 나무를, 두개골로 하늘을 그리고 뇌로 구름을 만들었다. 그들은 무스펠하임에서 가져온 불꽃으로 별을 만들고, 난장이족을 만들어 땅과 바위 속에서 살게 하며, 해변에서 물푸레나무와 오리나무를 발견해, 그것으로 남자와 여자를 만들었다. 최초의 신족인 오딘은 나무에서 태어난 인간에게 영혼과 생명을, 빌리는 재능과 감정을, 그리고 베는 아름다운 용모와 언어와 감각을 주었다. 남자와 여자가 결합해 인간족이 만들어졌고, 신들은 이들을 미드가르드에 살게 했다. 신들은 발할이 있는 아스가르드에서 살고 인간을 미드가르드에 살게 하면서 인간 이외의 종족들, 즉 거인족들은 우트가르드에서 살게 했다. 그곳에는 마나하임(산과 암벽), 아사하임, 니플하임(안개나라), 무스펠하임(남쪽, 불), 요툰하임(동쪽, 거인족), 스바르트알파하임(서쪽, 난쟁이), 바나하임(바니르 신족, 농업), 리오스알파하임(빛의 꼬마 요정) 등이 있었다. 이렇게 아홉 세상이 만들어졌는데, 게르만족들은 이러한 창세의 과정에 따라 만들어진 세상을 나무에 빗대어 '익드라실'이라고 불렀다.

창세의 과정에서 인간이 사는 땅(미드가르드)과 신들이 사는 땅(아스가르드) 그리고 거인족이 사는 땅(우트가르드)이 구분되어 있는데, 거인족들은 끊임없이 인간의 생존을 위협했다. 무스펠하임에서는 수르트가 불꽃으로 만든 칼을 들고 서서 인간의 목숨을 위협했고, 실제로 훗날 수르트는 거인 편에 서서 신들과 전쟁을 벌이기도 했다. 북쪽의 차가운 니플하임에서는 교활한 거인 베르겔미르가 세상을 어둠 속으로 집어삼키려 하고 있었다. 거인들은 무법자처럼 길길이 날뛰며 경작지를 밟아 황폐화시켰다. 최고의 신으로서의 오딘은 위험에 처한 세계를 구하기 위해 지혜를 얻어야 했다. 그렇다면 어떻게 지혜를 얻을 것인가?

지혜와 맞바꾼 오딘의 눈

인간의 존재와 삶을 위협하는 거인족과 맞서기 위해서는 앞으로의 세계가 어떻게 될지, 신들의 황혼으로 부르는 '라그나로크' 이후에 세계는 어떻게 변할지 알아야 했다. 아스가르드에서 오딘은 이 세상 최후의 전쟁을 준비하고 있던 터였다. 최후의 일전에 대비해 그는 발키리들이 데려온, 전쟁터에서 죽은 전사자들을 규합하며 새로운 군대를 조직한 채(에인헤리어), 끊임없이 세상의 움직임을 예의주시하고 있었다. 이제 막 만들어 놓은 세계가 거인들의 횡포에 시달리자, 오딘은 세상의 운명에 관한 지혜를 얻기로 결심한다. 최고의 신으로서 오딘은 세상의 질서를 지켜나가야 한다는 자신의 사명을 잊지 않고, 또 이를 실현하기 위한 방법으로 초월적인 세계에 대한 통찰력이 필요했던 것이다.

먼저 오딘은 자신의 창에 찔려 부상한 몸으로 세계수世界樹 익드라실에 아흐레 낮과 밤을 매달리며, 마법으로 세상을 구할 루네 문자를 발명한다. 루네 문자는 게르만 족이 믿고 있던 신비의 문자로, 소망한 것을 루네 문자로 적기만 하면 얻을 수 있다고 전해진다. 그러나 이것만 가지고는 세상을 지키는 충분한 지혜를 얻을 수 없었다.

지혜를 얻을 마지막 방법은 지혜를 관장하는 거인족으로 알려진 미미르의 샘물을 마시는 것이었는데, 그러기 위해서는 오딘의 가혹한 희생이 필요했다. 지혜의 샘물을 마시는 대가로 오딘은 한쪽 눈을 뽑을 수밖에 없었던 것이다. 최고의 신, 오딘은 심각한 갈등을 겪을 수밖에 없었다. 지혜를 얻는 대가로 자신을 희생해 한쪽 눈을 잃느냐 아니면 샘물 마시는 것을 포기하느냐? 이 순간 오딘에게는 인간을 위협하는 거인족의 횡포를 막아야 한다는 사명감이 더 크게 다가왔다. 오딘은 악을 소탕하고 세계를 위기에서 구해야 한다는 생각뿐이었다. 거인족의 횡포를 방치할 경우, 신과 인간에게 닥칠 슬픔과 괴로움이 눈에 선명하게 떠올랐다. 세상을 만들고, 인간의 삶을 보호하는 신으로서 오딘은 자신의 사명을 깊이 성찰한 끝에, 한쪽 눈을 뽑아 미미르의 샘물에 버리고, 그 대가로 샘물을 마신다. 오딘은 성찰을 통해 개인적인 욕망을 버리고 사명을 더욱 충실하게 수행할 수 있었던 것이다.

한쪽 눈을 잃은 대가로 얻은 오딘의 지혜는 내면의 지혜이자, 세상을 보다 균형 있게 보는 능력을 의미한다. 지혜를 얻은 오딘은 초월적인 세계와 교감을 나눌 수 있게 되었다. 오딘이 새들의 말을 알아듣는 대목은 이를 입증한다. 그에게 육체의 눈은 바깥세상을 보는 눈이고, 반대로 뽑아버린 눈은 육체의 눈이 보지 못하는 세계를 보는 능력과 관련있다. 이것은 내면에 대한 성찰이며 또한 초월적인 세계와의 교감이다. 이러한 균형을 통해 오딘은 외면과 내면의 조화에 도달할 수 있었다.

세계의 종말을 극복한 오딘

신들과 거인족은 마침내 최후의 일대 격전을 치를 수밖에 없었다. 신들과 거인족이 벌이는 최후의 일전과 그로 인한 세계의 종말을 게르만 신화에서는 라그나로크Ragnarök라고 부른다. 게르만 신화에는 종말을 알리는 계시록적 상황들이 다양하게 묘사된다. 늑대(스칼리, 하티)들이 태양을 좇아 집어삼켜 세상이 어두워지고, 이어 하늘에서 돌들이 우박처럼 내리며, 대지에 지진이 일고 나무들의 뿌리가 뽑히며, 온통 산들이 무너진다는 것이다. 이와 같은 묵시록적 상황에서 펜리스의 늑대가 입에서 불을 품고, 미드가르드를 감싸는 뱀이 독을 품어, 세상의 바다와 공기가 온통 화염과 독에 휩싸인다.

이 과정에서 오딘은 발할의 전사들을 동원해 거인족과의 전투에 대비한다. 오딘은 진두에 서서 발할의 군사들을 지휘하지만 펜리스의 늑대에 잡아먹히고, 그의 아들 토르는 독을 품는 뱀을 잡아 죽이지만 독이 몸에 퍼져 죽고 만다. 종말을 가져왔던 펜리스 늑대는 오딘의 아들 비다르에 의해 죽는다. 비다르는 펜리스 늑대의 주둥이를 벌리고 칼을 찔러 넣었던 것이다. 이렇게 해서 세상의 종말을 가져온 늑대와 뱀이 죽는다.

게르만 신화에 묘사된 종말은 그러나 기독교의 그것과는 다르다. 게르만 신화에서는 라그나로크를 거쳐 새로운 시대가 열리는 것으로 묘사된다. 새로 열리는 이 세계란 질서와 혼돈이 균형을 이루는 세계, 더 이상 악이 존재하지 않는 세계이다. 종말을 거치면서 세상에 폭력을 가하며 몰락을 재촉했던 거인족은 모두 절멸한다. 그러나 세계수 익드라실로 피신했던 청년 리프와 처녀 리프트라시르, 오딘의 후손들(두 아들 비다르와 발리, 토르의 아들 모디와 마그니)은 살아남는다. 어떤 판본에 따르면 세계의 종말을 거쳐 새로운 전능의 신 핌불티르가 태어나서 새로운 세상을 만드는 것으로 되어 있는데, 핌불티르는 오딘의 다른 이름이기도 하다.

영생 불멸을 자랑하는 그리스 신화의 신들과는 달리 게르만 신화의 신들은 매우 인간적인 모습이어서, 늙고 병들고 죽는다. 마찬가지로 오딘은 늑대의 공격을 받아 죽는다. 그러나 한쪽 눈을 희생하면서까지 지혜를 얻으려 했고, 이를 통해 육체의 눈뿐만 아니라 내면을 보는 눈까지도 얻었던 오딘은 피할 수 없는 종말을 현명하게 극복할 수 있었다. 오딘은 죽지만, 신들의 황혼을 거쳐서 다시 태어나거나 혹은 후손들이 새로운 세상을 만들어가기 때문이다. 거인족과의 최후의 일전에서 승리해, 그의 후손들은 악이 소멸한 세계를 만들어갈 수 있었기 때문이다.

세계의 몰락과 재탄생이라는 게르만족 특유의 믿음은 중세시대 「트리스탄과 이졸데」에서 두 주인공의 비극적인 사랑과 죽음에서도 반복적으로 형상화되었고, 또 훗날 바그너가 『니벨룽엔의 반지』 4부작 마지막 편에서 오페라로 개작하기도 했다. 죽음이 끝이 아니고, 죽음을 통해 다시 태어난다는 믿음이 비현실적으로 강화될 때, 히틀러의 경우에서처럼 전쟁의 광기를 초래하기도 한다.

그리스 신화에서 눈의 모티프

'보다'라는 뜻의 영어 동사 see는 '알다'라는 뜻의 know의 의미와 자주 혼용된다는 점을 염두해보면, 눈은 단순히 보는 것에 국한되지 않고, 지식과 관련됨을 알 수 있다. 소포클레스의 『오이디푸스 왕』에서 나타나듯이, 그리스 신화의 원전에는 육신의 눈과 내면의 눈이 대조되기도 한다. 예컨대 테이레시아스는 육신의 눈으로 아테네의 벗은 몸을 훔쳐봤다는 이유로 이 여신의 분노를 사 실명하지만, 그 대가로 초월적인 세계, 즉 신들의 말씀을 읽을 수 있는 능력을 부여받았다. 봉사가 된 이 예언자가 새들이 나는 모습과 울음소리를 듣고 신의 뜻을 읽을 수 있었던 이유도 여기에 있다. 육신의 눈이 단지 외부의 세계를 보는 데에 그치는 반면, 육신의 눈이 멀면서 오히려 내면의 눈이 뜨이게 되는 것이다. 테이레시아스가 오이디푸스의 운명을 정확하게 예언할 수 있었던 배경도 바로 이러한 맥락에서 유래한다.

흥미롭게도 소포클레스의 이 작품에는 오이디푸스 역시 테이레시아스와 유사하게 작품 끝에서 실명에 이른다. 오이디푸스가 스스로 실명에 이르게 된 이유로, 작품에서는 인간들과의 접촉을 차단하고 또 저승에서 돌아가신 부모님을 차마 눈뜨고 만날 수 없기 때문이라는 점을 제시하고 있다. 하지만 그보다 더 중요한 것은 육신의 눈으로는 아버지와 어머니를 알아보지 못했다는 점일 것이다. 오이디푸스는 육신의 눈이 가진 한계, 즉 아버지를 죽이고 어머니와 결혼한 데에 대한 반성으로 다시는 이 세상을 육신의 눈으로 보지 않겠다는 결연한 의지를 표명한 것이다. 오이디푸스가 육신의 눈을 버리는 것은 시각적 인식이 가진 한계를 정확하게 인식하는 것을 가리키는데, 이것은 오딘의 실명과 유사하게 오이디푸스로서는 자신의 한계에 대한 성찰을 보여준다.

진정성과 성찰의 리더십

성찰을 통해 진정성을 얻는다는 신화의 지혜는 기업 경영에도 적용된다. 2001년 미국의 7대 기업 가운데 하나이자, 최대의 에너지 기업으로 꼽히던 엔론Enron이 파산했다. 유사한 상황이 미국의 통신회사 월드컴Worldcom에서도 나타났다. 월드컴은 미국 버지니아 주 애쉬번에 본사를 둔, 세계에서 세 번째로 큰 통신회사였는데, 2002년 여름 갑자기 재정난을 겪었고, 2002년 7월 마침내 파산하고 말았다.

겉으로 보아서는 매우 안정적인 것 같던 이 회사들이 왜 갑자기 도산했을까? 도산의 중요한 원인 가운데 하나는 회계부정이었다. 2000년대 들어와 발생한 엔론과 월드컴의 파산은 기업의 정체성에 관한 심각한 질문을 제기했다. 기업의 목적이 이윤추구임을 부정할 수는 없지만, 그 방법으로 비윤리적인 위선과 과도한 탐욕까지 용인되어야 하는가 하는 문제가 그것이다. 엔론은 에너지 기업이었지만 실제의 수익이 에너지의 제조와 판매를 통해 발생하지 않았다는 점, 그리고 이러한 약점을 은폐하기 위해 회계부정을 시도했고 정경유착을 위해 로비를 했다는 점은 엔론의 경영 방식이 과연 타당한지에 관한 문제를 제기했다.

1990년대까지만 해도 내면의 약점을 감추고 겉으로 강력한 리더십을 내세워 기업을 경영하는 방식도 긍정적으로 간주되었지만, 2000년대에 접어들면서 이러한 경영 방식이 커다란 사회문제를 야기했다. 그러면서 기업 경영의 리더십에서 '진정성authentity'이라는 개념이 새롭게 주목받게 되었다. 기업이나 조직을 이끄는 리더의 덕목으로 '진정성'이 필요하다는 것이다.

그렇다면 진정성이란 무엇인가? 그리스어 어원상 진정성이란 '있는 모습 그대로'를 뜻한다. 내면의 본모습을 감추지 말라는 것 혹은 내면의 본모습과 외면의 모습을 일치시켜야 한다는 것이 진정성의 본질이다. 아테네의 시민을 교육하며 소크라테스가 제시했던 '너 자신을 알라'라는 표어처럼, 끊임없이 자신의 참된 모습을 되돌아보는 것이 진정성의 핵심이고, 이런 맥락에서 진정성은 '진실성'을 의미한다.

기업을 경영하는 리더는 자신의 본성을 숨기고 자신이 맡은 역할만을 보여주는 무대의 배우와는 달라야 한다. 무대에 선 배우는 역할에만 충실하면 되고 또 역할만 보여주면 될 뿐, 자신의 본모습을 보여줄 필요는 없다. 따라서 배우는 본모습과 역할을 일치시켜야 할 이유가 없다. 그러나 리더는 자신의 실제 모습과 겉으로 드러나는 이미지를 동일하게 유지해야 한다. 실재와 겉모습, 본질과 이미지를 동일하게 유지하기 위해서 리더는 끊임없이 자신의 진정한 자아를 찾으려 노력해야 하는데, 이것이 '성찰'이다. 따라서 성찰은 진정성을 유지하기 위한 1차적인 관문이기도 하다. 리더는 끊임없이 자신을 성찰하고 조직원들에게 진정성을 보여줄 때, 다시 말하면 내적인 자아와 외적인 자아를 일치시킬 때 효율적인 리더십을 발휘할 수 있다.

조직을 효율적으로 이끌기 위해서는 리더와 조직원들의 관계가 투명해야 하는데, 이를 위해서 진정성과 성찰이 필요하다. 리더는 조직의 핵심적 가치와 목적의식을 추구하는데, 이것이 성공하기 위해서는 조직원과의 일체감이 필요하고, 또 그러기 위해서 리더는 외면과 내면이 일치해야 한다. 이런 맥락에서 성찰은 리더십을 강화하는 데 매우 중요한 요소다.

아폴론의 예지력은
깊은 성찰로 완성된다

아폴론의 신탁, "너 자신을 알라"

　성찰은 인간의 시선을 세상의 번잡함에서 대상의 본질과 핵심, 겉으로 드러나지 않은 내면의 중심으로 향하게 한다. 그래서 누군가에게 충분한 성찰이 제대로 이루어졌을 경우 그 사람은 자기 앞에 놓인 문제의 본질이 무엇인지를 알뿐만 아니라 그것을 어떻게 풀어가야 할지도 알게 된다. 그리스 신화에서 이 영역을 담당하는 신이 바로 아폴론이다. 태양신이자 신탁을 내리는 예언의 신, 궁술의 신, 의술의 신, 음악과 예술의 신으로 아폴론은 그리스 남신들 가운데 가장 빛나는, 군더더기 없는 아름다움을 지닌 미남신이다.

　성찰의 힘이 아폴론의 영역에 닿아 있는 이유는 이 신이 대변하는 에너지가 바로 보이지 않는 것을 꿰뚫어 보는 힘, '예지력'이기 때문이다. 밝은 태양 아래 만물은 있는 그대로의 모습을 드러낼 뿐 감추고 숨을 곳이 없다. 예지는 그 태양 빛처럼 있는 그대로를 가차 없이 비추는 힘이며 시공간의 경계를 넘어선다. 아폴론이 예언하고 신탁을 내릴 수 있는 것은 어둠에 묻힌 듯 알 수 없는 영역을 비추는 그 에너지 때문이며, 과거와 현재를 꿰뚫고 미래가 어찌될지 환히 내다보는 그러한 힘 앞에 삶과 죽음, 이승과 저승, 지상과 지하의 경계는 장애가 되지 못한다. 아폴론은 태어나자마자 광명의 신인 아버지 제우스의 영광을 노래했다고 한다.

+ 프락시텔레스, 〈아폴론〉

이치의 여신 테미스에게 양육되었던 아폴론은 며칠 만에 청년으로 성장하더니 활을 메고 파르나소스 산으로 달려간다. 헤라의 사주를 받고 자신의 어머니 레토를 괴롭혔던 거대한 뱀 피톤을 쏘아 죽이기 위해서였다. 원래 이 산에는 거대한 한 쌍의 뱀이 살고 있었는데 수놈은 피톤, 암놈은 피티아라 불렸다. 아폴론은 단번에 피톤을 쏘아 죽였다. 그러나 이 뱀들은 헤라가 돌보는 특별한 존재들이었기에 제우스는 입장이 난처해지자 아들 아폴론을 템페 강 유역으로 귀양보내 그 대가를 치르게 했다.

✦ 벨베데레, 〈아폴론〉. 피톤을 활로 쏜 직후의 모습을 묘사한 것이라 한다.

인간 세상에서의 유배를 마치고 돌아온 아폴론은 파르나소스 산 기슭의 델포이 신전을 차지하고 그가 쏘아 죽인 왕뱀 피톤의 아내 피티아를 인간의 모습으로 바꾸어 자신의 신탁을 인간에게 전하는 여제관으로 삼았다.

피티아는 신전 바닥의 갈라진 틈에 배를 깔고 엎드려 땅속에서 올라오는

✦ 바닥에 술을 부으며 삼각대 위에 앉아 신탁을 주관하는 아폴론

김을 쐬고 트렌스 상태에 빠져 아폴론의 뜻을 전했는데, 깨어나면 자신이 무슨 말을 했는지 몰랐다고 한다. 또 그렇게 전하는 신탁의 내용은 상당히 모호해 그 의미를 정확히 짚어내기 어려운 경우가 많았고, 신탁을 받은 사람이 결국 제 나름대로 해석하는 수밖에 없었다. 한 예로 리디아의 왕 크로이소스가 출정하기 전 델포이를 찾아가 신탁을 받았는데, 전쟁에 나가면 큰 나라가 멸망할 것이라는 내용이었다. 멸망하는 나라가 당연히 적국일 것이라 여기고 전쟁에 나갔던 왕은 패전해 제 나라가 멸망하는 꼴을 보아야 했다.

"너 자신을 알라"라는 명언의 기원을 사람들은 보통 소크라테스로 알고 있지만, 이 문구는 놀랍게도 아폴론 신탁소로 들어가는 문의 상인방에 새겨져 있던 말이다. 예지의 신이 인간에게 이르는 촌철살인의 한 마디를 인류 최고의 철학자가 제 지성의 정수로 되뇌어 전한 것이다. '성찰'을 통해 '예지'에 이를 수 있다는 것, 그리고 그 성찰은 자기 자신에서부터 시작되어야 한다는 것을 알리기 위해서다.

뱀은 비단 그리스 신화뿐 아니라 전 세계 거의 모든 신화에서 대단

히 중요한 상징성을 띄고 등장한다. 배로 땅 위를 기고, 지하로 숨어들고, 허물을 벗고 계속 새로 태어나며, 사람들에게 매혹과 두려움을 동시에 안겨주는 뱀은 여러 신화에서 거의 공통적으로 원초적 '생명력'을 상징한다. 인간은 자신이 모르는 것에 대해 본능적으로 두려움을 느낀다. 뱀으로 상징되는 원초적 '생명력'은 인간에게는 카오스요 자연의 신비 그 자체이기 때문에 경외심과 두려움을 동시에 불러일으키는 것이다. 아폴론이 태어나 가장 먼저 한 일이 거대하고 무서운 왕뱀을 찾아가 활로 쏘아 죽이고 무신巫神의 권능을 얻은 일이었다는 것은, 비유적으로 보면 타고난 예지력으로 단숨에 꿰뚫어 온 세상 '생명'들의 움직이는 이치를 환히 들여다보게 되었다는 이야기다. 인간이라는 생명체의 움직이는 원리와 작용을 훤히 꿰고 있는 마당에 그 전후의 일이 어떻게 일어나고 사건의 원인과 결과가 무엇인지를 아는 것이야 무엇이 어렵겠는가? 그가 '예언'의 신이 되는 것은 당연한 수순이었다.

아폴론이 궁술의 신인 이유도 어렵지 않게 설명된다. 정확하게 핵심을 찌르는 '예지력'은 보이지 않는 정신세계에서 움직일 때는 '예언'으로 작동하지만, 물리적 현상 세계에서는 '과녁을 적중시키는' 일이 될 것이기 때문이다.

아폴론이 의술의 신이라는 점 또한 그의 '예지력'과 상통한다. 의사가 환자를 진단하고 병이 낫도록 처방하는 데 필요한 힘이 무엇인지 그 환자에게 문제를 일으키는 것이 무엇인지를 정확하게 짚어내고, 잘못된 부분을 되돌려 놓을 분명한 방법을 제시하려면 인간 심신의 이치와 그 작동 방식을 통째로 꿰고 판단해 적확한 답을 찾아내는 '예지력'이 동원되어야 한다. 아폴론의 의술은 훗날 그가 요정 코로니스에게서 낳

＊ 프랑수아 지라르동, 〈뮤즈와 아폴론〉

✦ 아폴론과 마르시아스의 음악경연 옆에 있는 미다스

은 아들로 사람들에게 의성醫聖이라 불린 아스클레피오스에게 전해져 수많은 목숨을 구해낸다.

예술의 수호신으로서의 아폴론의 권능 또한 그의 '예지력'을 바탕으로 한다는 점을 이해하기 위해선 좀 더 깊은 성찰이 필요하다. 예술가는 사람들이 미처 깨닫지 못하고 있던 삶의 실상을 꿰뚫어보고 그것을 표현함으로써, 놓치고 있던 본질을 접하게 하는 매개자다. 내면 깊은 곳을 들여다보는 '예지'가 없다면 그가 어떻게 예술을 할 수 있을까? 아폴론은 예술의 수호신이자 그 스스로 노래하고 연주하는 최고의 예술가였다. 우주 삼라만상의 본질을 꿰뚫고 그 이치와 실상을 노래하는 아름답고 세련된 존재로 올림포스 신들의 세계에서도 특별히 존중받던 신이었다. 노래를 부르면 인간은 물론 신들까지 감동하고, 심지어 동식물과 생명이 없는 돌과 바위까지 귀를 기울이게 했다는 가인歌人 오르페우스가 아폴론의 아들이라는 전설은 너무나 당연해 보인다.

그런데 신화에 '예지'와는 거리가 멀어 어리석은 일을 벌이는 인물로 프리기아의 왕 미다스가 아폴론에게 벌을 받는 이야기가 있다. 언젠가 디오니소스에게 손에 닿는 것은 무엇이든 황금으로 변하게 해달라는 소원을 말했다가 먹고 마시는 것은 물론 외동딸까지 금으로 변하는 바람에 울고불고 소원을 취소해 겨우 살아난 미다스의 이야기는, '성찰'하지 못하는 인간의 어리석음과 눈먼 욕망을 보여준 사례로 유명하다.

그런 그가 이번에는 아폴론과 마르시아스Marsyas의 음악경연에 끼어들었다가 비싼 값을 치른다. 한번은 신들이 모인 자리에서 아테나 여신이 피리를 만들어 불었는데, 그녀의 볼이 불룩거리는 모습을 보고 헤라와 아프로디테가 서로 눈짓하며 웃었다. 자신의 피리 부는 모습을 개울물에 비추어 보고 사실 우스꽝스럽다고 느낀 아테나는 피리를 지상으로 던져버렸다.

하반신이 염소인 마르시아스가 그 피리를 주웠는데 매우 아름다운 소리가 났으므로 자랑스럽게 그것을 불고 다녔다. 그러다 기고만장해져서 아폴론에게 리라를 가지고 그처럼 아름다운 연주를 할 수 있겠느냐고 도전했다. 시합에 지면 어떤 벌도 달게 받는다는 조건으로 아폴론은 이 도전을 받아들였다. 마침 여행 중이던 미다스가 다른 이들과 함께 이 경연의 심판을 맡았는데 다른 이들은 모두 아폴론의 승리를 선언했지만 오직 그만이 마르시아스의 음악이 더 훌륭하다고 편을 들었다. 경연에 이긴 아폴론은 마르시아스를 나무에 매달고 산채로 가죽을 벗겨 벌했고, 미다스의 귀를 당나귀 귀로 만들어버렸다.

＋ 안드레아 바카로, 〈미다스 왕〉

그 후의 일은 우리가 익히 알고 있는 '임금님 귀는 당나귀 귀' 이야기다. 미다스는 긴 귀를 늘 두건으로 감추고 다녔기에 오직 왕의 이발사만이 그 사실을 알고 있었다. 하지만 그 비밀을 지키기가 너무 어려워 병이 날 지경이 되자 이발사는 아무도 없는 갈대밭으로 가서 구덩이를 파고 미다스 왕이 당나귀 귀를 가졌노라고 실컷 외치고는 도로 흙을 덮어버렸다. 그런데 바람이 불면 갈대들이 '미다스 임금님 귀는 당나귀 귀'라고 속삭인 것이다.

미다스 왕의 이야기는 현대인에게 성찰이 결여된 리더의 전형을 보여주며, 반면교사로서의 힘을 발휘한다. 황금만 밝히던 왕이 왕국은 고사하고 제자신과 딸의 목숨조차 지키지 못할 위험에 빠지는 모습을 생생히 그려 보임으로써 확실한 경고로 삼고 있기 때문이다. 더구나 아폴론과 마르시아스의 음악경연에 심판을 맡고 나서는 미다스의 경솔한 처신은 통찰이나 예지와는 한참 거리가 먼 무지와 어리석음의 극치를 보여준다.

음악이라는 고도의 예술 영역, 완전한 전문분야에 아무 지식도 감각도 없이 뛰어들어 자신이 바보라는 것을 만천하에 드러낸 그는 그 벌이자 징표로 당나귀 귀를 얻었다. 그리고 세상에 그 사실을 감추고자 온 갖 노력을 기울이지만 아무 소용이 없다. 문제는 그가 왕으로서 앞장서 나라를 이끌고 가는 리더라는 점이다. 보지 않아도 한심한 나라 꼴이 짐작된다. 한데 이 미다스 같은 유형의 리더가 오늘날 우리 주변에도 많 지 않은가?

　반드시 예술 분야가 아니라도 우리는 어떤 일이 참으로 훌륭하게 전 문적으로 멋지게 진행되거나 완성된 것을 보면 "이건 정말 예술이네!" 라는 찬사를 보낸다. 그 정도 감탄을 받았다면, 그 일은 형식상 완벽하 게 아름다울 것이요, 내용으론 사안의 핵심을 꿰고 있을 것이다. 아폴 론이 표상하고 있는 '예지'는 바로 이러한 것을 가능하게 하는 힘이다.

무엇을 위해 살았는가, 무엇을 위해 살 것인가

　조직을 이끄는 리더가 앞만 보고 열심히 노력해 꽤 오랫동안 성공 적인 활동을 지속한 후 어느 순간 존재론적인 물음에 부딪히는 시점이 있다. 물론 그간의 성공적인 활동의 바탕에는 초창기의 신념과 목표, 비전을 실현하기 위해 기울여온 열정과 성실, 인내와 끈기가 차곡차곡 깔려 있다. 그런데 '이제껏 무엇을 위해 살았는가' 그리고 '이제 무엇을 위해 살 것인가'라는 물음이 새로이 고개를 든다면, 그것은 리더의 여 정이 후기로 들어섰다는 신호이고, 마무리를 준비할 때가 되었다는 이 야기다. 또한 그런 물음이 가슴에 떠오른다는 것은 그가 성숙한 인간 으로서 이제 자신과 주변을 둘러보고 성찰하기 시작했음을 의미한다.

개인의 힘이 영원히 지속될 수 없다는 자각이 생기면, 리더는 자신이 이끄는 조직의 지속적인 번영에 무엇이 필요한지를 숙고하게 된다. 기업이든, 정치 조직이든, 언론이나 문화, 사회단체든 한 조직의 가치는 결국 그것이 제가 속한 사회에 얼마나 기여하고 공헌하느냐에 달려 있다는 통찰은 리더에게 사고와 행동의 차원을 완전히 바꾸는 결정적 전환점이다. '성공한 리더'에서 '위대한 리더'로 가는 길이 열리는 것이다.

'베푸는 것이 남는 것'이라는 통찰, 개인이든 조직이든 제가 몸담은 세상을 얼마나 높이 끌어올리느냐가 최종으로 매겨지는 '값'이라는 통찰은 세속적 성공 가도를 달려온 리더에게 자신과 조직을 큰 흐름 속에 놓고 역사적으로 되돌아보게 한다. 그리고 목전의 성공에 집중해 미처 신경 쓰지 못했던 중요한 가치를 판단과 선택의 중심에 세우게 한다. 눈앞의 이익에 연연하지 않고 지속 가능한 번영을 선택하거나 가치 있는 일을 하기 위해선 '희생'이 따르는 경우가 많지만 이제 역사적 통찰력을 가지게 된 리더는 흔들리지 않고 해야 할 일을 한다. 뒷모습까지 아름다운 리더는 그렇게 만들어진다.

21세기의 리더에게 내리는 신탁

깊은 성찰을 통해 인간은 인생의 핵심을 꿰뚫는 '예지'에 닿을 수 있고, 그 예지력을 실생활에 적용해 지혜로운 삶을 영위할 수 있다. 이는 사실 문화의 본질적 기능에 속하는 문제다. 그렇다면 의식하고 있든 미처 의식하지 못하든, 자기 자신은 물론 조직 구성원들의 삶을 가치 있고 아름다운 쪽으로 이끌어야 할 21세기의 리더들이 그것을 실현하는 길은 자신은 물론 구성원 각자의 내면에 그 이상을 깨우는 일이다. 사실 현대인은 계속 꿈을 섭취하는 '드림 소사이어티'의 막강한 소비자로서 수많은 종류의 문화 콘텐츠에 둘러싸여 그 영향을 받으며 살아가고 있다.

고대 그리스 신을 기리는 축제에서 춤과 노래로 진행되던 제의, 경기, 연극 경연 등은 정치·경제·문화를 통틀어 전 방위적으로 국제적인 교류가 이루어지던 총체적 소통의 장이었다. 거기서는 사회적으로 중요한 합의를 비롯해 교육과 엔터테인먼트가 동시에 통합적으로 진행되었다. 그 무대가 오늘날 극장, 영화관, TV와 컴퓨터 스크린, 그리고 휴대폰 속으로 들어왔다는 것을 부인할 사람은 없을 것이다. 3D 기술과 입체 음향, 후각과 촉각까지 모든 감각을 충족시키는 기술이 속속 실현될 전망이니 이 무대의 영향력은 갈수록 커질 것이다. 누군가 아폴론을 찾아가 21세기 인류의 삶을 고양시키고자 당신의 '예지'를 세상에 전하고 싶은데 어떤 길이 있겠느냐고 묻는다면, 과연 어떤 신탁이 내릴까?

성찰의 지혜를 꿈의 그릇에 담는 일을 일찌감치 시작한 '드림 소사이어티' 제사장들이 있다. 이미 60여 년 전에 J.R.R. 톨킨J.R.R.Tolkien은 그의 인간과 사회, 역사에 대한 성찰을 『반지의 제왕』에 담아 세상에 내놓았다. 그가 자신의 작품에 담은 '예지'는 오랜 인류의 문화유산에 판타지라는 옷을 입혀 시대감각에 맞게 재가공한 것이었으니, 그 이야기의 바탕은 북유럽 신화다. 세대를 뛰어넘으며 엄청난 마니아층을 거느린 이 작품은 그 꿈을 먹고 자라나 영화감독이 된 피터 잭슨에 의해 영화라는 그릇에 담기며 단번에 전 세계인의 가슴 속으로 파고들지 않았는가? 또 〈스타워즈〉 시리즈로 40년 이상 세계인의 영혼을 사로잡은 조지 루카스George Lucas 뒤에는 신화학자 조셉 캠벨이 멘토로 있었다. 그런데 이 막강한 작품들 속에서 꿈의 제사장들이 심어놓은 '예지'는 무어라고 속삭이던가? 굳이 말로 옮기자면 뭐 이런 내용이 아니겠는가?

"우리는 늘 선택해야 하지. 욕망과 진리 사이에서. 자제력을 잃은 욕망은 공멸을 재촉하고, 세상의 작은 정의와 소박한 평화를 지키는데도 누군가의 눈물겨운 노력과 희생이 필요하다. 자신을 한 번 돌아봐. 너는 어느 길을 가고 있지?"

예술은 사실 그 자체로 '성찰'이요 '예지'로 통하는 길이다. 오늘날 기업들이 경영에 다양한 방식으로 문화적, 예술적 영감을 도입하려 노력하는 것은 그런 의미에서 매우 바람직한 현상이 아닐 수 없다. 우리가 참된 예술의 성찰과 그 속에 깃든 예지를 받아들이고 소화해 삶 속에 실현할 수 있다면, 삶 자체가 예술이 될 가능성 또한 열려 있을 것이기 때문이다.

한편 노쇠해 저물어가던 오래된 예술 장르가 획기적으로 변신하고 기술문명의 이기를 적극 활용함으로써 화려하게 부활한 경우를 우리는 피터 겔브Peter Gelb가 이끄는 뉴욕 메트로폴리탄 오페라에서 만날 수 있다. 음반회사 소니 클래시컬 사장을 지낸 피터 겔브가 129년의 전통을 자랑하는 세계 최고의 메트로폴리탄 오페라 총감독으로 취임하던 2006년에 오페라는 사양길을 걷고 있었다. 메트로폴리탄 오페라를 관람하는 관객의 평균연령이 65세였고, 매출은 제자리걸음을 면치 못하고 있었다.

피터 겔브는 전혀 색다른 방식으로 오페라를 만들고 팔기 시작했다. 영화 〈잉글리시 페이션트〉의 감독 안소니 밍겔라에게 오페라 〈나비부인〉의 연출을 맡기는가 하면, 브로드웨이 뮤지컬 〈라이온 킹〉으로 유명한 연출가 줄리 테이머를 영입해 오페라 〈마술피리〉를 연출하게 했다. 특히 아시아 여러 나라의 전통춤, 인형극, 가면극, 그림자극에서 아이디어를 따오고 화려한 뮤지컬 요소를 도입한 줄리 테이머의 〈마술피리〉에서는 조명, 의상, 분장, 무대장치 곳곳에서 기존 오페라에서 볼 수 없던 신선한 창의성이 빛났다. 덕분에 이 작품은 언론과 대중의 관심을 집중시키는 데 완전히 성공했다. 남녀노소 누구나 매혹당하지 않을 수 없는 오페라를 만들어낸 것이다.

피터 겔브는 새로이 제작한 오페라들을 유통하는데 '라이브 뷰잉live viewing'이라는 기발한 착상을 해냈다. 위성을 통해 전 세계 영화관에서 고화질 HD 영상과 생생한 입체 음향으로 최신 오페라를 상연하기 시작한 것이다. 이로써 새로운 수입원을 창출하고 전 세계적으로 오페라 관객 수를 늘리는 데 성공했다. 그는 대중에게 다가가 젊은 층 관객을 늘이고, DVD를 제작하고 판매하는 등 계속 다양한 채널을 통해 매출을 신장하기 위해 노력했다. 이는 오페라에 대한 새로운 관심을 유발시킴으로써 공연장 좌석판매율 또한 획기적으로 늘이는 성과를 거두었다.

10
PART

아름다운 마무리,
혜안의 리더십

바리공주,
인내와 희생으로 세상을 품다

바리공주의 예술적 영감

최근 몇 년 동안 가장 빈번하게 현대 예술로 재창조된 한국의 대표적인 고전을 들라면 〈바리공주〉를 단연 첫 번째로 꼽을 수 있다. 시와 소설, 뮤지컬, 발레, 동화, 만화로 끊임없이 재창조되는 〈바리공주〉, 도대체 어떤 요소가 현대를 사는 우리들에게 이렇게 예술적 영감을 주는 것일까? 원래 〈바리공주〉는 '바리공주', '바리데기', '바리덕이' 등의 제목으로 한반도 전역에서 불리던 인기 있는 무가巫歌였다.

옛날 옛적 불라국이라는 나라에 오구대왕과 길대 부인이 살았다. 이들은 결혼해서 딸만 내리 일곱을 낳았다. 오구대왕은 너무 화가 나서 막내딸 바리를 내다 버리게 했다. 길대 부인은 울면서 바리를 내다 버렸고, 바리공덕 할멈 내외가 버려진 바리를 데려다 길렀다. 바리가 열다섯 살이 되었을 때 오구대왕은 병이 들었는데, 그 병은 오직 서천서역

西天西域의 생명수를 먹어야만 나을 수 있다고 했다. 여섯 명의 딸들은 모두 이런저런 핑계를 대며 생명수 구해오기를 거절하는데, 소식을 듣고 찾아온 바리가 그 임무를 자청한다. 서천서역으로 가는 길은 모르지만 오직 생명수를 구해 오겠다는 일념으로, 바리는 외롭고 고된 여행을 계속한다. 서천서역에 도착해서 생명수를 지키는 문지기 무장승(또는 동수자)의 요구에 따라 아들 형제를 낳아준다. 드디어 생명수를 얻어 불라국으로 돌아온 바리는 이미 죽어버린 오구대왕의 뼈와 살에 숨을 불어넣는다. 그 공으로 나라의 반을 떼어준다는 오구대왕의 제안을 사양하고, 바리는 죽은 자들을 보살피는 저승신이자 무당의 조상인 무조신巫祖神이 된다.

이처럼 흥미진진한 바리공주의 이야기는 비범한 영웅이 길을 떠나 고난과 시련을 극복하고 마침내 성공한다는 인류 보편의 영웅 모험담, 영웅 탐색담 그 자체다. 그런데 바리공주의 감동은 거기에 머물지 않는다. 고난과 시련의 여정에서 바리공주가 끊임없이 펼쳐 보인 여성적 신성神性이야말로 깊은 감동을 불러일으킨다. 게다가, 마침내 세상을 모두 가질 수 있는 절대 권력과 부富를 사양하고 죽은 자를 돌보는 어둠의 신을 선택한 바리공주의 아름다운 마무리에는 우리가 새롭게 읽어야 할 신화의 고갱이가 숨어 있다.

버려진 바리공주의 운명과 미션

나는 전생에 죄가 많아 상제께서 일곱 딸을 점지했으니 천지신명도 야속하고 강산풍백도 무정하다. 종묘사직은 뉘게 맡기며 만조백관 누구를 의지하며 삼천리 강산 뉘게다 전자하랴. 그 애기 갖다 버려라. (…) 길대 중전마마 옥병에 젖을 짜서 애기 입에 가로세로 물리시고 버리실 제 버리더라도 이름 석자나 지어주소이다. 버려도 버리되 던져도 던지되 바리공주라 이름을 지어 뚜껑 위에 금자로 새긴 후에 흑거북 자물쇠를 어슥비슥 채워놓고 계하에 신하를 불러들여 어주 삼배를 내리시고 이 옥함을 가져다가 서해용궁에 진상이나 보내려마.[42]

바리공주는 일곱 번째 딸로 태어났다. 바리공주의 어머니 길대 부인이 계속해 딸을 출산하자, 왕자의 생산을 기다리는 오구대왕의 노여움은 급기야 폭발하고 말았다. 부계혈통 중심 사회에서 왕위는 아들에게만 계승되어야 한다는 의식을 지닌 절대 권력자에게 일곱 번째로 태어난 딸은 처분하는 것이 당연한 무가치한 존재였다. 바리공주(여성)의 몸은 '전체에서 조금 모자란 분량'으로 시작해 버려지거나 감추어지고, 또 먼 길을 걷는 신체적 고단함이나 고통스런 출산 혹은 살해 등의 수난을 겪을 수밖에 없다. 이러한 바리공주가 고통과 고통의 탈피, 그리고 극복이란 성장 과정을 거쳐 이야기의 종결부에 이르러 신으로 좌정하는 것이 그녀의 타고난 운명이다.

인간이 지닌 한계에 여성이라는 한계까지 더한 바리공주가 신으로 가는 과정이 지난至難한 것은 너무나 당연하며, 바리공주가 갖가지 악조건을 극복하고 신으로 좌정하는 과정이 고통스러운 만큼 그 결과는 더욱 빛난다.[43] 태생적으로 불완전한 가치를 지닌, 미완未完의 존재로 버려진 여아女兒 바리공주가 완전성을 의미하는 신을 향해 고단한 운명을 부

✤ 건들바우 박물관 소장 바리데기 그림

여받고 미션을 수행하는 이 신화는 이 땅의 보편적인 딸들의 이야기로도 확장될 수 있기에 한반도 전역에서 가장 인기 있는 무가로 불렸던 것이다.

바리공주를 버린 오구대왕의 병과 죽음은 철저한 부계혈통 중심의 가부장제 질서의 모순이 극에 달했음을 의미하는 문제적 상황이다. 생명수를 구하러 떠나는 여행은 이 지배질서의 원리에 의해 바리공주에게 부과된 시련과 고난의 과정이지만, 그와 동시에 새로운 질서를 세울 수 있게 하는 원동력이다. 결국 바리공주가 가져온 생명수야말로 모순이 극에 달한 지배질서에 새 생명을 불어넣는 치료 약이 되기 때문이다.[44] 바리공주는 기존의 질서와 권력이 지닌 문제 상황을 자기희생으로 해결해가는 것을 볼 수 있는데, 이는 자신의 품 안에서 공동체를 구성하는 여성의 포용력으로 이해할 수 있다.

일곱 째 공주 탑전에 부복하고 국궁배례를 올리시니, 대왕마마 용루를 흘리시며 애기의 섬섬옥수를 마주잡고 어허 저 자손아 울지 마라. 역정 김에 너를 버렸구나. 홧김에도 너를 버렸구나. 동삼 석달 하삼 석달 어찌 살았느냐? 무얼 먹고 이만큼 장성을 하고 무엇 입고 이만큼 자랐느냐? 바리공주 하온 말씀이 옥루를 쌍쌍이 흘리시며 사람은 추워도 어렵삽고 더워도 어렵삽고 배고픈 설움도 어렵삽고 헐벗은 설움도 어렵지마는 저는 부모님 그리는 정이 제일 섧더라 하더니다. (…)

일곱 째 공주를 입시를 들라. 네 부모효행을 가려느냐? 아흔아홉 김장 속 산호안석 진주방석 춘하추동 사시절을 금지옥엽 같이 길러낸 여섯 성님들 못 가는 길을 어디라고 가오리까마는 기른 은공은 없어도 열 달 들었던 공을 생각을 하고 배 아파 나아주신 은공을 생각해서라도 가다가 죽는 한이 있더라도 가오리다. 어허! 저 자손아 기특하다. 네 여자 몸으로다 어디라고 가자드냐? 어찌 가려느냐?

자신을 내다 버린 아버지 오구대왕을 위해서, 바리공주는 여섯 언니들이 마다한 서천서역 저승길을 자청하는 결단과 의지를 보여주었다. 아버지를 살리러 가는 그 길이 아무리 멀고 험할지라도 기필코 저승 땅을 찾아가서 생명수를 구해오겠다며, 바리공주는 남자 옷 한 벌을 여린 몸에 걸친 채 홀로 길을 떠난다. 자신의 존재를 지우려 한 그 부모를 위해 바리공주가 나선 그 길은 실상 자신의 존재를 찾아가는 길이기도 했다.

공감과 포용의 바리공주 리더십

서천서역으로 가는 길을 전혀 모르는 바리공주는 오직 생명수를 구하겠다는 일념만으로 외롭고 고된 여행을 계속한다. 바리공주에게 주어진 과제는 혼자서는 감당하기 어려운 일이거나 보통 사람은 하기 싫어하는 지저분한 일, 혹은 도저히 불가능한 일들이다. 과제를 만날 때마다 바리공주는 어떻게 해서든지 그 시험들을 통과한다. 지극한 효심을 바탕으로 때로는 조력자의 도움을 받아, 때로는 기적을 낳는 지극정성으로, 때로는 무조건적인 순종과 인내로 갖가지 시험들을 통과한다.
홍두깨를 갈아 바늘을 만들라는 과제를 받았을 때, 바리공주는 병든 아버지를 생각하며 통곡하자 바리공주의 눈물방울이 홍두깨를 점

점 가늘게 만들어 바늘이 된다. 또, 동지섣달 꽁꽁 얼어붙은 강가에서 만난 고약한 할머니는 새카만 빨랫감을 던져주며 하얗게 빨아 놓으라고 한다. 바리공주는 얼음을 깨고 손을 호호 불어가며 빨래하는데, 오직 힘겨운 노동을 꾹 참고 견디는 것만이 이 과제를 해결하는 방법이다. 험상궂게 생긴 노파를 만나서는 더러운 머리의 이를 잡아주기도 한다.

이처럼 바리공주가 과제를 수행하는 모습을 보면 전투성이나 폭력성, 사기나 모략 등을 쉽게 구사하는 남성 영웅들과 확연히 다른 것을 알 수 있다. 바리공주의 과제 해결 방식은 매우 평화롭다. 대상과의 공감, 상대방을 끌어안는 포용력, 인내와 희생 등의 가치가 두드러진다. 이러한 바리공주의 모습은 한국의 많은 무속신화에 등장하는 여성 주인공들이 보여주는 모습과도 상통하는데, 남성 위주의 질서를 부정하고 자신의 품 안에서 공동체를 구성하는 여성의 포용력으로 세계를 인식하려는 무속의 세계관이 반영된 것으로 이해된다.

이제, 바리공주가 서천서역으로 찾아가는 길에서 보여준 공감과 포용의 구체적 모습을 좀 더 자세히 살펴보자. 바리공주가 이승과 저승을 가르는 황천강에 이르렀을 때다. 바리공주는 죽은 영혼들이 탄 영가靈駕가 사방에 둥둥 떠 있는 것을 본다. 꽃으로 장식된 화려한 영가도 있지만, 등불도 없이 길을 잃고 헤매는 영가도 있다. 자식 없이 죽은 영혼, 해산하다 죽은 영혼들은 그렇게 황천 가는 길에서조차 외롭고 슬프다. 바리공주는 지장보살(사십구재나 수륙재 등을 통해 신앙되는 보살로, 육도를 끝없이 윤회하며 방황하는 중생들을 구제해 극락세계로 이끎)에게서 받은 낭화(신이한 힘을 발휘하는 꽃, 또는 지옥의 어둠을 밝히는 횃불 같은 것)를 흔들어 불을 밝히고 그런 영가들에게 길을 안내한다.

또한, 바리공주는 지옥의 끔찍한 광경도 목도한다.

일엽편주 배가 되어 애기를 실으시고 명주바람 실광풍에 한 곳을 들어가니 칼산지옥 아비지옥 독사지옥 거해지옥이 닥치고 풍도지옥이며 주해지옥이며 방아지옥이 닥쳤구나. 모든 죄인 다스리는 오뉴월 장마통에 악마구리 끓듯 헐네라. 애기 하옵시는 말씀이 불쌍허구 가련허다 인생이 세상에 태어났다 무슨 죄가 많아 저다지 고통을 받으시나? 큰 지옥에 쇠문을 두들기며 나무 서방정토 극락세계 이십만팔억 구천오백 동명동오 대자대비 아등도사 금색광명 아미타불 태성입노 왕보살제제이 오이시며 낭화를 지어 물에 던지시니 모든 지옥이 다 깨져서 모든 죄인 다 나왔는데 애기의 공덕으로 제도를 허시다. 죄인의 형상을 처다보니 목 없는 죄인 눈 빠진 죄인 혀 빠진 죄인이며 수족이 끊긴 죄인이 극락 갈 이 극락 가고 시왕 갈 이 시왕가고 정토세계 연화대로 인도환생하시는 날이로서니다.

뾰족하게 솟은 무수한 칼날에 살이 베이는 도산刀山지옥, 죄인을 형틀에 가두고 큰 톱과 작은 톱으로 산채로 토막토막 내는 거해鋸骸지옥, 살을 에이는 바람이 부는 풍도風塗지옥 등, 바리공주는 지옥의 고통을 보고 가엾은 영혼들을 위해 지옥의 문을 열고 불을 밝힌다. 이처럼 바리공주는 생명수를 구하러 가는 도중에도 끝없이 가엾고 불쌍한 이들을 위해 신성神性을 발휘한다. 이것이 바로 바리공주만의 특별한 공감과 포용의 리더십이라 할 수 있다.

마침내 바리공주가 서천서역에 도달했다. 서천서역의 문지기인 무장승(또는 동수자)은 "물 3년, 불 3년, 나무 3년"을 요구하고, 여기에 더해

"아들 형제 낳아줄 것"을 요구했다. 바리공주는 무장승의 요구에 따라 물 3년, 불 3년, 나무 3년의 세월을 보내고, 또 아들 형제(3형제라고 하고 7형제라고도 함)까지 낳아주고 난 뒤에야 생명수의 소재를 알게 된다. 바리공주의 마지막 과제 역시 무장승에 대한 공감이 없다면 할 수 없는 일이다. 전생에 상제께 득죄해 하늘에서 내쳐져 저승의 문을 외롭게 지키며 사는 무장승에게 가장 절실한 것이 바로 가족의 구성이고 가족의 사랑이었기에, 바리공주는 무장승의 바램에 진심으로 공감해주었던 것이다. 그 대가로 바리공주는 결국 생명수를 얻는데, 생명수는 바로 무장승과 함께 지낼 때 자신이 매일 긷던 바로 그 물이었다. 이 대목에서 우리는 일념으로 매진하는 자신의 일과日課 안에 최고의 가치를 지닌 진정한 대가가 숨어 있음을 간파하게 된다.

바리공주가 수행하는 모든 과제마다 그녀의 의지와 인내가 작동하지 않은 것이 없으며, 고난과 시련을 극복해나가는 과정에서도 바리공주는 끝없이 공감과 포용을 베푸는 능력, 리더십을 발휘한다. 이처럼 바리공주의 미션은 구약求藥의 결과만이 아니라 구약의 과정 그 자체로 아름답고 숭고하다.

바리공주의 귀환으로 완성된 아름다운 마무리

살살이초 숨살이초 약류수를 어구(임금의 입)에 흘려 넣으니 양전마마가 한날 한시에 숨을 길이 내쉬며, 잠도 모질게 깊이 들었구나. 느이들 복색이 웬일이냐? 앞 바다 물구경 나왔느냐 뒷동산 꽃구경 나왔나? 애기가 사은숙배를 올리시니 대왕마마 중전마마 용루를 쌍쌍이 흘리시며, 어허 저 자손아 네 공을 어찌 다 갚을쏘냐? 국가를 반을 주랴 나라를 반을 주랴? 나라도 내 한 몸 있을 적이 나라옵고 국가도 내 일신 있을 적이 국가옵니다. 어서 환궁을 하시자 나가실 제 (…) 바리공주는 문안만신의 몸주가 되어 큰머리 단장을 얹으시고 입던 치마 수저고리 수당혜요 은하몽두리 너부나 대필을 받으시고 연지 당나삼에 화화북 쇠줄 쇠방울에 삼지창 언월도 찬란히 드시고 앞으로는 영창 배설 뒤로 돌아 시왕배설 홍모란 홍산주요 백모란 백산주 유밀과 대탕이면 은나비 쌍동자 받으시고 불쌍히 가신 망자가 갈 길을 잃고 헤맬 적에 앞을 서서 인도하시는 인도국왕 명등보살이 되오리다. 그도 그리해라.

마침내 바리공주는 오구대왕을 살리는 생명수를 얻어 불라국으로 돌아왔다. 열다섯 살의 소녀로 길을 떠났던 바리공주가 이제 어엿한 여인이 되어 돌아온 것이다. 저승에서 돌아와 제 일을 다 한 바리공주는 나라의 절반을 주겠다는 아버지의 뜻을 마다하고 재물도 마다하고, 오직 저승신이 되기를 자청한다. 이는 바리공주가 국가라는 기존 체제 안에 안주하려고 하지 않고, 다시 국가사회의 바깥으로 나가겠다는 것을 의미한다. 바리공주가 국가체제의 외부를 지향하는 것은 곧 기존의 질서와 권력이 아닌 새로운 질서와 가치를 지향하는 것인바, 이것이야말로 바리공주의 진정한 면모라 할 수 있다.

그러면 바리공주는 왜 어둠 속으로 물러나 저승신이 되려고 한 것일까? 저승에는 바로 바리공주를 필요로 하는 불쌍한 영혼들이 있기 때문이었다. '불쌍히 간 망자(亡者)가 갈 길을 잃고 헤맬 때 앞에 서서 인도해줄' 그런 신이 필요함을 바리공주는 서천서역으로 가는 길에서 절감했던 것이다. 아버지를 살리겠다는 효심에서 출발한 개인적 차원의 효행을 넘어서서 불쌍한 뭇 영혼들을 구제하고자 하는 자비慈悲로까지 나아간 데서, 무한히 확산된 바리공주의 공감, 포용의 리더십을 보게 된다.

이제, 신화 〈바리공주〉에서 나머지 등장인물들의 결말을 보기로 하자. 자식을 버린 아버지 오구대왕은 바리공주 덕분에 새 생명을 얻고, 종내는 길대 부인과 더불어 천상의 견우직녀성이 된다. 저승길을 거부해 불효를 저지른 언니들과 그 남편들도 하늘의 별이 되고, 무장승과의 사이에서 태어난 아들은 하늘의 삼태성三台星이 되거나 저승의 열대왕(곧 시왕, 저승에서 죽은 사람을 재판하는 열 명의 대왕)이 된다. 또, 바리공주를 키워 준 바리공덕 할멈 내외는 영혼의 길 안내를 맡는 신이 된다. 이처럼 신화 〈바리공주〉의 아름다운 마무리는 주인공 바리공주에게만 국한되어 있지 않다. 등장인물들은 제각각 합당한 임무를 맡아 제자리를 찾아서 인간에게 보탬이 되는 존재들, 세상을 밝히는 존재가 된다. 이 모두가 바리공주의 공덕 덕분에 이루어진 아름다운 마무리다.

신화 〈바리공주〉에서는 되살아난 오구대왕이 그 후로 어떻게 나라를 다스렸는지에 관해서는 아무런 이야기를 하지 않는다. 하지만 이제 불라국이 성차별이나 대립이 아닌 평등의 질서에 기반을 둔 새로운 세계로 거듭났을 것이라 짐작할 수 있다. 왜냐하면 바리공주가 가져온 생명수는 아버지의 생명을 살리는 약이면서, 동시에 모순이 극에 달한 지배질서에 새 생명을 불어넣는 치료 약이기 때문이다.

그러면 죽은 자들을 돌보는 어둠의 신인 저승신이 왜 무조신이기도 한가? 바리공주가 '만신(무당을 이름)의 몸주(무당의 몸에 처음으로 내린 신으로, 무당은 그 신을 주신主神으로 모심)', 곧 무조신이 된 이유는 대체로 이렇게 설명할 수 있다. 바리공주의 저승 여행이 무당이 접신接神 상태에서 체험하는 천상·지하 여행과 동일시되기 때문이다. 곧, 바리공주가 고난에 찬 중간계의 통과의례를 거쳐 생명수와 환생꽃(인간생명의 근원이 되는 꽃)을 얻어 들고 다시 황천강을 건너 이승으로 귀환하는데, 이것이 바로 입무자入巫者가 자신이 속한 사회에서 격리되어 자연 속으로 들어가 거기서 자연의 내밀한 힘과 접촉하는 신비한 체험을 한 후 그 힘을 가지고 사회로 돌아와 무당이 되는 과정과 일치하는 것이다.[45] 스스로 서천서역으로 찾아 들어가는 자기희생을 보여준 바리공주야말로 세속세상에서 가장 천대를 받으면서도 뭇 사람들을 위로하고 구제하는 무당의 조상, 기원이 되기에 가장 적합한 신이었던 셈이다.

자기 희생의 여성적 리더십

바리공주의 이야기는 이 땅의 보편적인 딸들의 이야기이기도 하다. 생명수를 얻기 위해 바리공주가 감당해야 했던 모든 힘겨운 과제들에는 굿판에 참여한 전통사회 여성들의 보편적인 삶이 녹아 있다. 이렇게 보면 아름다운 마무리에서 드러나는 리더십은 바리공주의 공감과 포용의 리더십, 어둠 속에서 가없은 영혼을 돌보고자 하는 우리 안에 내재한 여성적 리더십의 체화라고도 할 수 있다. 그런데 바리공주의 이런 모습은 누구를 떠올리게 한다. 바로 치열한 산업현장에서 자기희생과 인내를 통해 갖가지 역경을 극복해내며 어렵게 기업을 일구어 커다란 성공을 거둔 뒤, 일선 현장에서 물러나 자신이 이룩한 성공의 체험과 부를 사회와 함께 나누는 것으로 새로운 삶을 시작하는 CEO의 모습이다.

바로 얼마 전 사람들을 깜짝 놀라게 하는 뉴스가 보도되었으니, 삼영화학그룹의 이종환 회장이 만든 관정재단 소식이 그것이다. 이종환 회장은 3년 내 재단의 기금을 현재 조성된 8,000억 원(그의 재산 95퍼센트를 내놓은 것이라 함)에서 1조 원으로 끌어 올리겠다 공언하면서 "저의 인생은 만수유滿手有의 손을 한 점 고물도 남김없이 털고 공수거空手去로 완결하는 삶이 될 것입니다"라고 했다. 또, 그는 자신의 고향인 의령에 생가를 복원해 전통문화교육체험관으로 활용하기로 발표하는 자리에서 "새 인생으로 다시 태어난 심경이다", "이제 필생의 꿈을 마무리하는 단계"라 하며 감격했다. 이러한 기사를 접하면, 바리공주가 생명수를 구해 불라국으로 돌아온 뒤 아버지와 어머니를 살린 대가로 나라를 가지는 대신 다시 어둠 속으로 들어가 가엾은 영혼들을 인도하는 저승신으로 새로운 과업을 시작하는 것과 꽤 비슷해 보인다.

이 회장은 20대에 정미소와 오퍼상으로 종잣돈을 모아 1959년 삼영화학공업사를 설립해 현재 열 개의 계열사를 거느린 중견그룹으로 키운 창업 1세대다. 서울 영등포구에 세워진 삼영화학공업사는 합성수지 제품을 만드는 업체였다. 1963년 회사 형태를 법인으로 바꾸고 사명을 지금의 삼영화학공업㈜으로 변경했으며, 1976년 주식을 증권거래소에 상장했고, 1997년에는 기업부설연구소를 설립하고, 2004년에는 중국 법인을 세우는 데에 이르렀다.

2007년 이 회장은 제3회 한국 CEO 그랑프리에서 '아름다운 CEO 상'을 받은 경력이 있다. 이 상을 수여하는 기관인 한국CEO연구포럼의 취지를 보면, "21세기를 맞아 골드칼라Gold Collar인 CEO의 헌신과 기여가 없으면 미래는 없다"라는 뜻에서 각계 전문가들이 모여 CEO에 관해 공정한 연구와 평가 작업을 시행했다. 이들은 '바람직하고 탁월한 CEO'를 발굴하고자 했는데, 특히 CEO의 사회적 책임을 선정기준의 하나로 삼고 있다. 이종환 회장의 경우, 국내 최대 자산규모의 관정교육재단을 설립한 것을 높이 평가해 상을 수여한다고 밝혔다.

평소 구두쇠라는 소리를 들을 정도로 근검절약했다고 전해지는 이 회장의 별명은 자장면을 즐겨 먹어 '자장면 회장'이었다. 그런 그는 기업 성공의 비결로 '신의'를 꼽았으며, "나라나 기업이나 살림은 재산이 아니라 사람이 키운다"는 인재 중심의 생활철학을 밝혔다. 서울대에 도서관을 지어주고, 한국의 대학생들 뿐 아니라 중국의 우수한 대학생들에게도 장학금을 주며, 이후 노벨상 같은 관정과학상을 제정해 자연과학·공학·인문사회과학 분야에 기여하고 싶다는 노익장 이종환 회장을 두고, 사회적 책임을 다하는 성공한 CEO의 아름다운 마무리라 해도 과언이 아닐 것이다.

마무리의 사전적 의미는 일의 끝맺음이다. 마무리가 아름답다는 말은 일의 끝맺음 그 자체로 끝나는 것이 아니라 그 끝맺음이 새로운 시작, 출발로 이어지는 것을 의미한다. 업적(공적)을 완수한 영웅이 귀환과 함께 새로운 신화를 시작하듯이, 최선을 다한 리더는 지나온 여정을 성찰하고 마무리하며 내일을, 미래를 인도한다. 바리공주가 다시 태어난 오구대왕에게 새롭게 변화해 나갈 불라국을 맡기고 저승신이 되어 어둠의 세상에서 망자들의 수호자가 되는 신화의 마무리를 보면서, 우리 시대의 리더들이 진정 어떤 모습으로 퇴장해야 아름다운지 다시 생각해보게 된다.

오이디푸스,
스스로 아테네의 수호신이 되다

신화 속 영웅들의 최후

　'아름다운 마무리'는 리더십의 중요한 요소로, 리더가 후계자를 양성하거나 선택해 과업을 지속하고, 자신은 물러나서 영원한 수호신 역할을 맡는 것을 뜻한다. 여기에서 어떻게 후계자를 육성하거나 선발할 것인가, 어떻게 권한을 넘겨주고 과업 수행의 책임을 맡길 것인가 하는 문제가 제기된다.

　아름다운 마무리의 관점에서 그리스 신화를 읽어보면, 여러 영웅이 어떻게 삶을 마무리했는지 알 수 있고 이를 통해서 영웅의 삶을 성찰할 기회를 갖게 된다. 이를테면 영웅 이아손은 아르고 호 모험의 리더로 콜키스에 가서 공주 메데이아의 도움으로 황금 양피를 구하는 데 성공했다. 그리고 메데이아의 도움을 받아 정적 펠리아스 왕을 제거했지만, 코린토스로 도망쳐 망명생활을 했다. 그런데 그곳에서 메데이아를 배신하고 코린토스 왕의 공주와 결혼하기에, 이에 분노한 메데이아는 공주와 자신과 남편 사이에서 태어난 아이들을 죽여서 복수한다. 이아손은 모든 것을 잃은 것이다. 그의 자식들이 죽었고 공주와 낳을 미래의 자식들도 죽었다. 이렇게 영락한 이아손은 메데이아가 예언한 것처럼 자신의 찬란했던 명성을 상징하는 아르고 호의 파편에 맞서서 비참한 최후를 맞이한다.

영웅 이아손은 여신 헤라의 사랑을 받았고 야만족 공주 메데이아의 사랑에 힘입어 황금 양피를 얻어내서 영웅의 명성을 드높였다. 하지만 메데이아를 배신해 그녀에게 복수를 당해서 몰락하고 만다. 자식들이 모두 죽었으니 후계자도 없고, 후계자를 선택할 상황도 못 된다. 아울러 자신의 미래 과업이 무엇인지도 분명하지 않다. 따라서 영웅 이아손은 아름다운 마무리를 하지 못한 대표적인 영웅이라 하겠다.

그리스 신화에서 최고의 영웅은 헤라클레스다. 그는 자기의 죽음을 암시하는 신탁을 받았는데, 그에게는 아름다운 마무리의 과제가 있다. 죽음의 신탁이 내렸지만 헤라클레스는 이올레 공주에 대한 욕망에 불타서 그녀의 나라를 정복하고 그녀를 전리품으로 취한다. 그리고 이올레를 자신의 집으로 보낸다. 남편 헤라클레스가 사랑하는 여자가 집에 도착한 것을 안 데이아네이라는 남편의 사랑을 되찾으려고 검증되지 않은 사랑의 미약을 사용한다. 그 미약은 과거에 그녀를 탐내다 헤라클레스의 독화살에 맞아 죽은 켄타우로스인 네소스가 그녀에게 선물로 준 것이다. 데이아네이라는 새로운 옷을 짓고 그 옷에 사랑의 미약을 듬뿍 발라서 그 옷을 남편에게 보낸다. 하지만 사랑의 미약이 맹독성을 띠고 있음을 뒤늦게 안다. 이미 남편은 그 옷을 입고 죽어간다는 소식이 그녀의 귀에 들어온다. 너무나 슬퍼 데이아네이라는 자결하고 만다. 끔찍한 고통 속에 죽어가는 헤라클레스가 들것에 실려서 집으로 돌아오는데, 최고의 영웅이지만 소녀처럼 눈물을 흘리며 외마디 비명을 지른다. 마침내 아내의 의도가 무지에서 비롯되었고 모든 일이 제우스의 계획으로 일어났다는 것을 깨달은 헤라클레스는 아들에게 이올레를 넘겨주고 자신을 오이타 산으로 데려가 그곳에서 산채로 화장하라고 명령한다. 이렇게 헤라클레스는 최후를 맞이한다.

물론 헤라클레스는 삶의 끝자락에서 영웅적인 고귀함을 보여준다. 신화에 따르면 헤라클레스는 화장되고 나서 승천해 신이 되었다고 한다. 하지만 헤라클레스는 과거의 자신을 성찰하지도 않고 자신의 과업을 계승할 후계자도 선택하지 않은 채 세상을 떠난 것이다. 헤라클레스가 위대한 영웅이긴 하지만 아름다운 마무리라는 리더십을 발휘한 영웅이라고 보기에는 어려운 점이 많다.

오이디푸스 신화에 나타난 아름다운 마무리

이들 두 영웅에 비해서 오이디푸스는 아름다운 마무리를 달성한 영웅이라 하겠다. 오이디푸스의 삶과 죽음을 비극 작품을 중심으로 정리해보자. 비극 『오이디푸스 왕』에서 오이디푸스는 스핑크스의 수수께끼를 풀고 모든 이들의 선망의 대상으로 테베의 왕이 되었다. 하지만 테베에 역병이 찾아오자, 오이디푸스는 역병을 물리치기 위해서 아폴론의 신탁이 지시하는 대로 선왕 라이오스를 죽인 범인을 찾기 위해 수사를 벌인다. 과거의 진실이 점차 드러나는데, 오이디푸스는 끔찍한 진실을 피하지 않고 그것을 끝까지 탐문해 모든 것을 알아낸다. 자신이 아버지를 살해했고 어머니와 결혼했다는 것을 깨달은 것이다. 그리고 제 두 눈을 찔러 멀게 해 운명을 스스로 결정하는 영웅적인 삶을 보여준다.

오이디푸스의 최후는 서사시 「일리아스」에서도 찾아볼 수 있다. 여기에서 오이디푸스는 전쟁 중 전사한 것으로 그려진다. 하지만 소포클레스의 비극 『콜로노스의 오이디푸스』에서는 오이디푸스의 최후가 새롭게 극화되어 재창조되었다. 이 작품에서 오이디푸스는 과거의 오이디푸스와는 달리 아폴론의 신탁을 제대로 이해하는 지혜를 얻은 자로 나타난다. 외면적으로 보면 허약하고 눈이 먼 거지이지만, 내면적으로는 삶에 대한 폭넓은 이해와 지혜를 갖춘 강인한 존재로 그려진 것이다. 그리고 과거의 자신을 성찰하며 과거의 자신과 조국 그리고 혈육과 이별하는 모습을 보여주는데, 이러한 과정에서 신적인 권능을 획득한다. 오이디푸스는 테세우스를 자신의 후계자로 정하고 자신은 아테네의 수호신으로 변용되는 것이다. 이 글에서는 소포클레스의 비극『콜로노스의 오이디푸스』를 중심으로, 주인공 오이디푸스가 어떻게 아름다운 마무리를 실천하는지 살펴보고자 한다.

추방의 위기를 모면하다

콜로노스에 도착한 오이디푸스는 과거의 오이디푸스와는 달리 예지력 있는 존재다. 아폴론이 예언하듯이, 그는 이곳 자비로운 여신들의 성소에 도착해서 고난으로 가득 찬 삶을 마치고 안식을 찾게 되리라는 것을 안다. 아울러 자신을 맞이한 이에게는 이익을, 자신을 추방한 이에게는 멸망을 가져다줄 것도 깨닫는다.

이처럼 자신의 최후를 알지만, 오이디푸스는 한편으로는 이곳에서 쫓겨날지도 모른다는 위기감에 빠진다. 원주민이 오이디푸스를 성지를 침범한 부랑자로 여기고 내쫓으려 하기 때문이다. 이에 대해 오이디푸스는 자비로운 여신들에게 기도를 올리며 자신을 내쫓지 말고 받아달라고 간청한다. 이렇게 경건한 모습을 보이자 원주민은 오이디푸스를 내쫓으려다가 잠시 주저한다.

이제는 이곳 장로들이 성지를 침입한 자를 찾아내서 그자를 내쫓으려 한다. 오이디푸스가 장로들 앞에 모습을 드러내자, 장로들은 그의 외모와 음성에 소스라치게 놀란다. 오이디푸스는 안티고네의 부축을 받고 성지에서 벗어나서 길가로 물러난다. 이제 코러스가 이 낯선 자의 정체를 캐묻기 시작한다. 오이디푸스는 마지못해 자신이 오이디푸스임을 밝힌다. 그러자 장로들은 오이디푸스가 도시를 오염시킬까 두려워 오이디푸스에게 당장 이곳을 떠나라고 명령한다. 이때 안티고네가 나서서 불쌍한 아버지를 동정해줄 것을 간청한다. 아버지가 그러한 잘못을 의도하지 않았고 신이 영향을 미치면 피할 수 없다는 것을 강조한다. 이렇게 간청하자 장로들은 오이디푸스의 운명을 동정하며 당장 추방하지는 않는다. 이 문제는 아테네 왕 테세우스가 결정하게 된다.

오이디푸스가 이렇게 추방의 위기를 모면하고 나자 뜻밖에 딸 이스메네가 등장한다. 테베에서는 오이디푸스의 두 아들이 테베의 권력을 놓고 서로 다투었는데, 에테오클레스가 폴리네이케스를 테베에서 추방했다고 한다. 그리고 새로운 신탁을 전한다. 신탁에 따르면 테베 근처

✦ 안토니 브로도프스키, 〈유랑하는 눈먼 오이디푸스와 딸 안티고네〉

에 오이디푸스의 무덤을 만들면 나중에 아테네와 전쟁할 때 승리할 수 있다고 했다. 테베의 승패가 오이디푸스의 손에 달린 것이다. 이러한 권능을 받은 오이디푸스는 테베를 선택하지 않고, 아테네에 이익을 약속하며 자신을 도와줄 것을 장로들에게 간청한다.

마침내 등장한 테세우스는 눈먼 오이디푸스를 알아보고 그를 동정한다. 이에 오이디푸스는 테세우스의 고귀함을 알아보고 아테네를 위해 커다란 이익을 가져다주겠다고 넌지시 말한다. 아테네인들과 전쟁할 경우 테베인들이 패할 것은 너무나 분명해졌다. 이에 대해 테세우스는 오이디푸스의 호의를 받아들이고 그를 시민으로 인정해 보호하겠다고 약속한다. 이렇게 오이디푸스는 자신이 최후를 맞이할 콜로노스에서 추방당할 위기를 모면하고 이곳에서 자신의 과거와 이별하고 아름다운 최후를 맞이할 준비를 한다.

불의한 조국 테베를 버리고 정의로운 아테네를 선택하다

크레온이 시종들을 이끌고 등장한다. 그는 오이디푸스를 달콤한 말로 설득해 테베로 데려가려고 한다. 테베의 백성이 오이디푸스를 원하고 오이디푸스도 테베에서 수치스러운 죄를 숨겨야 한다는 것이다. 크레온의 말을 들은 오이디푸스는 그가 속임수를 쓰고 있음을 알아챈다. 오이디푸스를 테베 근처에 데려다 놓고 그곳에 무덤을 만들려는 속셈이었다. 오이디푸스는 크레온의 제안을 거절한다. 그러자 갑자기 크레온의 태도가 돌변한다. 그는 이미 이스메네를 인질로 잡았고 이제는 안티고네를 납치하려고 한다. 아울러 오이디푸스도 강제로 데려가겠다고 말한다. 콜로노스의 장로들은 소리를 지르며 도움을 요청하는 와중에 크레온의 시종들이 안티고네를 데려갔다. 이러한 상황에서 등장한 테세우스 왕은 군대를 보내서 두 소녀의 납치를 막는다.

테세우스는 크레온의 오만방자한 행동을 비판하는데, 그가 아테네의 법을 무시하고 신들의 정의를 위반했기 때문이다. 이에 대해 크레온은 자기의 입장을 변호한다. 그는 오이디푸스가 테베의 사람이고 이렇게 오염된 인간이 도시 국가 아테네에 사는 것은 적법하지 않다고 주장한다. 크레온의 주장에 맞서 오이디푸스는 신들의 분노에 대해 말하며, 자신의 과거 행위를 변호한다.

> 너는 살인, 결혼, 재앙 운운하며 네 입으로/ 지껄이지만, 그런 일은 내가 불쌍하게도 고의가 아니라,/ 오히려 고통을 겪은 것이다. 그것은 아마도 예부터 우리 가문에 분노한/ 신들의 마음에 들었기 때문일 것이다./ 너는 내게서 그 과실過失에 대한 어떤 비난거리도/ 찾아내지 못할 것이다. 비록 내가 그 과실로 인해/ 나 자신과 내 부모에게 죄를 지었지만,/ 자, 말해다오. 만약 신께서/ 자식의 손에 죽게 된다고 아버지에게 신탁을 내렸다면,/ 네가 나를 비난하는 게 어찌 정당한 일일까?/ 그때 아버지는 나를 낳지도 않았고,/ 어머니가 나를 잉태하지도 않아 난 태어나지도 않았는데.[46]

이어서 오이디푸스는 자신이 저지른 부친살해와 근친상혼은 무지에서 비롯되었기에 자발적인 의도가 전혀 없었다고 강조한다. 그가 이런 범죄를 저지른 것은 신들의 분노를 샀기 때문이며, 자신의 잘못이 아니라는 것이다. 이렇게 오이디푸스는 자신의 과거를 성찰하며 자신의 결백을 주장한다. 그런데 오이디푸스의 결백함은 그가 신적인 권능을 가

＋ B.C 550년 아테네 도기에 그려진 그림. 〈미노타우로스를 무찌르는
영웅 테세우스〉. 파리 루브르 박물관 소장

지기 위한 전제 조건이라 하겠다.

　이윽고 테세우스가 안티고네와 이스메네를 데리고 등장한다. 오이
디푸스는 두 딸을 다시 만나 재회의 기쁨을 나눈다. 그리고 테세우스
에게 고마움을 표하고 그의 행복을 기원한다. 결국 크레온은 오이디푸
스를 테베로 데려가기 위해 모든 수단을 동원했지만, 실패하고 만 것
이다.

　이 장면에서 도시 국가 테베와 아테네의 대조가 두드러진다. 테베가
형제간의 다툼으로 무질서와 혼란에 휘둘리는 국가라면, 아테네는 이
상적인 도시 국가로 나타난다. 아테네의 백성은 신들을 공경할 줄 알
고, 테세우스가 오이디푸스를 받아들인 경우에서 잘 알 수 있듯이 정
치적 망명자가 피난처를 구할 수 있는 도시 국가이다.

　이처럼 두 도시 국가가 대조되는 것처럼 두 왕도 서로 대조적인 요소를 갖추고 있다. 또 크레온은 악한으로 그려진다. 그가 어떤 일을 행할 때 그 동기는 이기적이고, 자주 속임수를 쓰며 적법하지 않은 무력을 사용한다. 그는 오만방자한 행위를 일삼는 정의롭지 못한 인간이다. 무엇보다도 아테네의 탄원자를 납치하려고 했다는 것은 아테네의 법을 존중하지 않고 신들의 정의를 위반하는 것을 의미한다. 반면 테세우스는 거짓을 모르고 경건하며 공평한 영웅으로 나타난다. 그는 오이디푸스의 두 딸을 구출했고, 오이디푸스를 납치하려던 크레온을 물리쳤지만, 이런 일을 자랑거리로 삼지 않는 겸손함을 보여준다. 그는 말이 아닌 행동으로 삶을 빛내는 영웅이다. 이처럼 테세우스는 도덕적 자질과 정치적 능력을 모두 겸비한 이상적인 지도자로 형상화되어 있다.

이 장면에서 아름다운 마무리를 위해 오이디푸스는 자신의 조국이지만 의롭지 못한 테베를 버리고 정의로운 아테네를 선택한다. 오이디푸스는 후계자를 선택할 때에도 자신과의 혈연관계보다는 공동체와의 관계를 더 중요시한다. 그가 자신의 친아들을 놔두고 테세우스를 후계자로 삼은 이유도, 테세우스가 거짓을 모르고 경건하며 공평한 영웅이라는 점 때문이었다. 또 오이디푸스는 자신의 결백을 주장하며 자신의 죄를 정화하고 신적인 변용을 준비한다.

두 아들에게 저주를 내리고 혈육의 정을 끊어버리다

폴리네이케스가 등장해 아버지와 여동생이 겪는 불행을 목격하자, 그들을 돌보지 않은 자신을 탓하며 후회한다. 아울러 자신이 처한 곤경에 관해 이야기하고 자신과 아버지의 공동 운명을 부각하며, 아버지의 도움을 간청한다. 신탁이 보여준 것처럼, 테베를 정복하기 위해서는 아버지의 도움이 필수적이다. 하지만 오이디푸스는 거절의사를 분명하게 밝힌다. 폴리네이케스의 운명이 반전되었다. 그가 아버지를 쫓아내더니 결국 그 자신이 쫓겨난 신세가 된 것이다. 그리고 오이디푸스는 두 아들의 불효와 두 딸의 효성을 서로 대조하고 폴리네이케스에게 이렇게 말한다.

> 네 놈은 가거라. 내가 침을 뱉으마. 더 이상/ 네 놈의 아비가 아니다. 가장 악독한 인간아,/ 네놈에게 퍼부은 저주나 가지고 떠나라./ 너는 창칼로 고향 땅을 결코 정복하지 못하고/ 결코 움푹한 아르고스로 돌아가지도 못할 것이다./ 너는 추방한 아우를 죽이고 아우의 손에 죽게 되리라./ 그렇게 저주하노라. 너에게 새 집을 주라고./ 아버지 타르타로스의 가증스러운 어둠을 부르고/ 여기 복수의 여신들을 부르며, 너희들의 마음에 무서운 증오를/ 불어넣은 전쟁의 신 아레스도 부르노라.[47]

이러한 저주를 퍼부으며 오이디푸스는 폴리네이케스의 간청을 물리치고 혈육의 정을 끊어버리고 만다.

폴리네이케스는 결국 탄원에 실패해 돌아가며 아버지의 저주가 실현되는 운명을 받아들이는 고귀한 모습을 보여준다. 하지만 그 이름이 '많은 분쟁'이란 뜻인 폴리네이케스Polyneikes는 전쟁의 욕망에 사로잡혀 있고 자부심과 자기 이익 때문에 테베를 공격하는 원정을 계획하고 있다. 비록 그가 명예를 존중하는 영웅이긴 하지만, 테세우스가 보여주는 훌륭한 판단력과 실용주의 정신은 가지고 있지 못하다. 이러한 점에서도 폴리네이케스는 오이디푸스의 후계자가 될 수 없다.

아버지와 아들이 만나는 이 장면에서 오이디푸스가 아들 폴리네이케스에게 저주를 내리는 모습은 다소 충격적이다. 오이디푸스는 이제 아폴론의 신탁을 전하는 예언자가 아니라 자신이 예언한 것을 실현하는 존재로 나타난다. 크레온의 위협에서 벗어나는 장면과 비교하더라도 오이디푸스는 이제 신적인 권능을 가지기 시작한 것이다. 여기에서 부자 관계는 더 이상 아무런 의미가 없다. 오이디푸스의 분노는 유한한 인간 아버지가 보여주는 정의라기보다는, 이 세계를 지배하는 신들이 보여주는 정의에 가까운 것이다. 이렇게 오이디푸스는 수호신으로 변용되기 전에 혈육의 정을 끊고 신적인 권능을 가진 존재로 나타난다.

도시 국가 아테네의 수호신이 되다

갑자기 천둥이 격렬하게 친다. 오이디푸스는 테세우스를 부른다. 테세우스가 등장하자, 오이디푸스는 천둥과 번개의 전조로 자신의 최후가 다가옴을 알리며, 자신이 죽게 될 장소를 직접 보여주려 한다. 그 장소는 어떤 인간에게도 말해서는 안 되는 비밀인데, 그곳이 테세우스를 늘 지켜준다고 말한다. 오이디푸스는, 테세우스가 삶의 마지막에 도달할 때 그의 후계자에게만 그 비밀을 알려주어야 한다고 말한다. 그래야만 아테네는 테베의 침략을 막아낼 수 있다는 것이다. 이렇게 지시를 내린 다음에 오이디푸스는 비록 눈이 멀었지만 어떤 신의 안내를 받은 것처럼 테세우스와 딸들을 이끌고 최후를 맞이할 장소로 향한다.

사자使者가 등장해 오이디푸스의 기적과 같은 죽음을 전한다. 그곳에서 오이디푸스는 몸을 깨끗이 하고 새로운 의복으로 갈아입는다. 정적이 흐르는 가운데 신이 직접 오이디푸스를 부른다. 오이디푸스는 두 딸에게 이 장소를 떠나라고 말하며 작별을 고한다. 그러는 사이 오이디푸스는 흔적도 없이 이렇게 사라져버린다.

> 잠시 후 뒤돌아보았는데, 오이디푸스는 더 이상/ 그곳에 존재하지 않고, 왕이 얼굴 앞에서 손을 대고/ 두 눈을 가리고 있는 모습이 보였습니다./ 마치 어떤 무시무시한 광경을 보았기에/ 그것을 바라볼 수 없었다는 듯이./ 잠시 후, 왕은 아무 말 없이 동시에/ 대지와 신들의 거처인 올륌포스에/ 경배하는 모습을 보았습니다./ 하지만 오이디푸스가 어떻게 죽었는지는/ 테세우스 이외에 어느 누구도 말할 수 없습니다. (…) 그러나 신들이 보낸 사자가 왔거나,/ 망자들이 사는, 빛 없는 대지의 밑바닥이 친절하게 입을 연 것입니다./ 오이디푸스는 비탄하지 않고 고통스러운 병도 없이/ 기적의 인도로 가셨으니, 그분은 어느 누구와도/ 비교할 수 없습니다.[48]

오이디푸스는 후계자 테세우스에게 비밀을 전수하고 나서 아테네를 지키는 수호신이 된 것이다.

이처럼 오이디푸스는 눈먼 거지에서 신적인 권능을 가진 수호신으로 변용한다. 아폴론의 신탁이 예언한 것처럼 자신이 최후를 맞이할 장소에서 오이디푸스는 비록 눈이 멀고 노령이지만 아폴론의 신탁을 제대로 이해하는 예지력을 보여준다. 그러한 예지력을 바탕으로, 선의를 베푼 정의로운 아테네의 미래를 위해서 최선의 후계자를 신적인 관점에서 선택하고 스스로는 수호신이 되어 아름다운 마무리를 완성한다. 삶의 끝에서 모든 인간적인 욕망과 사적인 영욕에서 벗어나 신적인 차원으로 승화된 관조의 시점을 얻은 것이다. 이를 통해서 후속 세대에게 과업을 위임하고 고매하게 퇴장하는 모습은 우리에게 경건함과 경이로움을 선사한다.

기업의 미래를 결정 짓는 아름다운 퇴장

오이디푸스 신화에 따르면 오이디푸스는 두 아들이 아니라, 아테네의 왕 테세우스를 후계자로 삼는다. 테세우스가 자신의 망명을 받아들이고 자신이 위기에 처했을 때 도움을 주는데, 무엇보다도 그가 기만을 부리지 않고 약자를 동정하는 고귀한 인간성을 가지고 있기 때문이다.

후계자 선정은 경영자가 아름다운 마무리를 하기 위한 가장 중요한 조건이다. 제너럴일렉트릭의 CEO였던 잭 웰치Jack Welch는 아름다운 마무리를 이룬 중요한 본보기라 하겠다. 제너럴일렉트릭은 종합 가전 대기업으로 세계적으로 명성이 높은 기업이다. 1981년에 잭 웰치는 제너럴일렉트릭의 CEO로 취임해, 강력한 카리스마로 사업영역을 확장하고 과감한 구조조정을 시도하며 관료주의를 타파하는 등의 경영혁신을 추진했다. 덕분에 제너럴일렉트릭을 세계 초일류 기업으로 만드는 데 기여했다.

경영에서 뛰어난 성과를 남긴 잭 웰치는 2000년 11월에 20년간의 최고경영자 자리에서 물러나면서, 후계자로 나이 44세의 제프리 이멜트Jeffrey Immelt를 선정했다. 물론 후계자 선정 과정은 7년 정도의 기간을 두고 차근차근 이루어졌다. 그 정도로 후계자 선정 작업은 요식적인 행위가 아니라, 후보자들과 함께 어울리면서 신중에 신중을 기해 그들의 인간됨을 확인하는 작업이었다. 자연스러운 만남의 자리에서 후보자들의 잠재력을 시험하고 그 결과를 기록하며 면밀하게 검토하고 나서 후보자 세 명 가운데 제프리 이멜트를 새로운 COE로 결정한 것이다. 놀랍게도 제프리 이멜트는 잭 웰치와는 전혀 다른 성격을 가진 경영자였다. 잭 웰치가 강력한 카리스마로 효율적으로 조직을 관리하며 과감하게 구조조정을 실천하는 혁신적 리더였다면, 이멜트는 솔선수범하고 조직의 팀워크를 강조하는 21세기형 창조적 리더였다. 잭 웰치는 기업의 존폐가 달린 후계자 선정에서, 자신의 스타일과는 전혀 다른 새로운 시대에 알맞은 새로운 리더를 발탁했던 것이다.

잭 웰치가 오랫동안 후보자들을 관찰하고 그들의 인간됨을 시험해 최종 선택한 이멜트는 제너럴일렉트릭을 새롭게 창조해나가는 리더가 되었다. 그가 취임하자마자 9·11 테러, 엔론 회계 부정사건, 미국 경제의 침체 등 여러 악재가 있었기 때문에 그의 취임에 대해서 회의적인 시선이 많았다. 하지만 이멜트는 "수익성을 동반한 높은 성장, 뛰어난 기술력에 기반을 둔 신제품 개발, 상상력과 창의력을 강조하는 조직 문화, 친환경 기술과 제품을 통한 새로운 성장 동력 확보와 사회와의 상생 전략, 고객을 중심에 두는 마케팅 혁신 등"[49]을 이루어내면서 제너럴일렉트릭을 성공적으로 이끌고 있다.

잭 웰치의 본보기에서 알 수 있듯이, 아름다운 마무리는 기업의 미래를 결정하는 중요한 리더십이다. 미래의 비전이라는 혜안을 가진 잭 웰치는 후계자를 선정하는 오랜 과정을 거치며 새로운 시대에 걸맞은 새로운 리더를 선택하고 나서 경영의 무대에서 아름답게 퇴장한 것이다.

1) 조셉 캠벨, 『천의 얼굴을 가진 영웅』, 이윤기 옮김, 민음사, 1999, 109~110쪽

2) 톰 피터스, 『톰 피터스 에센셜: 리더십』, 정성묵 옮김, 21세기북스, 2006, 8~9쪽

3) 중국 신화의 내용은 위앤커, 『중국신화전설 1』, 전인초, 김선자 역, 민음사, 1999년의 내용을 참고하여 재구성한 것임.

4) 이지훈, 『혼 창 통, 당신은 이 셋을 가졌는가?』, 쌤앤파커스, 2010, 284쪽

5) 칼미크-오이라드 민중 지음, 니콜라이 체데노비치 미트케예프 외 엮음, 『장가르 1』, 한길사, 2011년, 8~9쪽 핵심줄거리 요약 재구성

6) 김종태, 『CEO칭기스칸』, 삼성경제연구소, 2002년, 58쪽.

7) 밍얀과 알탄샤르가의 대화는 '우주의 미남 밍얀이 알탄 투륵의 황금 노랑 얼룩 무늬 불친 말을 장가르를 위해 빼앗아온 마당'의 내용 중 발췌한 것임. 칼뮈크-오이라드, 『장가르1』, 233~272쪽 참조.

8) 김종태, 『CEO칭기스칸』, 36쪽.

9) 베르길리우스, 『아이네이스』, 천병희 옮김, 도서출판 숲, 2004, 1권 1~7쪽

10) 같은 책, 1권 94~101쪽

11) 같은 책, 2권 921~923쪽

12) 이 부분에서 그리스 신화는 여러 가지 설이 있다. 어떤 곳에서는 프로메테우스가 제우스의 벼락에서 불을 붙였다고 하고, 다른 곳에서는 아테나의 마차에서 불씨를 훔쳤다고도 하며, 또 다른 곳에서는 헤파이스토스의 대장간에서 불을 훔쳤다고도 하나 그 본질적인 의미는 다르지 않다고 본다.

13) 일연, 『삼국유사 2』, 이재호 옮김, 솔출판사, 1997, 38쪽

14) 같은 책, 38쪽

15) 베르길리우스, 『아이네이스』, 천병희 옮김, 도서출판 숲, 2004, 2권 268~297쪽

16) 같은 책, 2권 730~794쪽

17) 같은 책, 6권 794~800쪽, 아우구스투스의 『업적록(Res gestae)』에서도 아우구스투스가 세계에 평화를 가져와 끝없는 로마제국을 세웠음을 강조한다.

18) 레우카테스(Leucates) 산은 이타카 북쪽 악티움 곶 근처에 있는 레우카스(Leucas) 섬의 남단에 있는 곳이다.

19) 베르길리우스, 『아이네이스』, 천병희 옮김, 도서출판 숲, 2004, 8권 685~688쪽

20) 톰 피터스, 『톰 피터스 에센셜: 리더십』, 정성묵 옮김, 21세기북스, 2006, 19쪽

21) 장원준, '기술은 똑같아져… 미래는 결국 예술적 독창성에서 판가름', 《조선일보 위클리비즈》, 2009. 4.18

22) 애덤 라신스키, 『인사이드 애플(Inside Apple)』, 임정욱 옮김, 청림출판, 2012, 25쪽

23) 같은 책, 44~45쪽

24) 이지훈, 『혼 창 통, 당신은 이 셋을 가졌는가?』, 쌤앤파커스, 2010, 250~251쪽

25) 같은 책, 250쪽

26) 베르길리우스, 『아이네이스』, 천병희 옮김, 도서출판 숲, 2004, 4권 265~274쪽

27) 같은 책, 4권 318~323쪽

28) 같은 책, 4권 357~361쪽

29) 같은 책, 5권 700~703쪽

30) 같은 책, 5권 746~751쪽

31) 같은 책, 12권 944~950쪽

32) 그리스어로 시간을 뜻하는 Chronos와 발음이 같다.

33) 호메로스, 『일리아스』, 22권 208~213쪽

34) 백기복, 『사례로 배우는 리더십』, 국민대학교 출판부, 2006, 43~46쪽

35) 야마오카 소하치, 『대망』, 박재희 역, 동서문화사, 1970년, 해제 부분.

36) 이후 233쪽까지 직접 인용 부분은 앞의 책의 해제부분을 참고한 것임.

37) 호메로스, 『오뒷세이아』, 천병희 옮김, 도서출판 숲, 2009, 1권 1~3쪽

38) 같은 책, 9권 300~305쪽

39) 같은 책, 13권 291~295쪽

40) 같은 책, 13권 333~338쪽

41) 같은 책, 16권 301~307쪽

42) 여기에 인용한 바리공주 각편은 안성군에서 무격 장성만 씨가 구연한 것으로, 조희웅, 『이야기문학 모꼬지(박이정출판사, 1995)』에 수록되어 있다. 이하 인용문 역시 이 각편을 따랐다.

43) 이와 같은 무속신화 속 여성의 성격에 대해서는 다음을 참조했다. 김신정, 「무속신화와 몸」, 『여성문학연구』 제27호, 한국여성문학학회, 2012, 35~36쪽

44) 이경하, 「여성성의 신화적 상상 '바리공주'」, 『한국의 고전을 읽는다 1』, 휴머니스트, 2006, 52쪽

45) 조현설, 『우리신화의 수수께끼』, 한겨레출판, 2006, 161~162쪽

46) 『오이디푸스 왕 외』, 김기영 옮김, 을유문화사, 2011, 962~973쪽

47) 같은 책, 1383~1392쪽

48) 같은 책, 1648~1657, 1661~1665쪽

49) 박병규, 『GE의 역사를 새로 쓰는 제프리 이멜트』, 일송북, 2008, 5쪽

KI신서 4991

신화의 숲에서 리더의 길을 묻다

1판 1쇄 인쇄 2013년 5월 3일
1판 6쇄 발행 2017년 4월 10일

지은이 김길웅 · 강혜선 · 김기영 · 김윤아 · 이영임
펴낸이 김영곤 **펴낸곳** (주)북이십일 21세기북스
인문기획팀장 정지은 **책임편집** 장보라
디자인 표지 씨디자인 **본문** 네오북
출판사업본부장 신승철 **영업본부장** 신우섭
출판영업팀 이경희 이은혜 권오권 홍태형
출판마케팅팀 김홍선 배상현 신혜진 박수미
프로모션팀 김한성 최성환 김주희 김선영 정지은
홍보팀 이혜연 최수아 박혜림 백세희 김솔이
제작팀장 이영민
출판등록 2000년 5월 6일 제10-1965호
주소 (우 413-120) 경기도 파주시 회동길 201(문발동)
대표전화 031-955-2100 **팩스** 031-955-2151 **이메일** book21@book21.co.kr

(주)북이십일 경계를 허무는 콘텐츠 리더

21세기북스 채널에서 도서 정보와 다양한 영상자료, 이벤트를 만나세요!
북이십일과 함께하는 팟캐스트 '[북팟21] 이게 뭐라고'

페이스북 facebook.com/21cbooks **블로그** b.book21.com
인스타그램 instagram.com/21cbooks **홈페이지** www.book21.com

ⓒ 성신여자대학교, 2013

ISBN 978-89-509-4932-7 13320
책값은 뒤표지에 있습니다.